权威·前沿·原创

皮书系列为
"十二五""十三五"国家重点图书出版规划项目

文化蓝皮书

BLUE BOOK OF
CHINA'S CULTURE

中国公共文化服务发展指数报告
（2019）

REPORT ON CHINA'S PUBLIC CULTURAL SERVICES
DEVELOPMENT INDEX (2019)

武汉大学国家文化发展研究院
主　编／傅才武　彭雷霆

社会科学文献出版社
SOCIAL SCIENCES ACADEMIC PRESS（CHINA）

图书在版编目（CIP）数据

中国公共文化服务发展指数报告. 2019 ／ 傅才武，
彭雷霆主编. -- 北京：社会科学文献出版社，2019.7
（文化蓝皮书）
ISBN 978 - 7 - 5201 - 4775 - 0

Ⅰ. ①中… Ⅱ. ①傅… ②彭… Ⅲ. ①公共管理 - 文
化发展 - 研究报告 - 中国 - 2019 Ⅳ. ①G123

中国版本图书馆 CIP 数据核字（2019）第 080728 号

文化蓝皮书
中国公共文化服务发展指数报告（2019）

主　　编／傅才武　彭雷霆

出 版 人／谢寿光
责任编辑／桂　芳
文稿编辑／贺拥军

出　　版／社会科学文献出版社·皮书出版分社（010）59367127
　　　　　地址：北京市北三环中路甲 29 号院华龙大厦　邮编：100029
　　　　　网址：www. ssap. com. cn
发　　行／市场营销中心（010）59367081　59367083
印　　装／天津千鹤文化传播有限公司

规　　格／开本：787mm × 1092mm　1/16
　　　　　印 张：19. 75　字 数：293 千字
版　　次／2019 年 7 月第 1 版　2019 年 7 月第 1 次印刷
书　　号／ISBN 978 - 7 - 5201 - 4775 - 0
定　　价／128. 00 元

本书如有印装质量问题，请与读者服务中心（010 - 59367028）联系

主要编撰者简介

傅才武 武汉大学国家文化创新研究中心主任、国家文化发展研究院院长，博士、教授、博士生导师，文化和旅游部文化产业专家委员会委员、公共文化服务体系建设专家委员会委员、中宣部国家"十三五"文化发展改革规划纲要起草专家、中央文资办专家咨询委员会委员、文化和旅游部"十三五"文化改革发展规划起草专家、湖北省人民政府咨询委员会委员和武汉市文史馆员。近十年来，先后主持和协助主持（执笔）完成国家社会科学基金艺术项目和中宣部、财政部、文化和旅游部、国家文物局等中央部委委托的公共文化政策调研课题100多项。其中，主持国家社科基金重大项目3项（2009、2013、2018）、国家科技支撑项目课题1项（2015）、科技部科技重点研发项目1项（2017）。提交的80多篇政策咨询报告被国家相关部委采用，多篇报告得到国家领导人批示。出版专著10余本，主编多种文化蓝皮书，发表艺术经济、文化管理、文化产业、文化规划等领域学术论文100余篇，主要著作有《艺术表演团体管理学》（合著）、《艺术经济学》（合著）、《中国文化市场与消费研究》、《文化体制改革》、《近代中国国家文化体制的起源、演进与定型》等。先后获得2018年第十一届湖北省社会科学优秀成果奖二等奖、2016～2017年度湖北省优秀调研成果奖一等奖、2013年和2014年连续两届获得湖北发展研究奖二等奖。在学生培养方面，获得2016年武汉大学第七届"我心目中的好导师"荣誉称号。

彭雷霆 武汉大学国家文化发展研究院副院长，副教授、硕士生导师，国家公共文化服务体系示范区创新研究中心学术委员、湖北智库文化战略研究院研究员。1998～2008年就读于华中师范大学，先后获得历史学学士、硕士、博士学位。2008～2010年在武汉大学中国传统文化研究中心从事博士后研究，后留校任教。近年来主要专注于文化史、公共文化政策、文化产业等相关领域的研究，主持和参与完成国家社会科学基金项目、国家社科基金重大招标项目、教育部重大攻关项目及文化和旅游部、财政部、中宣部、国家文物局等委托课题40余项，在全国核心期刊上发表论文二十余篇，提交政策咨询报告十余篇，多项研究报告被财政部、中宣部、文化和旅游部、国家文物局等部门采用。

摘　要

本报告由武汉大学国家文化发展研究院"公共文化服务绩效评价"课题组编写，围绕我国"公共文化服务发展"这一重大问题，借助建构"公共文化服务发展指数"，综合、全面、客观地反映了2014～2016年我国公共文化服务发展的总体状况，并对公共文化服务各重要方面进行了分析与总结。此外，还就以北京市为代表的一些省份的公共文化服务发展水平进行了细致分析与学理探索，并提出了相应的对策建议，是目前我国公共文化领域前沿、权威的研究成果之一。

全书逻辑上分为总体研究、专门研究与个案研究三大部分，结构上分为总报告、专题篇与省域篇。"总报告"从宏观角度对公共文化服务发展指数构建的必要性、理论依据等进行系统阐释，并从公共文化服务资源供给水平、成果享有水平、效率水平、外部支撑水平和均等化水平五个维度构建了公共文化服务发展的"钻石模型"，综合分析了2014～2016年全国31个省份公共文化服务发展指数，认为目前我国公共文化服务整体水平稳步提高，但"效能瓶颈"显现，且存在区域、省域发展的不均衡等问题，并就此提出了相关对策建议。"专题篇"就公共文化服务资源供给水平、公共文化服务成果享有水平、公共文化服务效率水平、公共文化服务外部支撑水平与基本公共文化服务均等化水平五个维度进行系统阐述，不仅构建了针对性的评价指标体系，而且依据评价结果进行深入剖析。"省域篇"涉及不同省份公共文化服务发展水平及差异化问题，对北京市、江苏省、湖北省、山西省、陕西省、四川省与黑龙江省等代表性省份的公共文化服务发展指数加以充分研究，评估了不同省份的公共文化服务指数的变动情况，对不同省份在公共文化服务领域的区域竞争力进行了分析，并就不同省份公共文化服务发展提出了具体的建议。

目 录

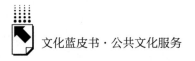

Ⅲ　省域篇

皮书数据库阅读**使用指南**

总 报 告

General Report

B.1

2018年公共文化服务发展指数报告

彭雷霆　张灵均*

摘　要：　经过长时间的探索和实践，我国公共文化服务体系建设进入
　　　　　"提质增效"新阶段，迫切需要对我国公共文化服务发展水
　　　　　平进行全方位量化测度。本报告以国内外公共文化服务及相
　　　　　关评价指标体系的研究为基础，同时借鉴当下各地公共文化
　　　　　服务的评估实践，按照动态与静态结合、理论与实践结合、
　　　　　兼顾效率与公平等原则，建构了包含公共文化服务资源供给
　　　　　水平、成果享有水平、效率水平、外部支撑水平和均等化水
　　　　　平五个维度的公共文化服务发展评估"钻石模型"。测算显
　　　　　示，2014～2016年我国公共文化服务整体发展水平稳步提高，

---

* 彭雷霆，武汉大学国家文化发展研究院副院长，副教授，研究方向为公共文化服务、文化政
策研究；张灵均，武汉大学国家文化发展研究院博士研究生，研究方向为公共文化服务、文
化政策研究。

东、中、西部水平与其经济社会发展水平基本一致，但是"中部塌陷"情况显现，区域、省域之间及其内部发展不平衡且短板各异；公共文化服务"效能瓶颈"问题显现，且存在低水平、低质量均等化。本报告针对全国 31 个省（自治区、直辖市）在公共文化服务发展中呈现的问题，提出从公共文化服务体系建构的内部驱动力来看，宏观上应当实施非均衡化、非格式化的公共文化服务发展策略，中观上要构建以公众文化需求为导向的现代公共文化服务体系，微观上要完善公共文化服务的绩效评价机制；从外部支撑力来看，应当营造良好外部环境，促进文化与旅游、文化与科技的深度融合。

关键词： 公共文化服务　发展指数　指标体系　钻石模型

　　近年来，随着公共文化服务体系建设的加快推进、财政投入力度的不断加大、基础设施建设的持续完善，我国公共文化服务水平与以往相比得到了较大提升。但是，公共文化服务体系的构建仍然面临着许多问题和困难，特别是目前公共文化服务体系整体效能不高已经成为制约我国公共文化服务发展的瓶颈。党的十八大以来，我国公共文化服务体系建设进入"提质增效"新阶段，科学测度公共文化服务发展水平迫在眉睫。

　　鉴于此，本报告基于学界以往研究和当下各地实践，从公共文化服务资源供给水平、公共文化服务成果享有水平、公共文化服务效率水平、公共文化服务外部支撑水平和基本公共文化服务均等化水平五大维度出发，构建了一个综合的、动态的"公共文化服务发展指数"，尝试以量化研究推动实践突破，加快推进我国公共文化服务体系的标准化、均等化，提升政府公共文化服务能力和水平。

一 公共文化服务发展指数构建的必要性

（一）构建公共文化服务发展指数是国家文化发展战略的客观需要

2017年10月，十九大通过了关于《中国共产党章程（修正案）》的决议，大会同意把中国特色社会主义文化写入党章，中国特色社会主义文化重要功能凸显。十九大报告对新时期特色社会主义文化事业的发展做出了"坚定文化自信，推动社会主义文化繁荣兴盛"的要求。在公共文化服务方面，提出了"完善公共文化服务体系，深入实施文化惠民工程，丰富群众性文化活动"的顶层设计。发展公共文化服务，构建现代公共文化服务体系是国家文化发展战略的基础性策略，其关键性作用主要体现为：一是公共文化服务体系是重塑社会主流价值、构建精神家园的载体，构建现代公共文化服务体系对于提高全体公民素质、增强国家文化软实力、坚定民族自信起着关键性作用，为文化"走出去"战略、"一带一路"倡议的实施奠定了坚实的基础；二是公共文化服务的快速发展，为文化产业的发展创造良好的制度环境、人才环境和社会环境，培育庞大的消费人群和广阔的消费市场，推动文化服务产业快速腾飞，实现文化的社会效益与经济效益双丰收；三是加快构建公共文化服务体系是新时期全面建设小康社会的内在要求，也是提升服务型政府文化治理能力的客观要求。

完善的公共文化服务体系是基本实现了公共文化产品和服务供给标准化、均等化、社会化的体系，在公共文化产品和服务供给方面，歧视性供给逐渐消除，公民基本文化权益得到根本性保障。目前，我国的公共文化服务依然主要依赖于政府的财政支持，这是由国家保障公民文化权利、提升国家文化软实力、建设社会主义文化强国的需要所决定的，因此，高效合理的监督和管理变得尤为重要。要实现公共文化服务的标准化、均等化、社会化，就要进一步优化国家公共文化财政资源的配置，科学调节财政投入方式和投入配比，支持和引导社会力量的参与。总之，就是要协调政府、公众、社会文化机构之间的协作关系，使得各方投入能够更好地交融并产生更大的效益。因此，构建公共文化服务发展水平的评价体系并通过翔实的数据进行实证分析，有利于对我国目前公共文化服务投入产出情况的宏观把握，为进一步提升公共文化服务水平提供数据支持和对策建议。

（二）构建公共文化服务发展指数是我国公共文化服务实践进入"提质增效"阶段的必然要求

公共文化服务的效能不高已经成为制约我国公共文化服务发展的瓶颈，阻碍了我国公共文化服务体系标准化、均等化的全面实现，影响到我国现代公共文化服务体系的构建。目前来看，我国公共文化服务整体效能不高主要表现在以下几个方面。

第一，公共文化服务发展总体水平不高，普遍发展不充分，同时存在发展不平衡的现象，均等化程度偏低。我国公共文化服务整体资源与服务不足，机构和设施不仅绝对数量偏少，人均数量也偏低，非均等化现象普遍存在。一是与公共教育、公共卫生等领域相比，文化事业投入在财政支出中占比小，增长速度相对滞后；二是区域、省域之间公共文化服务发展水平存在落差，与经济发展基本格局相近，东部地区、中部地区、西部地区的公共文化服务发展水平渐次降低；三是城乡二元制的社会结构也体现在公共文化服务上，大部分的公共文化服务资源都集中于城市，农村地区资源匮乏，基层公共文化服务机构运转困难，城乡公共文化服务发展差距显著；四是对于特殊群体如农民工、低收入、残疾人等群体的文化需求关注度不够。

第二，文化投入总量、投入结构仍不平衡。我国文化事业财政支出占国家财政总支出的比重低，文化事业费年均增长速度低于同期财政支出的增长速度。统计表明，中华人民共和国成立六十多年间，尽管文化事业支出的绝对数不断增加，但从"六五"时期到"十二五"时期我国文化事业财政支出占国家财政支出总额的比例在波动中呈现下降趋势，从"六五"时期的0.52%下降到"十二五"时期的0.38%，2016年和2017年的文化事业费达770.7亿元和855.8亿元，但也仅占财政支出的0.41%和0.42%；而在发达国家和地区通常公共文化投入占公共开支的1%左右①，我国远远低于这个比例。文化投入结构不平衡表现在：一是长期以来，我国的文化事业费在公共财政支出中的占比远远低于公共教育、公共卫生等其他公共事业；二是文化投入存在地域不平衡与城乡不平衡，东部地区的文化事业投入远高于西部地区和中部地区，农村地区文化投入与城市地区比差距较大。

第三，公共文化服务存在供给能力不足与供需错位的双重矛盾。目前我国的公共文化产品供给总量不足，种类也较为单一，精品、高质量的公共文化产品较少。造成这种现象的原因主要是公共文化服务的供给模式落后：一方面，政府采取的"大包大揽"的单一供给模式仍然深刻影响着公共文化服务领域，"政府引导－市场运作－社会参与"的多元复合模式尚未形成；另一方面，公共文化服务生产供给呈现内部化趋势，缺乏体制性安排，政府的公共文化服务供给主要表现为部门化、系统化的内部行为或地方化的局部行为②。此外，政府对公共文化服务的供给注重图书馆、剧场、文化馆等可量化的硬件设施建设，而忽略了难以量化的公民的精神文化需求方面的建设，再加上人民群众文化需求表达机制仍未建成，造成了公共文化产品供给与需求的错位。即使是精神文化需求方面的供给，也会由于对广大群众真实需求的定位失准造成供需结构性脱节。这样的双重矛盾不仅造成有限的公共文化资源的严重浪费，也导致现阶段群众对于公共文化服务的参与度和满意度不理想。

第四，已有的公共文化服务设施利用率低，后续管理不到位，运营模式和机制落后。虽然我国覆盖城乡的六级公共文化服务设施网络已初步建立，但是这些公共文化服务设施利用情况不容乐观，调查显示，群众对公共文化服务设施的利用率较低。究其原因，政府对公共文化服务设施建设重视程度高，但是对设施的利用率以及群众性文化活动关注度不高，许多公共文化服

---

① 毛少莹：《论公共文化服务中"共同治理结构"》，载彭立勋主编《文化软实力与城市竞争力：2008年深圳文化蓝皮书》，中国社会科学出版社，2008，第140页。

② 袁锦贵、虞阳：《公共文化服务理论研究述评》，《重庆社会科学》2015年第3期。

务项目并非基于真实的公共文化需求。同时政府对这些公共文化服务设施的管理理念与现代管理体系的需要比有较大差距，运营模式落后且机制不灵活，政府的公共文化服务能力亟待提高。

此外，政府对公共文化资源的整合能力有限，相关专业人才培养及队伍建设滞后，公共文化服务缺乏持续发展机制，相关法律、法规体系还不完善等问题也体现出公共文化服务效能状况不理想。

2013年11月，党的十八届三中全会通过《中共中央关于全面深化改革若干重大问题的决定》，第一次明确提出"构建现代公共文化服务体系"，"促进基本公共文化服务标准化、均等化"。2015年，中共中央办公厅、国务院办公厅印发了《关于加快构建现代公共文化服务体系的意见》，落实构建现代公共文化服务体系战略部署。"现代性"和"体系性"是现代公共文化服务体系的基本特征。现代公共文化服务体系发展既是政府公共文化服务实际能力的体现，亦是实现公共文化服务社会功能的支撑体系之一，体现出公共文化服务体系自我调节、自我修复和自我监控的能力。因此，现代公共文化服务体系的全面建构必须尽快实现"提质增效"，要实现这一目标亟待建立一套科学合理、可操作性强、可应用性强的公共文化服务评估体系，以反映公共文化服务的实际水平和状态，评价和监测公共文化服务的现实能力和未来发展潜力，揭示公共文化服务中存在的问题并找到解决方案。

（三）构建公共文化服务发展指数是进入新时代公民个体发展的现实诉求

改革开放四十余年来，我国人民的生活水平不断提高，人民的生活需求由过去的生存性需求转变为自我价值实现的发展性需求，人民对公共文化产品由过去对数量的追求转化为对种类多元化以及提升内容质量的追求。

十九大报告指出："中国特色社会主义进入新时代，我国社会主要矛盾已经转化为人民日益增长的美好生活需要和不平衡不充分的发展之间的矛盾。"人民对美好生活的需要日益广泛多元，不仅体现在对物质文化生活提出了更高要求，更体现为对民主、法治、公平、正义、环境以及安全等诸多方面需求的日益增长。要解决这些矛盾和问题，必须加快推动文化事业与文化产业协同发展，用多元化的文化产品满足人民日益增长的多元化文化需求。人民的多元化文化需求对政府的公共文化服务能力和服务质量提出了新要求，公共文化服务体系在保障公民的基本文化权益的基础上，还应当提供种类更丰富、质量更过硬、层次水平更高的公共文化产品和服务，使公民获得更多更好的自我发展机会，从而满足公民日益增长的、愈加多元的文化需求。因此，政府需要对公共文化服务进行"提质增效"来提升自身的服务水平，使已建构的公共文化服务体系得到巩固和发展。通过构建公共文化服务发展指数，对公共文化服务体系的运行效率进行监测，并对公共文化服务发展的外部支撑水平进行评估，以监督政府对公共文化服务政策的实施，提升政府的公共文化服务效能，不仅能够保障公民基本文化权益的实现，也可以推动公众文化需求表达平台和机制的建立，实现公共文化服务主体与客体之间的互动，形成多元化的、动态的公共文化服务供给模式。

二 公共文化服务发展指数构建的理论依据

（一）相关概念

1. 公共文化服务

文化服务是满足人们精神文化需求的行为，以被服务对象精神满足水平为衡量标准，提供主体包括政府、企业和社会组织等，[①] 类型涉及音乐艺术、视觉艺术、文学艺术等，参与形式包括看、听、说、写、创等。

公共文化服务在内容上属于政府的公共服务之一。公共服务指的是（准）公共部门为了满足公民的公共需求所提供的公共产品和服务的总

---

① 赵力平：《城市文化建设》，中国社会科学出版社，2005，第1版，第15页。

称，包括教育、卫生、医疗等等。公共文化服务是公共服务的一个重要组成部分，是指由政府主导、社会力量参与，为满足公民的基本文化需求而向全体公民提供的公共文化设施、产品、活动以及其他相关服务。公共文化服务的主体是政府及社会力量，服务的客体是人民群众，服务的目的是满足公民基本文化需求，实现公民基本文化权利。因此，公共文化服务是政府应当依法提供的基本公共服务之一，是现代政府的执政合法性来源之一。

2. 公共文化服务体系

公共文化服务体系是指由政府主导并提供财政保障，以保障人民群众基本文化权利和满足基本文化需求为目的的公益性文化机构、文化组织、文化设施、人才队伍、服务内容和服务制度体系等的总称。目前，我国大力构建的公共文化服务体系基本特征主要体现为以下几点：一是公益性，政府不以营利为目的提供公共文化服务，发挥公共文化服务的社会功能，追求其社会效益的最大化；二是基本性，满足人民群众最基本的文化需求，保障人民群众最基本的文化权利是公共文化服务的底线；三是均等性，公共文化服务建立在基本公民权利的基础上，无论地区、阶层、年龄等各种因素，任何公民的基本文化需求都应得到满足；四是便利性，人民群众能够方便、快捷、近距离、经常性地获得并享受到公共文化产品和服务。

"基本公共文化服务体系"是党的十七届六中全会基于对我国国情的准确定位提出的。改革开放以来，我国经济快速发展，如今已成为世界第二大经济体，但是人均 GDP 不高，并且区域之间、城乡之间以及行业之间存在较大差距。这一国情决定了我国公共文化服务体系底线相对较低，公共文化服务体系必须首先保障全体公民最基本的文化权利，包括保障其生存发展的基本文化权利，如基本阅读的权利、观看优秀剧目的权利；满足公民生存发展的基本文化需求，让公民掌握必备的文化知识和信息技能，保障社会成员具有参与社会活动的最低文化基础，满足其最低层次精神需求。基本公共文化服务体系确保公民公正、平等、普遍地享有公共文化服务，是最具保障性和公平性的服务类型，体现了公平正义的原则。

2013年，《中共中央关于全面深化改革若干重大问题的决定》首次提出"建立健全现代公共文化服务体系"的构想。2015年初，《关于加快构建现代公共文化服务体系的意见》对如何进行现代公共文化服务体系的建构进行了顶层规划，提出了总目标："到2020年，基本建成覆盖城乡、便捷高效、保基本、促公平的现代公共文化服务体系……人民群众基本文化权益得到更好保障，基本公共文化服务均等化水平稳步提高。"现代公共文化服务体系突出"现代"，与传统公共文化服务体系相比，现代公共文化服务体系体现了时代性，在继承传统的基础上更加适应新时代文化发展的要求。其核心是实现公共文化服务水平与现有的经济社会发展水平以及我国目前所处的社会主义发展阶段大体相适应。现阶段的公共文化服务体系建设仍处于广覆盖、低水平阶段，其服务水平只能满足广大人民群众最基本的文化需求，而不是多元的、多层次的文化需求。但基本文化权利的保障并不意味着无差异的均等化，物质的极大丰富带来了文化需求的多元化，公共文化服务的标准、内容、覆盖面也应是动态发展的，应当探索满足人民群众多元文化需求的实践路径，用现代技术和先进价值理念指导公共文化服务体系的建设。同时，现代公共文化服务体系强调"体系"，体系既表现为供给主体的多元性及协作性，也体现为服务内容与方式的多样性，以及空间的延展性和广泛性，强调统筹协调。因此，现代公共文化服务体系的特征表现为均等化、标准化、法制化、高效化、大众化、信息化、多元化和民主化等。

3. 公共文化服务发展指数

指数是综合反映由多种因素组成的社会经济现象在不同时间和空间条件下平均变动的相对数。发展指数，是衡量某一领域发展程度的数据标准。因此，公共文化服务发展指数，就是一个衡量公共文化服务发展状况的定量描述和分析比较工具，能够综合反映一个地区公共文化服务的实际水平和状态，揭示当地公共文化服务存在的问题并找出可能的解决路径，并对当地公共文化服务的发展潜力和趋势做出预测，从而为公共文化服务体系的建构和完善提供理论支撑及科学指导，为公共文化服务的相关决策提供参考，为公共文化服务的主体提供必要信息。

（二）理论来源

1. "新公共管理理论"和"新公共服务理论"

"二战"结束之后，整个世界范围内的经济和科技得到迅猛发展，但政府职能的急速扩大以及对社会干预的增多却使得政府机构愈发臃肿低效。传统公共行政学理论无法有效地指导政府如何去解释和解决上述问题。从20世纪80年代开始，为了应对新技术革命、经济全球化、财政危机等挑战，英美等西方国家开展了"重塑政府"的行政管理体制改革，在此基础上，逐渐形成了"新公共管理理论"。这一理论吸收了公共选择、"新管理主义"理论，是对当代西方行政改革实践经验的基础性总结，其核心是强调市场竞争、政府工作的绩效评估、成本效率和顾客导向等。在这一理论思潮的影响下，西方国家在行政管理体制的改革中，将公共文化的经营和行政管理分离，确立新的公共文化服务运营模式。

"新公共管理理论"指导下的政府"市场模式"在实践发展中逐渐暴露出其对公共部门管理主导原则——民主政治的削弱作用，其倡导的价值观逐渐腐蚀和破坏了公平、正义的原则，赋予行政官员更多的权力去"掌舵"，造成了腐败与官僚主义。"新公共服务理论"正是在对"新公共管理理论"的反思和争论中产生发展起来的。新公共服务理论将政府的角色定位为服务而非"掌舵"，政府应当以公民诉求为导向，"公平性"、"民主性"和"服务对象的最大满意度"成为公共管理追求的目标。该理论认为现代公共管理应当建立为公共利益服务的新模式来替代过去以自我利益为主导的传统行政模式。新模式认为公共管理的根本价值取向应当是公平、公正、民主、正义等，并且以公共利益和公民对话协商为导向。在这一理论思潮的影响下，世界各国纷纷开始进行转换政府角色、构建服务型政府的尝试。

"新公共管理理论"和"新公共服务理论"是公共文化服务的前导性理

论,"新公共管理理论"要求政府管理引入企业管理制度,强调政府的行政效率,政府行政绩效的考评是公共行政管理中不容忽视的关键环节;"新公共服务理论"则体现了政府角色定位的转变,政府的公共职能由过去的"公共管理"转变为现在的"公共服务",是服务而不是"掌舵"。"新公共服务理论"下,服务型政府的职责是保障公民的基本权益,满足公民的多元诉求,为公民自我发展、社会和谐进步提供支持,公共服务不仅强调公共资源"投入—产出"效率的提高,更注重公共服务质量的提升,即公共事业的经济效益和社会效益的协同实现。

2. 文化权益理论

在中国语境中,"文化权益"是"文化权利"和"文化利益"两个概念的集合,包含着公民的文化生活参与权、文化成果拥有权、文化方式选择权和文化利益分配权四个义项,其中最重要的组成部分是人的文化生活参与权,保障公民最基本的也是最重要的文化权益首先是要实现公民对文化生活的参与。[①]

文化权利根据人权观念发展而来,包含着现代社会的人权观念,受到政治文明准入条件的限制以及民族文化传统的影响和补充。文化权利基于公共产品理论,文化是一种公共产品,具有消费的非排他性、非竞争性特征,同时具有产权的公共性和难以交易性特征,并且会产生持久的外部效应。因此,文化权利作为一项基本人权为全体公民享有。首先,公民对文化权利的享有是普遍的,是不分种族、年龄、性别、身份的普遍享有;其次,文化权利既可以是整个民族的文化认同,也可以是个人对文化服务的享有。联合国通过《世界人权宣言》、《公民及政治权利国际公约》以及《经济、社会、文化权利国际公约》构成的"国际人权宪章"确定了"人人均可参加文化生活,享受科学进步与文化成果,对科学以及文艺作品予以充分保护"的文化权利。

文化利益是指国家财富分离出文化福利额度以后,政府有责任通过有

---

① 王列生、郭全中:《国家公共文化服务体系论》,文化艺术出版社,2009,第93~98页。

效的文化治理和文化服务对其进行社会分配，不仅要确立分配的原则和形式、个体利益实现的体制，而且在分配中要体现公平正义原则，实现社会均等化。[①]

国家在保障公民文化权益的实现中应当承担相关的责任和义务，保障公民实现基本文化权益是政府不可推卸的基本职责之一，文化权益是国家提供基本公共文化服务的法理依据。[②]

（三）国内外相关指数的类型综述及借鉴

1. 国内外相关指数的类型综述

国内外文化发展综合评价体系较为丰富，目前比较有影响力的以指数形式来综合反映文化发展的状态和趋势的评价体系主要有：欧洲创意指数（ECI）、香港创意指数（HKCI）、中国省市文化产业发展指数（UCII）、中国文化发展指数（CDI）等。

（1）欧洲创意指数（ECI）[③]

2004年，卡内基·梅隆大学教授、经济学家理查德·弗罗里达在与有关机构合作完成的《创意时代的欧洲》中，提出在3Ts（Talent、Technology、Tolerance）的基础上构建"欧洲创意指数"。

"欧洲创意指数"主要由三方面指标构成："欧洲人才指数"（Euro-Talent Index）、"欧洲科技指数"（Euro-Technology Index）和"欧洲包容性指数"（Euro-Tolerance Index）。

该指数最早被应用于欧美地区创意产业发展的比较研究，后被亚洲国家和地区普遍接受。美国、我国香港等地跟进研究类似的区域创意指数，该指数对研究创意产业、经济增长和区域竞争力之间的动态关系贡献巨大。具体见表1。

---

① 王列生、郭全中：《国家公共文化服务体系论》，文化艺术出版社，2009，第88页。
② 吴理财、王前：《文化权利导向下的国家基本文化服务保障范围研究》，《湖北大学学报》（哲学社会科学版）2015年第5期。
③ 唐守廉、朱虹：《国际文化创意产业发展指数研究》，《科技进步与对策》2014年第2期。

表1 欧洲创意指数指标体系

一级指标	二级指标
欧洲人才指数	创意阶层指数:创意从业人数占整个从业人数的百分比
	人力资本指数:25~64岁人群中拥有学士或以上学位的人数比例
	科技人才指数:每千名工人所拥有的从事研究性工作的科学家与工程师的数量
欧洲科技指数	研发指数:研发支出占GDP比重
	创新指数:每百万人拥有的专利申请量
	高科技创新指数:每一万人当中拥有高科技专利的数目
欧洲包容性指数	态度指数:主动或被动宽容的人数占总人数比例,量度对少数族群的态度
	价值指数:一个国家将传统视为反现代的或世俗价值观的程度(例如宗教、民族主义、权威、家庭、女权、离婚和堕胎)
	自我表达指数:代表一个民族对待个人权利和自我体现的重视程度(包括自我表达、生活素质、民族、信任、休闲、娱乐和文化的态度)

（2）香港创意指数（HKCI）①

2004年，香港大学文化政策研究所发布了"香港创意指数"，创构了衡量创意指数的"5C"模型，从创意成果、结构/制度资本、人力资本、社会资本和文化资本等维度进行量化评测，为研究城市文化发展提供了一个评价框架。该指数不仅考虑了创意生产的经济产出，也将影响创意产业发展的关键性因素纳入评价指标。具体见表2。

表2 香港创意指数衡量指标体系

创意指数的组成支架(5Cs)	指标	测度变量
创意成果	创意的经济贡献	香港创意产业的总值占本地生产总值的百分比
		投身创意产业人口占总就业人数的百分比
		创意产业产品贸易相对整体出口贸易的分布
		创意产业服务贸易相对整体进口贸易的分布
		通过电子媒介的产品、服务和资讯销售的商业收入所占的百分比

---

① 香港特别行政区政府民政事务局:《创意指数研究》，香港特别行政区政府民政事务局，2005，第38~47页。

续表

创意指数的组成支架(5Cs)	指标	测度变量
创意成果	经济层面的富创意的活动	本地企业在国际市场出售有品牌产品能力
		本地企业掌握新科技能力
		人均专利申请总数
		源自本地的专利申请相对专利申请总数的百分比
	创意活动其他成果	报纸每日的人均销量
		新注册书目和期刊的人均总数
		音乐作品的人均出现总数
		歌词创作的人均出现总数
		电影人均制作总数
		由政府文化服务提供的电影放映人均总数
		由政府文化服务提供的表演艺术节目的人均总数
		新建筑楼面面积的人均总数
结构/制度资本	司法制度的独立性	关于香港司法制度独立性的统计数据
	对贪污的感觉	贪污感觉指数的百分比得分
	表达意见的自由	新闻自由的百分比得分
		言论自由的百分比得分
	资讯及通信科技的基础情况	公司使用个人电脑的百分比
		公司使用互联网的百分比
		公司拥有网页/网站的百分比
		家庭使用私人电脑的百分比
		家庭使用互联网的百分比
		人均手提电话用户
	社会及文化基础建设的动力	非政府组织的人均总数量
		公共图书馆使用者的注册人均数
		借用公共图书的人均数量
		政府文化服务提供的艺术表演场地座位的人均总数量
		法定古迹的市均数量
		博物馆的市均数量
	社区设施的可用性	社区会堂和社区中心的人均数量
		文娱中心的人均总数量
	金融基础	上市公司的人均数量
		股票市场资本的年度增长占本地生产总值的百分比
		该地管理下风险资本的增长值占本地生产总值的百分比
	企业管理的动力	中小企业占公司总数的百分比
		劳工生产指数的百分比得分

续表

创意指数的组成支架(5Cs)	指标	测度变量
人力资本	研究及发展的支出与教育的支出	研究与发展支出占本地生产总值的百分比(商业层面)
		研究与发展支出占本地生产总值的百分比(高等教育)
		研究与发展支出占本地生产总值的百分比(政府)
		政府对教育支出占本地生产总值的百分比
	知识劳动人口	15岁以上取得专上教育程度的人口分布(非学位)
		15岁以上取得专上教育程度的人口分布(学位或以上)
		研究与发展人员占总劳动人口的百分比
	人力资本的移动/流动	访港旅客人均总数
		本地居民离境人均总数
		移居本地的估计人均数
		领有工作签证的劳动人口占总劳动人口的百分比
社会资本	社会资本发展	在入息税许可下的慈善捐款数额占本地生产总值的百分比
		在利得税许可下的慈善捐款数额占本地生产总值的百分比
		社会福利开支占总公共开支的百分比
	量度网络素质:从"世界价值调查"得出的习惯与价值	对基本信任的指标
		对制度信任的指标
		对互惠的指标
		对效能知觉的指标(在掌握生命而言)
		对合作的指标
		对多元化的态度的指标
		对接受多元化的指标
		对人权的态度的指标
		对外地移民对与错的态度的指标
		对外地移民生活方式的态度的指标
		对传统与现代价值相对的指标
		对个人表达与求存相对的指标
	量度网络素质:从"世界价值调查"得出的社区事务参与	对公共事务的兴趣
		参与社会组织
		与朋友的社交接触
		与社区的社交接触
		对效能知觉的指标(在曾参与的活动而言)
		义务工作者的人均总数

续表

创意指数的组成支架(5Cs)	指标	测度变量
文化资本	文化支出	艺术与文化在整体公共开支中所占的百分比
		用于文化产物及服务的家庭开支占整体家庭开支的百分比
	量度网络素质:习惯与价值	对创意活动的价值
		对学童的创意活动的价值
		对艺术及文化活动的价值
		对学童的艺术和文化活动的价值
		社区领导大力提倡在地的文化艺术发展
		社会环境鼓励创意活动的评价
		社会环境鼓励文化事务参与的评价
		对购买盗版和假冒产品的道德价值
	量度网络素质:文化事务的参与	年度借用图书馆书本的人均数目
		向收取版权费之机构按人口缴付的版权费(不包括海外收入)(本地货币)
		每168小时花于上网以作个人使用的平均时间百分比
		参观政府文化服务提供的博物馆的人均数
		出席由政府文化服务提供的演出的人均数
		欣赏由政府文化服务提供的电影及录像艺术的人均数

（3）上海创意指数[①]

上海创意指数是上海创意中心于2006年以欧洲和香港的创意指数体系为借鉴，从产业规模、科技研发、文化环境、人力资源和社会环境五大维度出发建构的创意评价体系。具体见表3。

表3 上海创意指数指标体系

分类	指标
产业规模指数	创意产业的增加值占全市增加值的百分比
	人均 GDP

---

① 于启武:《北京文化创意指数的框架和指标体系探讨》,《艺术与投资》2008年第12期。

续表

分类	指标
科技研发指数	研究与发展经费支出占 GDP 的比重
	高科技产业拥有自主知识产权产品实现产值占 GDP 的比重
	高科技产业自主知识产权拥有率
	每 10 万人发明专利申请数（按常住人口计算）
	市级以上企业技术中心数
文化环境指数	家庭文化消费占全部消费的百分比
	公共图书馆每百万人拥有量
	艺术表演场馆每百万人拥有量
	博物馆、纪念馆每百万人拥有量
	人均报纸数量
	人均期刊数量
	人均借阅图书馆图书的数目
	人均参观博物馆、纪念馆的次数
	举办国际展览会项目数
人力资源指数	新增劳动力人均受教育年限
	高等教育毛入学率
	每万人高等学校在校学生数
	户籍人口与常住人口比例
	国际旅游入境人数
	因私入境人数
	外省（区市）来沪旅游人数
社会环境指数	全社会劳动生产率
	社会安全指数
	人均城市基础设施建设投资额
	每千人国际互联网用户数
	宽带接入用户数
	每千人移动电话数
	环保投入占 GDP 的百分比
	人均公共绿地面积
	每百万人拥有的实行免费开放公园数（按常住人口计算）

（4）中国省市文化产业发展指数（UCII）①

中国省市文化产业发展指数由中国人民大学文化创意产业研究中心发布，从产业生产力、产业影响力和产业驱动力三个维度进行建构，反映了我国文化产业发展的整体状况。具体见表4。

表4 中国省市文化产业发展指数指标体系

一级指标	二级指标	三级指标
产业生产力	文化资源	文化场馆资源
		人文类资源
		文化产业基地数量
	文化资本	文化产业人均固定资产投资
	人力资源	文化产业从业人员数量
产业影响力	经济影响	文化产业总产出
		文化产业人均收入
		集聚效应
	社会影响	影响人次
		文化氛围
		文化包容度
		文化形象
产业驱动力	市场环境	行业协会作用
		市场需求
		知识产权保护的满意度
		文化消费
		融资渠道
	公共环境	专项基金支持力度
		政策支持
		公共服务满意度
	创新环境	人均科研经费
		高级职称就业人员每百万人拥有量
		国际交流

① 彭翊：《中国省市文化产业发展指数报告（2012）》，中国人民大学出版社，2013，第50~52页。

（5）中国文化发展指数（CDI）[①]

中国文化发展指数（CDI）由上海交通大学中国文化发展指数研究中心建构发布，该指数是开放条件下以全国、省（区/市）和农村"三位一体"为特征的中国文化发展分析框架。CDI针对全国层面、省级（自治区、直辖市）层面和农村构建了"中国文化发展综合指数"、"中国省级文化发展指数"及"中国农村文化发展指数"。每个层面都包括七个一级指标，分别为：文化财政支持、文化基础设施、文化人才资源、社会文化参与、文化保护传承、文化创新能力和文化经济流量。每个一级指标下都有3~5个二级指标。具体见表5。

表5　中国文化发展指数体系指标构成

一级指标	二级指标		
	中国文化发展综合指数	中国省级文化发展指数	中国农村文化发展指数
	2006~2013	2011~2013	2011~2013
文化财政支持	全国文化公共财政支出	地方文化公共财政支出	财政拨款
	文化事业建设费	文化事业建设费	上级补助
	文化固定资产投资	文化固定资产投资	—
文化基础设施	文化产业单位	文化产业单位	—
	文化事业单位	文化事业单位	文化事业单位
	公共阅读供给	公共阅读供给	公共阅读供给
	文物展品供给	文物展品供给	—
	群众娱乐供给	群众娱乐供给	—
文化人才资源	文化建设人才	文化产业人才	—
		文化事业人才	文化事业人才
	文化人才素质	文化人才素质	文化人才素质
	文化人才待遇	文化人才待遇	—
社会文化参与	文化活动参与	文化活动参与	文化活动参与
	文化消费需求	文化消费需求	文化消费需求
	文化活动供给	文化活动供给	文化活动供给
文化保护传承	文化遗产保护	非物质文化遗产保护	非物质文化遗产
		文物保护	民间文化
	文化保护社会影响	文化保护管理	—
	对外文化交流	文化传承交流	—

[①]　王永章、胡惠林：《中国文化发展指数报告》，上海人民出版社，2016，第35~36页。

续表

一级指标	二级指标		
	中国文化发展综合指数	中国省级文化发展指数	中国农村文化发展指数
	2006~2013	2011~2013	2011~2013
文化创新能力	原创能力	文化艺术创新	—
	研发能力		—
	文化科技基础	文化科技创新	—
文化经济流量	文化机构经营能力（经营收入/财政拨款）	文化机构经营能力（经营收入/财政拨款）	文化机构收入
	文化商品经营收入	文化商品经营收入	
	文化创汇能力	—	

该指数采用了变异系数法和主成分分析法相结合的客观权重法来测算各个层面的文化发展指数。《中国文化发展指数报告》对我国 2011~2013 年全方位文化发展情况进行了测算，对我国文化发展现状和趋势做出了分析和预判，为文化发展提出了策略建议。

2. 对构建公共文化服务发展指数的综合启示和借鉴

第一，无论是文化发展类指标体系还是创意类指标体系，在指标选择上，都较为重视科技、人才和创新在文化以及创意发展中的影响力。公共文化服务领域中，科技的应用、专业人才队伍的建设以及体制、机制的创新水平越来越成为影响现代公共文化服务体系发展的关键因素（见表6）。

表6　相关文化发展指数指标体系一级指标比较

项目	欧洲创意指数	香港创意指数	上海创意指数	中国省市文化业发展指数	中国文化发展指数
一级指标	人才 科技 包容性	人力 文化 社会 结构制度 创意成果	产业 科研 文化环境 人力 社会环境	生产力 影响力 驱动力	财政支持 基础设施 人才资源 社会参与 保护传承 创新 经济流量

第二，文化发展相关指数的评估指标不仅需要纳入人、财、物投入等客观性的可量化指标，而且需要将文化领域主观性的难以量化的指标，例如公众需求、满意度、环境宽容度等通过合理的测评维度和测评方式加以体现。

第三，5个文化发展相关指数都将文化发展的外部环境纳入了指标体系，作为客观条件，经济环境、政策环境、社会氛围等也是公共文化服务发展的重要影响因素。

第四，构建公共文化服务发展指数需要对动态和静态的指标进行综合性评估，对于现状和发展潜力都要做出评估，才能实现对公共文化服务发展水平的全面性评估。

三　公共文化服务发展指数的建构框架

（一）研究思路及设计原则

1. 研究思路

本研究以国内外公共文化服务及相关评价指标体系的研究为理论基础，学习并提炼出了设计原则、评估方法；对比国内和英国、美国等发达国家的相关评估实践，得出国内外文化创意发展评估的不同之处和可借鉴之处，确立公共文化服务评价指标体系的构建要素；以全国31个省份的公共文化服务相关数据为基础，采用多元评估方法，对各省份的公共文化服务资源供给水平、成果共享水平、效率水平、外部支撑水平及均等化水平进行全方位的评估和排名，为全国和各地区公共文化服务的发展提供一定的理论和实践参考。

2. 设计原则

（1）动态与静态相结合

公共文化服务发展指数的指标体系既包括静态指标——反映一定时间或一定空间内公共文化服务资源分配和积累情况的定量数据，也包括动态指

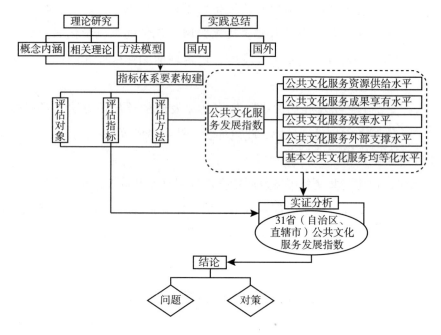

图1 "公共文化服务发展指数"研究思路

标——反映一段时间或一定空间内公共文化服务资源变化趋势的变量数据。静态指标可以评估当前某地区公共文化服务所达到的水平，而动态指标则可以体现某地区在一定时间内公共文化服务的发展速度和质量的提升水平。动态和静态指标相结合，能够综合全面地评价公共文化服务的发展情况，对实践的指导意义更强。

（2）理论与实践相结合

公共文化服务发展指数以公共产品理论、公民文化权益理论等为基础，建构了一个评价公共文化服务发展水平的理论模型——"钻石模型"。随后在对31个省（自治区、直辖市）的公共文化服务发展水平的评估实践中灵活运用该模型，并针对实践中的实际情况，对模型不断进行完善，力图形成科学、全面的公共文化服务发展水平评价指标体系。

（3）兼顾效率与公平

效率原则指的是关注一段时间内公共文化服务的投入与产出之间的比例

关系，即评价政府在公共文化服务的资金、人力等方面的投入所产生的效果，综合反映生产效率和配置效率。效率是公共文化服务评估的一个重要方面，是监测公共文化服务是否落实以及衡量普及程度、公众满意度的重要指标。公平原则是指将"公平"作为评价体系的一个重要指标，衡量全国和各地区是否公平正义地对待不同阶层、不同地域的公众文化需求及其程度。兼顾效率与公平能够保证在评估公共文化服务的过程中，既看到发展速度，也看到不均等的问题，有助于提高对二者间固有矛盾的重视程度，缩小两方之间的差距。

（4）科学性与实用性并重

指标体系必须要以科学性为原则。指标设计的过程和结果必须保证是有理可循、能够用科学解释的，也必须保证数据是科学有效的，如是才能提高评估结果的科学有效性，才能真正对实践产生积极的指导作用。注重科学性的同时，也不能忽视其实用性。如果指标体系过于深奥复杂，不能为决策部门所用，那也只能束之高阁。实用性原则用来评价指标的实用性、可行性和可操作性。首先，繁简适中的指标体系和简便易行的计算评价是前提；其次，无论是定性评价指标还是定量评价指标，其指标需要用到的数据必须容易采集，信息来源渠道必须有效可靠；再次，对各项评价指标及相应的计算方法以及各项数据的处理都要标准化、规范化，保证操作的整体规范；最后，在评价过程中把控数据质量，严格控制数据的准确性。

（5）注重系统性和可比性

系统性是指指标之间既相互联系又相互制约的关系。一方面，系统优化是指标数量选取及体系架构形式的原则，尽量用较少的指标更加客观全面地反映评价对象，同时避免指标体系过于庞杂或过于单一。另一方面，在设计指标体系时，要统筹兼顾各指标之间的关系，通过对各项指标之间的有机联系方式和合理的数量关系的优化处理，达成评价指标体系整体功效的最优，使公共文化服务效能评价的水平和质量能够更加全面、客观，从而能够综合有效地评价公共文化服务发展水平。

可比性即指标体系要适用于不同时期和不同对象之间的比较。这就要求指标首先要有相互独立性，其次要与国内通用的、规范的名称、口径和计算方法相同，最后还应当可以长期适用，确保一定时期内评估效果的稳定性和连续性，便于进行和其他地区之间的横向比较以及和其他时期之间的纵向比较。

（二）公共文化服务发展指数指标体系基本架构

1. 五大维度

评估维度指的是按照一定标准划分的评估范围的类型，是将复杂多样的评估内容进行具体化、明确化和可操作化的第一步。[①] 公共文化服务发展指数评价指标体系的建构，既要能够体现我国公共文化服务发展现状和特点，又要以国家文化发展政策为导向，引导各地提升公共文化服务效能，促进各地公共文化服务均等化、标准化。从指标体系的科学性、可操作性和前瞻性角度出发，可从公共文化服务资源供给水平、公共文化服务成果享有水平、公共文化服务效率水平、公共文化服务外部支撑水平及基本公共文化服务均等化水平这五个维度来建构本指标体系。

我们认为，公共文化服务资源供给水平与成果享有水平能够最直观地体现出公共文化服务投入水平和产出水平，是公共文化服务体系评估的基础性指标；公共文化服务效率水平，则是衡量政府提供公共文化服务的效率和回应公众文化需求及时性的重要指标，体现的是政府文化治理能力的高低；基本公共文化服务均等化水平则是构建现代公共文化服务体系的合法性的重要基础，体现政府保障公众基本文化权益的主体责任，也是实现文化成果全民共享程度的重要表现，体现政策的公平性；公共文化服务外部支撑水平，则是对公共文化服务建设的外部支撑因素进行评估，综合性地体现公共文化服务体系发展的外部动因，预测公共文化服务的发展潜力和发展趋势。由此，五者构成了公共文化服务发展水平测度的五维综合模型（"钻石模型"），即公共文化服务发展指数。具体见图 2。

[①] 毛少莹：《公共文化服务绩效评估指标体系的建构》，李景源、陈威主编《中国公共文化服务发展报告（2007）》，社会科学文献出版社，2007，第 396 页。

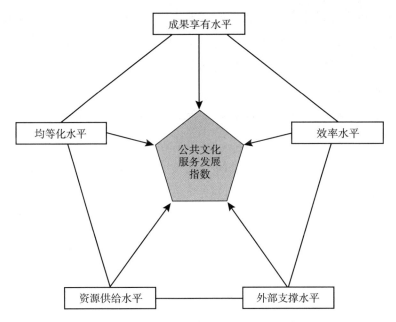

图2　公共文化服务发展指数"钻石模型"

（1）维度一：公共文化服务资源供给水平

公共文化服务供给的产品和服务属于公共产品，具有公共产品的公共性、非排他性和非竞争性等特性，公共产品的供给由政府主导以避免"市场失灵"造成的公共事业领域的缺位与失序，保障公民的基本权利。公共文化服务资源供给即公共文化资源的投入，是公共文化服务体系建构的基石和公共文化服务供给的根本保障。公共文化服务产出以投入为前提，没有投入就没有产出。因此，公共文化服务资源的供给水平是政府文化事业投入的直观体现，是文化治理在政府治理中重要性的表现，是政府治理能力的基本评价指标之一。本报告从人力、物力和财力三方面来度量政府的公共文化服务资源供给水平。

（2）维度二：公共文化服务成果享有水平

文化成果的享有作为一种基本的文化权利得到了"国际人权宪章"的确定。它是文化权益的重要组成部分，保障公民的文化权益应当要保障公民享有相关文化发展成果，李克强总理在2015年的政府工作报告中指出必须"逐步推进基本公共文化服务标准化、均等化,扩大公共文化设施免费开放范围,发挥基层综合性文化服务中心作用","让人民群众享有更多文化发展成果"。公共文化服务成果享有水平体现了公民对公共文化的参与程度,体现了公民的整体文化素养、教育程度,反映了公共文化服务体系构建的成效。公民对文化成果享有的公平性、便利性和丰富性是公共文化服务体系构建的基础性目标,是评估公共文化服务效率水平、均等化水平的关键性指标。因此,公民的文化成果享有水平是反映公共文化服务发展情况的基本要素。本报告从"文化参与"、"广播电视服务"、"体育服务"、"优秀作品"和"群众满意度"五个方面对公民的文化成果享有水平进行评测。

(3)维度三:公共文化服务效率水平

公共文化服务是现代服务型政府进行文化治理的重要内容之一,提高政府公共文化服务的效率是实现政府文化治理职能的必然要求和重要保障,因此对公共文化服务进行绩效评估是衡量政府治理能力和运作效率的重要手段。一方面,效率是公共文化服务评估的一个重要方面,是衡量公共文化服务是否落实以及普及程度、公众满意度的重要指标。另一方面,与一般公共产品相比,公共文化产品具有特殊性:一般公共产品是为了满足社会公众的一般物质需求,而公共文化产品更多表现为精神的、非物质的状态,这类产品的供给在向社会成员提供一般性文化娱乐服务的同时,还必须着眼于实现公民的文化权益,提高公民的文化素质和文化水平,增强民族文化认同感,促进社会主义核心价值建构,并将社会、经济、文化协调发展的社会效益最大化。也就是说,公共文化服务的效率评估既要评测公共文化资源"投入-产出"的经济效益,又要将公共文化服务产生的社会效益和规模效益作为重要标准纳入评估指标体系。本报告从中央和各级地方政府对公共文化服务的人力、物力和财力的投入以及公共文化服务在"文化参与"、"广播电视服务"、"体育服务"、"优秀作品"和"群众满意度"五个方面的产出对公共文化服务的效率水平进行评估。

（4）维度四：公共文化服务外部支撑水平

公共文化服务属于政府基本公共服务的一种，由各级政府根据国家整体的公共文化服务标准要求承担服务建设与供给的主体责任，而实现公共文化服务的供需双方的最优均衡和双向互动是公共文化服务体系建设的核心目标。但由于群众文化服务需求随社会经济文化发展而动态变化，而服务供给资源条件相对静态且资源有限，造成有限的静态资源无法满足人民群众动态的文化需求这一矛盾。因此，要做好各地公共文化服务外部支撑水平的评测工作，明确公共文化服务发展前行的方向和目标，提前规划、设计和优化公共文化服务外部环境，才能缓解公共文化服务供需错位矛盾。本报告引入"公共文化服务外部支撑水平"的概念，意指公共文化服务发展的外部影响条件综合水平，从"环境支撑"、"资源支撑"、"创新支撑"和"产业支撑"四个方面进行综合评估。

（5）维度五：基本公共文化服务均等化水平

文化权益是公民的基本人权之一，保障公民的文化权益是公共文化服务的逻辑起点和归宿。公共文化服务首要的、最基本的功能是满足公民基本文化需求以保障公民的基本文化权益，这也是公平正义的基本原则在公共文化服务中的体现。因此，公共文化服务体系是以保障公民最基本文化权益为出发点的保障机制。文化权益具有普遍性和机会均等性，即全体公民都有同等机会享受基本公共文化产品和服务，因而公共文化服务均等化是保障公民基本文化权益的内在需求。公共文化服务均等化保障的是公民最基本、底线的文化权益，一个地区公共文化服务的均等化水平决定了该地区社会文化的整体发展水平。因此，衡量一个地区公共文化服务体系的首要维度是该地区公共文化服务的均等化程度，即公共文化服务体系在多大程度上保障了公民最基本的文化权益，满足了公民的基本文化需求。本报告对公共文化服务均等化水平的评估借鉴了"基尼系数"的概念和测算方法，根据各地区公共文化服务人才、公共文化财政投入、公共文化服务设施、公共文化服务产品的人均占有情况进行评测。

2. 具体指标

表 7   公共文化服务发展指数一级、二级指标架构

一级指标	二级指标
公共文化服务资源供给水平	人力资源
	物力资源
	财政资金
公共文化服务成果享有水平	文化参与
	广播电视服务
	体育服务
	优秀作品
	群众满意度
公共文化服务效率水平	投入指标（"文化资源供给水平"）
	产出指标（"文化成果享有水平"）
公共文化服务外部支撑水平	环境支撑
	资源支撑
	创新支撑
	产业支撑
基本公共文化服务均等化水平	公共文化服务人才
	公共文化财政投入
	公共文化服务设施
	公共文化服务产品

"公共文化服务资源供给水平"是指政府等供给主体在一定时期内将资金投入公共文化事业，向人民群众无偿提供的公共文化服务和产品，以满足群众的公共文化需求，其指标体系主要反映的是公共文化服务投入情况，包括中央和各级地方政府对公共文化服务的财力、物力和人力等方面的投入。

"公共文化服务成果享有水平"指的是在我国现行公共文化服务体系下，居民享受到的由公共文化服务带来的相关福利成果，其指标体系包括"文化参与"、"广播电视服务"、"体育服务"、"优秀作品"和"群众满意度"5个二级指标。

"公共文化服务效率水平"主要反映的是公共文化服务投入和产出之间的关系，本研究中公共文化服务的投入指标为前文中的"公共文化服务

资源供给水平"指标，产出指标为前文中的"公共文化服务成果享有水平"指标。

"公共文化服务外部支撑水平"指公共文化服务发展的外部影响条件的综合水平，该指标由公共文化服务环境支撑、公共文化服务资源支撑、公共文化服务创新支撑和公共文化服务产业支撑四个方面组成。

"公共文化服务均等化水平"是以各地区居民享有各类公共文化资源的均等情况来刻画基本公共文化服务均等化程度，其指标体系包含公共文化服务人才、公共文化财政投入、公共文化服务设施、公共文化服务产品的人均占有情况。

（三）数据来源

本次评价的数据来源主要包括以下三个。

1. 国家统计年鉴数据

主要包括《中国统计年鉴》、《中国财政统计年鉴》、《中国文化文物统计年鉴》、《中国文化及相关产业统计年鉴》以及《中国科技统计年鉴》中的统计数据。

2. 官方公布数据

主要包括国家财政部、文化和旅游部、统计局、文物局、新闻广电出版总局和体育总局等机构的业务数据。

3. 调研数据

主要是指武汉大学国家文化发展研究院每年组织的"文化第一线"调查的调研数据，该调研是针对全国 31 个省份的公共文化服务发展现状，在公共图书馆、博物馆、美术馆、群众艺术馆（文化馆）、乡镇文化站等公共文化场所进行群众满意度的问卷调查。

（四）建构方法

1. 计算公式

本报告研究的公共文化服务发展指数是对公共文化服务资源供给水平、

公共文化服务成果享有水平、公共文化服务效率水平、公共文化服务外部支撑水平这四个维度得分进行加权平均，并以均等化水平得分作为调节系数。即：

公共文化服务发展指数＝基本公共文化服务均等化水平＊（w1＊公共文化服务资源供给水平＋w2＊公共文化服务成果享有水平＋w3＊公共文化服务效率水平＋w4＊公共文化服务外部支撑水平）／（w1＋w2＋w3＋w4）

其中w1、w2、w3、w4分别为对应维度的权重，公式中的公共文化服务资源供给水平、成果享有水平、效率水平、外部支撑水平进行加权平均时需先进行标准化处理，标准化处理方法为最大化法。基本公共文化服务均等化水平得分作为调节系数时需将其结果投影到0~1。

将均等化水平得分作为调节系数出于以下几点考虑。

第一，根据测算结果可知，基尼系数的变化范围较小，因而均等化水平值较为集中，不同省份之间差距不大，而其余各维度水平值离散程度相对较大，若直接加权求和则势必弱化了其作用。

第二，将均等化水平值作为调节系数，用以约束政府保障公共文化服务供给的公平性；实现均等化是相当困难的，可视其为难度系数，反映公共文化服务发展的困难所在，也响应国家推进基本公共文化服务均等化的政策目标。

2. 评价方法

本研究主要采用的评价方法有以下几种。

（1）综合评价法

又称为多变量综合评价方法，简称综合评价方法，是运用多个指标对多个参评单位进行评价的方法。综合评价方法具有以下三个特点：第一，评价过程不是逐个指标依次完成的，而是通过某些特殊方法同时完成多个指标的评价；第二，在综合评价过程中，一般要按照指标的重要程度采取加权处理；第三，评价结果是以得分分值表示参评单位"综合状况"的排序，而不再是具有具体含义的统计指标。

（2）专家打分法

本文运用专家打分法对公共文化资源供给水平进行打分，进而计算各项指标的权重。专家打分过程大致经过以下几个步骤。

①选择专家。选择在公共文化服务领域研究经历丰富的理论专家10名，以及长期在文化部门工作、经验丰富的实践专家20名。

②向专家提供研究的相关背景资料，并以匿名方式征询专家意见。

③对专家意见进行汇总并分析，然后向专家反馈统计结果。

④根据反馈的结果，专家修正自己的意见。

⑤经过多轮匿名征询和意见反馈，形成最终的指标权重。

（3）基尼系数法

基尼系数是刻画财富分配差距程度的指标，本文各地区的公共文化资源相当于各地区的"公共文化财富"，类比基尼系数的概念，可计算出反映各地区居民享有公共文化资源数量不均等性的基尼系数，用以反映基本公共文化服务均等化水平。

3. 各指标测算方法

本研究中各个指标测算所采用的具体方法如下。

——公共文化服务资源供给水平得分以及文化成果享有水平得分是首先通过专家打分法赋予各指标权重，然后运用综合评价法加权求和计算得出。

——公共文化服务效率水平得分是以公共文化资源供给水平作为公共文化服务投入水平，以文化成果享有水平作为公共文化服务产出水平，然后计算产出投入比而得出。

——公共文化服务外部支撑水平得分是通过专家打分法赋予各指标权重，然后运用综合评价法计算得出。

——基本公共文化服务均等化水平得分是先通过专家打分法获取指标的权重，通过权重对各项指标进行加权求和，以获取各类"公共文化资源指数"，反映各地区对各类公共文化资源的占有水平，然后引入反映贫富差距的基尼系数来计算各类公共文化资源的基尼系数，以反映各类公共文化资源的非均等程度，再通过"100 *（1 - 基尼系数）"的技术手段用百分制来反映各类公共文化资源的均等化水平，最后对各类公共文化资源的均等化水平得分加权求和而得出。

四 2014～2016年31个省份公共文化服务发展指数分析

在中央政府持续投入和地方政府建设配套不断完善的综合作用下,我国公共文化服务发展水平整体得到提升,但是公共文化服务发展仍然存在较大的区域差距,在一些经济发达省份,公共文化服务发展水平已经较高,如上海、浙江2016年公共文化服务发展指数得分均已超过70,但是同年海南、新疆的公共文化服务发展指数仅略高于40,显示出公共文化服务发展水平的明显差距。

(一)省域比较分析

从测算结果来看,2014～2016年,31个省份中公共文化服务发展指数排名中位于前列的多数为东部经济发达省份,排名靠后的多为西部经济发展相对落后的省份。① 从具体的排名来看,2014年排名在前五位的省份依次为上海、江苏、浙江、北京、山东,得分依次为 71.79、66.78、65.24、60.00、55.60,排名靠后的 5 位分别是安徽(46.31)、贵州(44.48)、天津(43.81)、海南(43.48)、新疆(41.89);2015年排名在前五位的省份依次为浙江、上海、江苏、北京、山东,得分依次为 70.71、69.47、68.40、62.42、58.38,排名靠后的 5 位分别是广西(46.76)、贵州(45.32)、海南(45.27)、新疆(44.49)、天津(44.05);2016年排名在前五位的省份依次为浙江、上海、江苏、北京、山东,得分依次为 71.16、70.40、65.89、61.86、58.64,排名靠后的 5 位分别是安徽(47.03)、广西(45.84)、天津(44.33)、新疆(42.12)、海南(41.61)。

从年度变化情况来看,与2014年相比,2016年各省(自治区、直辖市)

---

① 本书所指的东部地区包括北京、天津、辽宁、山东、上海、江苏、浙江、福建和广东9个省份;中部地区包括黑龙江、吉林、河北、山西、河南、湖北、湖南、安徽、江西和海南10个省份;西部地区包括陕西、四川、重庆、云南、贵州、广西、内蒙古、甘肃、宁夏、青海、西藏和新疆12个省份。

的公共文化服务发展指数得分除河北、辽宁、吉林、上海、江苏、福建、河南、广西、海南、云南、甘肃等省份略有下降，以及宁夏下降较多（超过3）以外，大多数省份有不同程度的上升，其中黑龙江、浙江、山东、湖南、西藏、青海的发展指数得分上升幅度超过3。从各省份的排名变动情况来看，从2014年到2016年，公共文化服务发展指数排名下降的省份有12个，其中河北、宁夏、吉林、福建的排名下降较多，分别下降了10位、9位、8位和7位；甘肃、河南的排名也分别下降了5位和4位。发展指数排名上升的省份有13个，其中重庆、西藏、青海和湖南排名上升较为明显，分别上升了9位、9位、8位和6位。排名保持不变的省份有6个，具体见表8。

表8 31个省份公共文化服务发展指数（2014～2016年）

地区	2014年	排名	2015年	排名	2016年	排名	2016/2014位次差
北京	60.00	4	62.42	4	61.86	4	0
天津	43.81	29	44.05	31	44.33	29	0
河北	52.50	10	49.93	21	50.26	20	-10
山西	51.07	13	54.02	10	53.73	10	3
内蒙古	49.35	18	49.45	24	52.18	16	2
辽宁	48.68	21	51.39	17	48.16	23	-2
吉林	50.44	16	50.79	20	48.03	24	-8
黑龙江	50.67	14	51.44	16	53.72	11	3
上海	71.79	1	69.47	2	70.40	2	-1
江苏	66.78	2	68.40	3	65.89	3	-1
浙江	65.24	3	70.71	1	71.16	1	2
安徽	46.31	27	46.98	26	47.03	27	0
福建	54.88	6	57.09	7	53.06	13	-7
江西	53.12	9	55.30	8	54.25	9	0
山东	55.60	5	58.38	5	58.64	5	0
河南	53.88	8	53.74	12	53.54	12	-4
湖北	49.32	19	50.01	23	51.28	18	1
湖南	48.79	20	50.79	19	52.86	14	6
广东	52.24	11	52.89	13	54.56	8	3
广西	46.75	26	46.76	27	45.84	28	-2
海南	43.48	30	45.27	29	41.61	31	-1
重庆	50.64	15	54.56	9	56.54	6	9

续表

地区	2014 年	排名	2015 年	排名	2016 年	排名	2016/2014 位次差
四川	48.53	22	52.45	14	50.31	19	3
贵州	44.48	28	45.32	28	47.44	26	2
云南	48.48	23	48.67	25	47.70	25	-2
西藏	48.33	24	52.04	15	52.83	15	9
陕西	54.79	7	57.73	6	56.31	7	0
甘肃	49.65	17	50.08	22	48.21	22	-5
青海	46.91	25	53.86	11	51.69	17	8
宁夏	51.96	12	51.35	18	48.23	21	-9
新疆	41.89	31	44.49	30	42.12	30	1

表 8 显示，天津虽然位于我国东部沿海，经济相对发达，但是 2014～2016 年公共文化服务发展指数在全国的排名分别为第 29 位、第 31 位和第 29 位，原因在于天津的公共文化服务资源供给水平、成果享有水平以及均等化水平排名均比较靠后，以 2016 年为例，天津此三项得分在 31 个省份中排名分别为第 17 位、第 15 位和第 31 位，由此拉低了其整体排名，与其社会经济发展整体水平及其人均 GDP 在全国的排位（第 3 位）不相符（详见表 9）。黑龙江作为东北省份，社会经济发展相对落后，2016 年人均 GDP 水平排在全国第 22 位，但 2016 年该省公共文化服务发展指数排名于全国第 11 位，原因在于低供给水平（第 30 位）和高享有水平（第 8 位）使其公共文化服务效率水平排名全国第 1 位，相应的均等化水平也居全国第 5 位。青海、西藏由于人口较少，加之中央加大对少数民族地区财政转移支付力度、政策倾斜力度，因而这两个省份在公共文化服务资源供给水平及成果享有水平方面得分均位居全国前列，以 2016 年为例，青海的资源供给水平和成果享有水平得分排名为第 5 位、第 6 位，西藏为第 2 位和第 9 位，这两个省份的公共文化服务发展指数在全国 31 个省份中的排名较其经济发展水平排名更高，2016 年分别居第 17 位和第 15 位。2014～2016 年海南公共文化发展指数分别居第 30 位、第 29 位和第 31 位，是由于该省公共文化服务外部支撑水平及均等化水平排名较低，以 2016 为例，此两项指标分别排在全国第

30 位、第 29 位，拉低了该省公共文化服务指数在全国的排位。广西除公共
文化服务效率水平排名相对较高外，其公共文化服务资源供给水平、成果享
有水平、外部支撑水平以及均等化水平排名均靠后，以 2016 年为例，这四
项指标排名分别为第 31 位、第 30 位、第 22 位和第 26 位，因而 2016 年该
省的公共文化服务发展指数在 31 个省份中排到了第 28 位。

表 9　2016 年 31 个省份人均 GDP 排名情况

省份	人均 GDP(元)	位次	省份	人均 GDP(元)	位次
北京	118198	1	海南	44347	17
上海	116562	2	青海	43531	18
天津	115053	3	河北	43062	19
江苏	96887	4	河南	42575	20
浙江	84916	5	新疆	40564	21
福建	74707	6	黑龙江	40432	22
广东	74016	7	江西	40106	23
内蒙古	72064	8	四川	40003	24
山东	68733	9	安徽	39561	25
重庆	58502	10	广西	38027	26
湖北	55665	11	山西	35532	27
吉林	53868	12	西藏	35184	28
陕西	51015	13	贵州	33246	29
辽宁	50791	14	云南	31093	30
宁夏	47194	15	甘肃	27643	31
湖南	46382	16			

（二）区域比较分析

公共文化服务发展水平在区域间差异明显。测算结果显示，2014～2016
年我国公共文化服务发展水平在东部、中部和西部之间表现出明显的区域差
距，总体而言，呈现东部高、中部和西部低的态势。图 3 的数据显示，2014
年，东部、中部和西部地区公共文化服务发展指数依次为 57.67、49.96 和
48.48，2015 年依次为 59.42、50.83 和 50.56，2016 年依次为 58.67、50.63
和 49.95。东部地区公共文化服务发展指数明显高于中部和西部地区，超过

全国平均水平。如图 3 所示，中、西部地区公共文化服务发展指数均低于全国平均水平，中、西部地区之间差距较小。在 2014 年、2015 年和 2016 年全国公共文化服务发展指数排名前十的省份中均有 6 个属于东部地区，而排名后十位的省份中分别有 7 个、6 个和 5 个省份属于西部地区，分别有 3 个、4 个和 4 个省份属于中部地区，从侧面反映了中、西部地区与东部地区之间的差距明显。

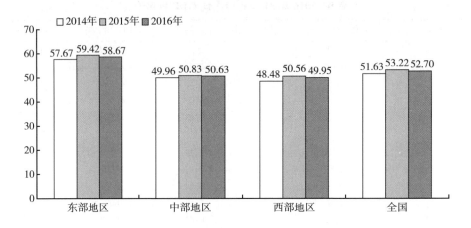

图 3 2014～2016 年东中西部公共文化服务发展指数比较

不仅公共文化服务发展指数表现出明显的区域差距，资源供给水平得分、成果享有水平得分、效率水平得分、外部支撑水平得分也表现出不同程度的区域差异。以 2016 年测算结果为例，如图 4 所示，资源供给水平得分东、中、西部各区域的平均值依次为 55.67、45.22 和 53.08，东部地区明显高于中、西部地区，中部地区与西部地区比也有较大差距，呈东部高于西部高于中部的格局。文化成果享有水平得分东、中、西部各区域间的平均值依次为 61.71、54.90 和 56.87，表现出非常明显的区域差距，且依然呈现东部高于西部高于中部的态势。外部支撑水平得分在东、中、西各区域的平均值依次为 43.80、31.08 和 30.01，东部地区远高于中部和西部地区，中部与西部地区得分几乎持平。公共文化服务均等化水平得分的区域差距较小，东、中、西部各区域的平均值分别为

77.08、76.10和74.13，东部地区得分略高于中部地区，中部地区略高于西部地区。

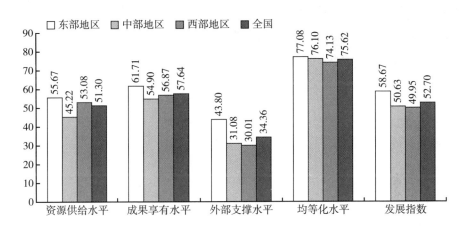

图4 2016年东中西部区域间各维度得分的比较

如图5所示，公共文化服务效率水平得分东、中、西各区域的平均值依次为1.15、1.22和1.11，中部地区效率最高，东部次之，西部最低。

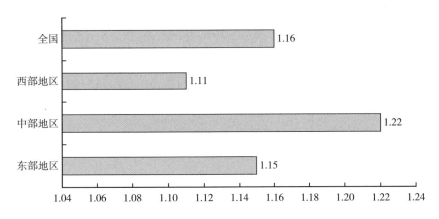

图5 2016年东中西部区域间公共文化服务效率得分比较

（三）2014～2016年度比较分析

本报告以2014年全国31个省（自治区、直辖市）的公共文化服务发展指数的得分为基准，测算出 2014～2016 年全国公共文化服务发展指数的历时变化情况。由图 6 可知，2014～2016 年三年间我国公共文化服务发展指数分别为 78.87、81.54 和 87.31。2015 年和 2016 年公共文化服务发展指数得分分别较上年增加了 2.67 和 5.77。

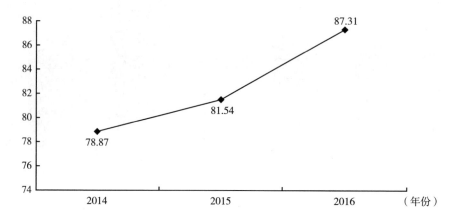

图 6　2014～2016 年全国公共文化服务发展指数历时比较

表 10 为 2014～2016 年全国公共文化服务发展指数指标体系五大维度的历时变化情况。由表 10 得知，2014～2016 年间，在公共文化服务发展指数指标体系五大维度中，公共文化服务资源供给水平、成果享有水平、效率水平、外部支撑水平得分均有所提高，分别提高了 6.73、10.46、3.49、32.04 分，而公共文化服务均等化水平下降了 0.99 分。其中 2016 年我国公共文化服务外部支撑水平得分增幅最大，详见图 7。

表 10　2014～2016 年全国公共文化服务发展指数及一级指标得分

年份	资源供给水平	成果享有水平	效率水平	外部支撑水平	均等化水平	发展指数
2014	100	100	100	100	78.87	78.87
2015	103.24	106.21	102.88	102.24	78.66	81.54
2016	106.73	110.46	103.49	132.04	77.88	87.31

注：①此表格以 2014 年指标数据为基准，测算出 2015 年及 2016 年相关数据，进行历时比较。②由于计算需要，此表格中将公共文化服务效率水平化为百分制。

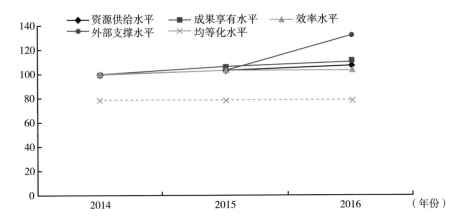

图7　2014～2016年全国公共文化服务发展指数五大维度比较

五　我国公共文化服务发展指数特征及政策建议

（一）基本特征

1. 我国东、中、西部各省份公共文化服务发展基本上与其经济社会发展格局一致，呈现东部高，中、西部低的发展格局，并出现"中部塌陷"的趋势

经测算，我国公共文化服务发展水平呈现明显的东部高，中、西部低的格局。2014～2016年三年间，东部地区公共文化服务发展指数得分领先于中、西部地区较多，五个一级指标得分中，东部地区除效率水平得分相对落后于中部地区以及均等化水平得分与中、西部地区接近外，在资源供给水平、成果享有水平及外部支撑水平上的得分均有较大优势。

由于我国中央财政对西部贫困地区和少数民族地区的转移支付力度较大且扶贫政策、资金有倾斜，尽管2014～2016年我国中、西部地区公共文化服务发展指数得分没有显著变化，但是中部地区在资源供给水平得分上与西部地区比存在较大落差，说明中部地区在公共文化服务投入上严重不足，呈现公共文化服务"中部塌陷"的趋势。

2. 我国公共文化服务整体水平稳步提高，但是区域、省域内部发展不平衡，且各区域、各省域公共文化服务发展的短板各异

近些年来，随着公共文化服务体系建设的加快推进、财政投入力度的不断加大、基础设施的持续完善，我国公共文化服务建设取得一定成就，公共文化服务发展达到一定水平，2014~2016 年我国的公共文化服务发展指数得分有较大提高，增速明显加快。但是我国公共文化服务体系未来仍有较大的提升和优化空间，公共文化服务发展的不平衡、不充分仍是目前存在的主要问题。经测算，2014~2016 年东部地区既有 67% 的省份的公共文化服务发展指数得分位列全国前十，也有天津这样的排名末尾的省份；中、西部地区虽然绝大多数省份排名较后，但是中部的山西、江西、河南以及西部的重庆、陕西却排名较靠前，这说明我国公共文化服务不仅区域发展水平差异大，区域内部各省份之间发展也不均衡。

同时，许多省份在某些维度上存在"跛脚"现象，影响了该省份公共文化服务发展指数的整体得分及排名，例如北京、上海的效率水平相比其他维度在全国排名过低，天津的均等化水平得分严重拉低了其整体得分，而西藏、青海主要依靠公共文化服务资源高投入拉高当地公共文化服务整体水平，其他几个一级指标得分并不理想。从研究结果来看，公共文化服务资源供给水平、成果享有水平、效率水平、外部支撑水平和均等化水平在东、中、西部区域之间以及在 31 个省份之间存在不同程度的差距，整体呈现东部高、中部和西部低的区域特征；与均等化水平排名相比，全国多数省份资源供给水平、成果享有水平和效率水平排名较低。公共文化服务发展的区域、省域内部不均衡问题明显。

3. 我国公共文化服务"效能瓶颈"问题显现，存在低水平、低质量均等化

目前，我国公共文化财政投入持续增长，覆盖城乡的六级公共文化服务设施网络基本建成，人民群众精神文化生活不断改善。但是，与现代公共文化服务体系建构的目标要求相比，公共文化服务整体效能亟待提高。研究表明，我国省级政府的公共文化服务供给平均存在 23% 的效率损失。[①] 本研究

---

① 申亮、王玉燕：《我国公共文化服务政府供给效率的测度与检验》，《上海财经大学学报》2017 年第 2 期。

的测算结果显示，若按照全国31个省份的平均值划分投入产出的高低，一半以上的省份处于公共文化服务低产出状态，仅有少数省份达到低投入高产出的高效率水平。目前能够实现投入产出效率高的省份仅为极少数，绝大多数省份公共文化服务投入产出效率不高，公共文化服务发展的"效能瓶颈"显现。

经测算，尽管2014~2016年我国31个省份公共文化服务均等化水平得分平均值为75.62，处于相对较高水平，但不少省份的均等化属于低水平、低质量的均等化。北京、上海、浙江、陕西等省份均等化水平得分较高，资源供给水平得分也相对较高，呈现高水平的均等化。而山东、山西、吉林、辽宁、江西、河南、河北、重庆等省份，虽然省域内均等化程度较高，但公共文化服务资源供给明显匮乏，这是一种低质量的均等化状态。天津、安徽、海南和新疆等省份均等化水平较低，得分远低于全国平均水平。

（二）相关政策建议

进入新时代后，社会经济发展对公共文化服务发展的要求有所变化，公共文化服务构建进入新阶段，根据《国家"十三五"时期文化发展改革规划纲要》、《中华人民共和国公共文化服务保障法》、《关于加快构建现代公共文化服务体系的意见》及相关政策的要求，针对本报告前述的公共文化服务发展指数的量化分析反映出的我国目前公共文化服务发展的特征和问题提出以下建议。

1. 明确各级政府的文化事权、财权，采取非均衡化、非格式化的公共文化服务发展策略

研究发现，不同省份和区域的公共文化服务发展水平存在较大差异和差距。以2016年为例，浙江（71.16）、上海（70.40）公共文化服务发展指数得分超过70分，而天津（44.33）、新疆（42.12）和海南（41.61）得分均低于45分。东部地区的公共文化服务发展指数为58.67分，超出西部地区与中部地区8.72分与8.04分。而在东部地区内部，排名第一的浙江的公共文化服务发展指数为71.16分，比排名第五的山东（58.64）高出12.52分，同属东部地区的天津排名倒数第三，得分仅为44.33分；在中部地区内

部，既有排名前十的江西（54.25）、山西（53.73），也有排名倒数的海南（41.61）、安徽（47.03）、吉林（48.03）等省份；西部地区的重庆（56.54）、陕西（56.31）公共文化服务发展指数得分分别位列全国第六、七名，排名靠后的新疆仅得42.12分。因此，要实现公共文化服务发展水平全面提升，必须结合不同省份和区域情况，因地制宜地采取非均衡化、非格式化的发展策略。

第一，在承认各省份、各地区公共文化服务发展起点不一致的基础上，进一步采用非均衡化、非格式化的公共文化服务发展策略。出于地域、历史及社会经济发展水平不同等原因，我国各省份及各个区域之间公共文化服务发展水平有较大差异，且公共文化服务资源供给水平、成果享有水平、效率水平、外部支撑水平及均等化水平现状也各有差异。现代公共文化服务体系得以建立的前提就是要承认这种区域间、省域间公共文化服务发展起点的不一致。根据各省份、各地区发展起点的不同，采取具有针对性的非均衡化、非格式化的发展策略，是实现发展质量提高的关键。

第二，明确各级政府在公共文化领域的事权和支出责任的划分，完善中央和地方的财政配套建设。中央政府进一步完善公共文化服务发展的顶层设计，重点是保障欠发达地区公众的基本文化权益。各省份、市、县级政府要进一步强化自身作为公共文化服务建设责任主体的意识和责任，将部分公共文化服务发展政策制定权赋予省、市一级文化主管部门，鼓励结合当地实际制定非均衡化、非格式化发展政策；进一步放开县一级公共文化服务机构的自主权，激发其创新活力，使之成为公共文化服务发展的组织者。同时，完善中央与地方的公共文化服务发展财政分担机制，加大对地方财政的转移支付力度，进一步完善一般转移支付制度并建立标准化转移支付制度。

第三，公共文化服务发展要结合本地实际，充分发挥本地优势，采取措施补足短板，从实践中探索出具有本地特色的公共文化服务发展道路。我国31个省份公共文化资源、历史基础及经济环境等发展条件各有优劣，各地文化发展有着各自鲜明的特点。例如，北京、上海、江苏、浙江、广东等经济发达省份，技术水平领先、公共文化设施完善；山东、陕西等省份历史文化资源丰富，宁夏、新疆、西藏等少数民族地区政策支持力度大、民族文化底蕴深厚。因此，要因地制宜地制定非格式化的公共文化服务管理政策和发展策略，凸显当地公共文化服务发展的特色。

2. 创新公共文化服务供给方式，构建以公众文化需求为导向的现代公共文化服务体系

公共文化服务资源供给与成果享有是公共文化服务供给体系的一体两面，供给能力与供给水平的高低，直接决定着公众享受文化成果的数量和质量，同时，享受文化成果和参与文化活动是公众的基本文化权益，这是公共文化服务体系构建的逻辑出发点和落脚点，因此公众是公共文化服务的中心环节。

参照本报告第四部分的测算结果和数据分析，从公共文化服务资源供给方面来看，资源供给水平得分较高的北京、浙江和上海等省份发挥经济优势，对公共文化服务投入较大，同时发挥政府的主导作用，鼓励社会力量参与公共文化服务体系构建，建立多元化的供给体系，形成了较为高效的外循环机制。西藏、青海、宁夏、内蒙古、甘肃等经济发展较为落后的省份，依托丰富的少数民族文化资源，利用国家的扶持政策，发展文化旅游产业，实现优势文化资源的转化，为公众提供较为丰富的公共文化产品。公共文化服务资源供给水平较低的省份以中、西部省份为主，以 2016 年为例，供给水平得分后十名的省份当中，除山东之外均为中、西部省份，原因是这些省份经济发展相对滞后，财政投入普遍不足，公共文化服务体系的构建仍处在初级阶段，供给主体主要是政府，供给模式相对单一，公共文化资源也主要在体制内循环。公共文化服务成果享有水平排名较高的省份中，东部浙江、江苏、上海由于经济发达，对文化活动的投入较大，注重公众文化需求的实现，且公众文化和审美素养较高，因而公众对公共文化的参与积极性高；中部黑龙江注重对文化创作的鼓励和扶持，注重公众文化需求的满足及公众对公共文化服务满意度的反馈；西部西藏和内蒙古充分挖掘少数民族的优秀文化资源，通过打造数量众多的优秀文化作品促进公众的文化享有；此外，重庆在公众文化参与度及公众对公共文化服务的满意度方面排名较高。文化成果享有水平排名较低的省份中，东部的广东虽然在公众文化参与方面排名较

高，但是忽视了对自身文化资源的保护和挖掘；中部河南、河北和东部的辽宁均在优秀成果的产出方面排名靠后，同时对公众的文化参与度以及公众对公共文化服务满意度方面重视度不够；西部云南公众文化参与度较低，2016年排名第 30 位。

由以上分析可知，大多数省份的公共文化服务资源供给水平得分与成果享有水平得分与该省份的公共文化服务供给模式紧密相关，公众在公共文化服务中的参与程度成为影响资源供给水平评估和成果享有水平评估的关键性要素。因此，必须注重公众在公共文化服务体系建构过程中参与权的实现，这是 2020 年完成基本公共文化服务体系建设、2035 年基本完成现代公共文化服务体系构建的基本要求。通过满足公众文化需求，挖掘本民族、本地区的优秀文化资源，创作出大量高质量的优秀文化作品，以此提升公众对文化活动的积极性与参与度，并且注重获取公众对公共文化服务满意与否的评价反馈，以提升公共文化服务的供给内容和供给方式，从而实现公共文化服务资源供给的主体与客体之间的双向互动，形成公共文化服务发展的动态机制。具体可以从以下几点展开实践。

第一，提升公共文化服务资源供给水平，必须对公共文化服务的供给模式进行创新，以公众需求为导向建立开放的、多元的公共文化服务供给体系，从而实现公共文化资源的自由流动。鼓励和引导公众参与社会组织，通过社会组织的活动积极参与构建公共文化服务体系，发挥"第三部门"在公共文化服务供给中的作用。

第二，提高公共文化服务成果享有水平，必须建立顺畅的、自下而上的公共文化需求表达与评价反馈机制，建构以公众文化需求为导向的公共文化服务体系。通过第三方专业调查机构、公共文化服务信息共享平台以及"文化云"等信息互动平台充分获知公众的文化需求及公众对公共文化服务的评价反馈，从而提升公共文化服务供给内容与公众文化需求的匹配度，改变供给与需求之间的结构性错位和脱节，合理高效配置公共文化资源，使公民日益增长的个性化、多元化、高品质的文化需求得到满足。

第三，将社会资本引入公共文化服务领域，创新供给模式和融资模式。

2018年11月，国家文化和旅游部与财政部联合下发《关于在文化领域推广政府和社会资本合作模式的意见》，要求"引导社会资本更加积极参与到文化领域的 PPP 项目当中以助力文化 PPP 模式发展"。"开放性"是现代公共文化服务体系的基本特征，也是构建现代公共文化服务体系的基本要求。在构建现代公共文化服务体系过程中，应当开放性地引入多元化社会资本，创新文化领域的融资模式，完善融资机制。

3. 加大公共文化服务投入，提升效能，完善绩效评价机制，全面推进公共文化服务"提质增效"发展

目前我国公共文化服务"重投入、轻产出"发展模式的弊端逐渐暴露：一方面，文化事业投入总量仍然不足，投入结构也不均衡，中部地区的文化投入相比东部、西部地区出现了"中部塌陷"现象；另一方面，公共文化服务发展较快的北京、上海、浙江等省份出现了产出相对于投入明显不足的"效率瓶颈"现象，同时西藏、陕西、宁夏等公共文化服务发展较为滞后的省份一直处于相对落后的"投入保障"阶段。目前，不同省份所处的发展阶段不同，因此需要按照推进现代公共文化服务体系构建的要求，对公共文化服务进行"提质增效"，即在确保公共文化服务投入逐年增长的情况下，实现服务效能和服务质量的提升。

第一，针对公共文化服务低投入、低产出的省份，主要是中部地区各省份以及西部贵州、四川等省份，要保障这些地区的公共文化服务投入持续增长，加大中央对地方财政的转移支付力度，推进完成当地公共文化服务标准化、均等化和社会化三重任务，全面完成基本公共文化服务体系的建设。

第二，针对公共文化服务投入较高，但是产出相较投入明显偏低，陷入"效率瓶颈"的省份，主要是东部的北京、上海、浙江等经济发达省份，重点是推进公共文化服务"提质增效"发展。一是要加大政府向市场购买公共文化服务的力度，培育多元化的供给主体，引入现代市场制度，建立开放性的供给体系；二是要继续深化文化体制改革，向"供给侧改革"和"政府购买"要效率。

第三,针对通过公共文化服务高投入带动产出但效率较低的省份,主要是西部西藏、青海、甘肃和宁夏等经济欠发达省份,公共文化服务发展模式要由"投入保障"向"产出保障"转变,以"保障产出"为基础和根本,具体的投入补贴额度必须以产出水平作为衡量标准,从而避免盲目投入和低效投入。由"重投入"的粗放式管理向"重产出"的集约式运营模式转变,通过"管理变革"和"技术创新"提升公共文化服务的整体效率和质量。

第四,公共文化服务绩效评价机制是促进公共文化服务"提质增效"的一个重要抓手,必须构建政府与社会力量相结合的多元评价体系,借鉴国内外公共文化服务绩效评价先进经验,完善不同部门绩效评价体系,确保绩效评价法定化和常态化实施;要完善社会多元主体参与的绩效考核制度,将公众满意度、公众参与度作为重要的衡量指标;要强化公共文化投入绩效评价指标体系的透明公开性,确保充分的社会监督考核,形成公共文化服务评价的约束效力;要将公共文化服务绩效评价结果与政府政绩考核指标相结合,提升各级政府推进公共文化服务发展的意识,落实公共文化服务建设主体责任,明确政府在公共文化服务中的角色定位,提升政府公共文化服务供给能力和服务质量。

4. 充分发挥公共文化服务外部支撑优势,补齐外部支撑短板,为公共文化服务发展提供强劲的牵引力

由表11可知,2016年,公共文化服务外部支撑水平排名靠前的是江苏、广东、浙江、北京、山东,从二级指标来看,这些省份在环境支撑、创新支撑及产业支撑方面得分均位于31个省份前列。环境支撑方面:经济较为发达,文化投入高,市场机制相对成熟,公共文化服务发展的市场环境较好;地方政府出台的文化产业与公共文化服务相关政策法规较多,法治体系相对完善;文化类社会组织数量多、实力强,参与公共文化服务构建的能动性高;居民的消费水平相对较高,消费结构相对合理,居民在文化方面的支出占比高。资源支撑方面:山东、江苏和广东在文化遗产保护方面做出了较大努力,同时五省在高等教育方面投入较多。创新支撑方面:这些省份依托较为完善的市场环境、发达的经济以及较

强劲的人才吸引能力，在创新支撑方面位居前列。产业支撑方面：文化资源转化为文化产业，从而创造经济价值的动力强劲，转化率及转化质量相对较高，文化产业对经济增长的贡献率较高。公共文化服务外部支撑水平排名靠后的五个省份分别为吉林、宁夏、云南、海南和黑龙江，其中黑龙江在环境支撑、资源支撑、创新支撑及产业支撑方面排名均为倒数，海南在环境支撑、资源支撑和产业支撑方面排名较低，云南在产业支撑方面表现较弱，宁夏在资源支撑方面排名靠后，吉林在环境支撑方面弱势明显。

表 11　2016 年公共文化服务外部支撑水平二级指标排名

地区	环境支撑	资源支撑	创新支撑	产业支撑	排名
江苏	4	5	2	3	1
广东	8	6	1	4	2
浙江	2	11	5	1	3
北京	5	14	3	5	4
山东	3	3	6	6	5
上海	1	28	4	10	6
重庆	13	19	8	2	7
陕西	12	8	13	9	8
河南	15	2	15	13	9
湖南	14	13	12	7	10
四川	10	7	11	18	11
天津	7	27	7	14	12
福建	9	16	14	11	13
湖北	20	9	9	12	14
山西	24	4	30	17	15
河北	19	10	23	15	16
江西	27	15	19	8	17
内蒙古	6	18	28	25	18
西藏	29	1	31	31	19
安徽	11	31	10	16	20
青海	17	12	29	28	21
广西	18	23	20	22	22
贵州	23	24	18	21	23
辽宁	26	17	17	27	24

续表

地区	环境支撑	资源支撑	创新支撑	产业支撑	排名
甘肃	28	21	21	20	25
新疆	16	22	25	29	26
吉林	30	25	27	19	27
宁夏	22	29	22	23	28
云南	21	20	24	30	29
海南	25	30	16	24	30
黑龙江	31	26	26	26	31

在借鉴公共文化服务外部支撑水平较高省份的经验的基础上，各省（自治区、直辖市）应当结合自身特色和现状，加强弱势方面的建设，补齐发展短板，为公共文化服务发展提供强劲的外部动力和牵引力。

第一，优化公共文化服务发展的外部因素，形成宽松发展环境和良性竞争机制。一是完善公共文化服务发展的法律法规体系，出台精细化、标准化的各项文化服务发展的实施指导意见；二是继续深化文化体制改革，加快文化领域的供给侧改革，转变公共文化服务供给模式，培育社会力量参与公共文化服务，加大政府购买公共文化服务力度；三是继续扩大文化消费试点工作，创新文化消费模式，满足消费者文化需求，完善文化市场资源配置功能。

第二，促进文化与科技的深度融合，通过科技创新提升公共文化服务效率。发挥"互联网＋公共文化服务"的优势，通过公共文化服务的数字化、信息化拓展公共文化服务链，发展公共文化服务的流动服务和延伸服务，增强创新支撑力。

第三，促进文化与旅游的深度融合，打通文化事业与文化产业。利用乡村振兴和文旅融合等国家发展战略实施的契机，加强本地区文化遗产保护、文化资源挖掘，打造数量多、质量优的独占性文化资源，实现从文化资源到文化资本再到文化产业的转化，激活当地公共文化服务发展的内生动力。

5. 加强公共文化服务体系的标准化建设，以标准化促进均等化

推动公共文化服务标准化、均等化是加快完善公共文化服务体系的首要任务和关键所在。"均等化是标准化建设的目标和核心原则，是标准化建设

的核心伦理价值所在；而标准化是贯彻均等化理念和原则、实现各阶段具体均等化目标的直接有效手段和可行现实路径"。① 因此，促进公共文化服务均等化，必须着力于促进标准化建设，构建中国公共文化服务标准体系。为落实党的十九大关于加快推进基本公共服务均等化的决策部署，2018 年 7 月，中央颁布《关于建立健全基本公共服务标准体系的指导意见》指导各地区各部门建立健全基本公共服务标准体系，提出"到 2035 年，基本公共服务均等化基本实现，现代化水平不断提升"。

第一，基本均等化还未全面实现的省份，要尽快落实公共文化服务的标准化建设。一是要强化以均等化为导向的公共文化服务投入保障意识，完善公共文化财政保障与分配机制，加大中央对地方的财政转移支付力度，推进城乡、区域、地区间公共文化服务财政资金和资源互补互助，逐步缩小地区间公共文化服务投入差距，从而逐步实现公共文化服务较高水平的均等化。二是建立健全基本公共文化服务标准体系。一方面强化标准的落实和监督，加强对实施效果的反馈利用，另一方面对标准信息进行公开共享，对标准实施进行监测预警，建构动态有序的标准体系。三是扩大公共文化服务标准化创新试点范围。四是加大政府购买公共文化服务的力度，完善购买的程序和标准。

第二，我国公共文化服务体系的构建进入新阶段，公共文化服务的均等化不仅要保障公民的基本文化权利，还要实现更高水平的均等化。因而要采取统筹协调的公共文化服务发展理念：一是针对当前公共文化服务资源供给水平呈现东部最高、西部次之、中部最低的态势，中央政府应从总体上做适当调整，促进区域间公共文化服务均等化条件均衡；二是要加强不同部门间公共文化服务横向协调机制，统筹文化、体育、教育等领域政策体系、财政投入机制以及绩效监督模式，将文化、体育、教育等领域资源整合打通，为公共文化服务发展提供可持续的资源政策保障。

---

① 张启春、山雪艳：《基本公共服务标准化、均等化的逻辑及其实现——以基本公共文化服务为例》，《求索》2018 年第 1 期。

专 题 篇

Special Reports

B.2
公共文化服务资源供给水平报告

周 阳　康宇萌*

摘　要：　提升公共文化服务资源供给水平对于完善公共文化服务体系、满足人民群众对美好生活的期待、提升公共文化服务水平具有重要意义。有必要采用政府与社会相结合的资源供给模式，激发全社会供给活力，实现供需平衡，有力推进供给侧改革。本报告构建了公共文化服务资源供给水平指标体系，涉及人力、物力、财力三方面，并对 2014～2016 年全国 31 个省份的公共文化服务资源供给水平进行测算，相对全面合理，并且在此基础上提出了提升公共文化服务资源供给水平的建议，以期优化供给模式、完善供给机制。

关键词：　公共文化服务　资源供给水平　指标体系

* 周阳，国家文化发展研究院硕士研究生，研究方向为公共文化服务；康宇萌，国家文化发展研究院硕士研究生，研究方向为公共文化服务。

一　文献分析

（一）国外公共文化服务资源供给的研究与实践

国外有关公共文化服务资源供给的研究多集中于公共产品供给理论方面。大卫·休谟①在《人性论》一书中，通过引述有关案例，提出公共产品由政府提供的必要性。蒂伯特在其著作《地方支出的纯理论》中提出了"用脚投票"理论，认为人们会像选择商品一样根据自己的偏好选择最能符合其在公共服务上的意愿，同时税收又相对合理的辖区居住，这种均衡状态冲破了政府对公共服务的垄断，改变了以往消费者必须接受的被动局面，引入消费者选择偏好机制和竞争机制，有效解决了公共服务不均等以及供给效率低下的问题。20世纪70年代，受西方公共部门管理改革和市民社会兴起的影响，政府之外的公共产品供给者开始进入研究视野。哈罗德·德姆塞茨在其《公共物品的私人生产》一文提出私人供给者也可以提供公共物品。②伯顿·A.伟斯布罗德③对公共产品进行梳理，提出非营利组织应该承担一部分供给责任。埃莉诺·奥斯特罗姆提出了"多中心供给理论"，认为在政府和市场以外还存在着其他公共产品供给主体，应该积极寻求多样化的供给方式。④

总的来说，国外关于公共产品供给的理论研究多涉及公共产品的供给主体，供给模式从政府单一供给到多中心供给，对公共产品的内涵外延认知不断深化，对不同供给主体的职能定位也逐渐明晰。

---

① 〔英〕大卫·休谟：《人性论》，中国人民大学出版社，2012，第189～190页。

② Demsets, Herald, The Private Production of Public Goods, *Journal of Law and Economics*, 1970 (13)：56.

③ Weisbrod, Burton, Toward a Theory of the Voluntary Nonprofit Sector in Three-sector Economy, *Ephelps*（*Ed'*）. *Altruism Motality and Economic Theory*, New York：Russel Sage, 1974：89－90.

④ 〔美〕埃莉诺·奥斯特罗姆：《公共事物的治理之道》，上海三联书店，2000，第103～105页。

（二）国内公共文化服务资源供给研究与实践

1. 供给侧结构性改革研究

经过改革开放 40 年的发展，我国经济发展进入"新常态"，文化服务上了一个新台阶，但仍然存在很大不足，尤其在公共文化资源供给方面。习近平总书记在 2015 年第一次提出"供给侧结构性改革"这一说法，随后在《中华人民共和国国民经济和社会发展第十三个五年规划》里，供给侧改革的地位进一步提升，成为其他各个领域改革的重要突破口，公共文化领域的供给侧改革也必须提上日程并加快步伐。我国学者对公共文化产品供给侧结构性改革问题研究时间相对较短，对公共文化供给结构进行系统化研究始于 2006 年，与发达国家相比存在起步晚、研究不深入等短板。曹爱军、杨平（2011）编写的《公共文化服务理论与实践》一书，指出缩小城乡居民差异刻不容缓，其重点在于对公共文化产品进行结构性改革。关于公共文化服务供给侧结构性改革内涵研究，范周[1]认为要想实现公共文化服务供给结构改革，须解决供需不平衡的问题，以需定供。涂丹[2]认为公共文化供给侧改革应该以五大发展理念作为价值引领，还应该转变政府职能，调节公共文化服务中的供需不适配，从而做到"三去一降一补"，节约产能，提升效率。从公共文化服务供给侧结构性改革原因上看，纪东东[3]认为，在公共文化服务体系构建中，存在诸多结构问题，政策壁垒阻隔，协调机制缺失，供给存在无效供给和供给不足的矛盾现象，不利于体系的完整建构。从公共文化服务供给侧结构性改革发展对策研究看，陈波、丁程[4]提出，要解决供给侧结构性改革的问题，有必要借助新兴技术，从"互联网＋"的思维出发，打通网络渠道，构建供需平台，以沟通供需双方，实现有效供给。综上可知，我

---

[1] 范周：《关于文化产业供给侧结构性改革的思考》，《中国财经报》2016 年第 6 期。
[2] 涂丹：《新业态下文化产业的供给侧改革与调整》，《学习与实践》2016 年第 5 期。
[3] 纪东东：《公共文化服务供给侧结构性改革研究》，《江汉论坛》2017 年第 11 期。
[4] 陈波、丁程：《公共文化服务领域供给侧改革动力机制和路径选择——基于"互联网＋"视角的分析》，《江汉论坛》2017 年第 10 期。

国学者视野开始聚焦公共文化服务供给侧领域，总结了存在的问题并提出有关解决方案，但是研究视角大多较为宏观而且层次尚浅，还具备很大的研究潜力。

2. 公共文化服务供给研究

第一，有关公共文化服务供给主体的研究。现代公共管理学认为，科学合理的公共事务治理主体是包括政府、社会公共机构以及做出相应行为的人的集合。

李军鹏[1]提出了由政府主要负责国家重点文化工程和基础公共文化服务的提供、全体社会成员共同参与的多元供给主体模式，并认为把市场机制引进来，可以提高供给效率、保证社会公平。胡艳蕾等人[2]的观点是应该积极引入除政府以外的多元主体，激发参与活力，同时认识到政府向社会力量购买公共文化服务的重要性，作为日后发展的重心。

第二，关于公共文化供给内容的研究。闫平[3]认为，农村公共文化供给主要包括基础设施建设、公共文化活动建设、人才与机构队伍建设、政府投入建设以及政策法规建设五方面。齐勇锋等人[4]认为，公共文化供给内容主要包括创新机制、设施与环境机制、政策法律机制和监管机制四个方面。综合诸学者的观点，可以把公共文化的供给内容概括为基础设施、人才队伍、产品服务、资金保障、政策法规、监管评价等多个要素。

第三，关于公共文化财政投入及方式的研究。国内学者在加大公共文化服务财政投入上观点一致，认为应该立足当前国情，根据经济发展水平和发展程度，合理划定公共财政投入文化建设比例，在区域分配上，倾向于中西部落后地区，在城乡分配上，在基本均衡基础上加大对农村的投入比重。但学者在具体的财政投入方式上意见不一。有学者认为应该把效率放在第一

---

[1] 李军鹏：《论中国政府公共服务职能》，《国家行政学院学报》2003年第4期。

[2] 胡艳蕾等：《我国政府购买公共文化服务的"非合同制"治理》，《中国行政管理》2016年第1期。

[3] 闫平：《试论公共文化服务体系建设》，《理论学刊》2007年第12期。

[4] 齐勇锋、李平凡：《完善公共文化服务体系提高国家文化软实力》，《中国特色社会主义研究》2012年第1期。

位，即首要的是加大对财政投入的绩效监管力度；有学者却坚持把公平放在首位，认为只有做到财政投入的均等才能保证公共文化服务的均等；还有学者主张要兼顾公平与效率，着力进行机制的创新。①

第四，关于公共文化服务供给的实践研究。王偲将杭州的供给模式作为主要研究对象，对多个方面展开深入调查研究，认为杭州市已基本实现公共文化服务设施网络的全覆盖。张东婷以南通市的崇川地区为例，梳理其公共文化服务的发展脉络，对其实绩做出肯定，但也提出此地区供需发展不平衡的事实。作者还介绍了国内外供给机制，通过对多个国家不同模式的总结归纳，认为以政府为主导，市场与社会共同参与、多方合作的供给模式更符合我国国情，值得深入研究。彭升则集中分析了武汉市蔡甸区的公共文化供给，揭示了其存在的若干问题：公共文化产品的供给存在政出多门、权责不清的固有历史问题；政府在分配公共资源时存在不均衡现象，不能满足一部分人的文化需求；另外，在投入时，对于需求偏好研究不透彻，供需没有做到有效对接。除此之外，该文还选取了国内外其他的一些典型城市，对其公共文化供给模式进行了介绍。②

通过整理学者的相关观点，可以发现，目前专家学者对于公共文化服务资源供给的研究集中于对政府、社会组织、社会公众的角色定位和地位作用进行说明，对于供给模式的研究也多限于从各个角度对"政府供给"、"市场供给"进行区分。进入21世纪以来，我国文化体制改革取得了重大突破，公共文化服务的地位得到了提升。但是在现代公共文化服务体系构建过程中，问题依旧存在。因此，为适应社会变革带来的重大变化，需要适时调整优化公共文化服务的供给结构，实现供给与需求的动态平衡，从而更好地保障公众的基本文化权利。所以，有必要对各地公共文化服务资源供给水平进行测评，从而做到要素合理配置，更加有效地构建文化产品，优化公共文化服务，提升公共文化服务的层级，做到供需对接，使得公民的文化需求得

---

① 浦椿娜：《农村公共文化供给研究》，青岛大学硕士学位论文，2015。
② 赵春美：《我国公共文化服务供给模式研究》，河北经贸大学硕士学位论文，2016。

到重视和满足。基于此，本报告构建了公共文化服务资源供给水平指标体系，并对 2014～2016 年全国 31 个省份的公共文化服务资源供给水平进行测算。

二 公共文化服务资源供给水平评价指标体系与评估模型

（一）评价指标体系

已有研究和实践表明，中央和各级地方政府对公共文化服务的资源供给主要包括人力、物力和财力三方面，且相关指标的权威数据可获得，因此，从人力、物力和财力三方面来度量政府的公共文化服务资源供给较为科学。

通过分析已有的文本和实践材料，本研究认为，公共文化服务人力资源供给是指文化相关行业的劳动力供应状况，因而本文在选取"人力资源供给"的三级指标时选择了具有代表性的指标"万人拥有文化相关行业人员数"。

物力资源供给即为开展公共文化服务所供给的物质资源，学界对此存在不同界定，本研究认为公共文化服务供给的物力资源应包括不可移动资源、可移动资源和网络资源。在目前已有的统计数据的基础上，本研究选取"人均拥有公共文体设施面积"描述公共文化服务的不可移动资源；依据目前我国公共文化服务机构中公众参与程度和服务特色，通过"去人口差异化"后人均拥有公共图书藏书（包括电子图书）册次代表公共文化服务领域的可移动资源；本研究用"数字公共场馆（主要指数字化的四馆一站）数"指标描述公共文化领域的网络资源，是因为在"互联网＋文化"的时代背景下，数字化的公共场馆相比传统公共文化机构更具备时代特点，因此用"数字化公共场馆数"指标能够提升公共文化服务资源供给水平评估的现代性和评估结果的准确性。

财政资金供给是公共文化服务资金来源的重要渠道。"公共文化财政支出"指标是已有公共文化领域评价研究常用的财政资金供给指标，

"公共文化财政支出"指标通常是以财政支出中"文化体育与传媒支出"的统计口径而得的数据，适用于大口径公共文化服务评估。本研究以"人均文化体育与传媒支出"、"文化体育与传媒总支出占财政总支出比重"两个指标，从人均量和重要程度两个方面，全面反映公共文化服务财政供给指标。另外，进入公共文化服务发展的新时代，政府向社会力量购买公共文化服务已成为公共文化服务市场化供给和社会化运营的重要方式，因而在评估公共文化服务财政资金供给水平时，必须以代表性指标衡量公共文化服务的市场化运营程度，因而本研究选取"政府购买公共文化服务支出比重"来反映公共文化财政资金供给方式的市场化进程和发展阶段。

表1　公共文化服务资源供给水平指标体系

一级指标	二级指标	三级指标
公共文化服务资源供给水平（A1）	人力资源（A11）	万人拥有文化相关行业人员数（A111）
	物力资源（A12）	人均拥有公共文体设施面积（A121）
		人均拥有公共图书藏书（图书馆、文化馆、文化站、农家书屋）册次（A122）
		数字化公共场馆（四馆一站）数（A123）
	财政资金（A13）	人均文化体育与传媒支出（A131）
		文化体育与传媒总支出占财政总支出比重（A132）
		政府购买公共文化服务支出比重（A133）

（二）评价方法与数据

1. 评价方法

（1）综合评价法

综合评价法是指通过构建指标体系，对评估单位进行测量分析的方式，也称为多变量综合评价法，该评估方法旨在通过一定的数学模型将多个评价指标值"合成"为一个整体的综合评价值。本报告希望建立多维指标体系评价全国31个省份公共文化服务资源供给水平，是典型的运用多个指标对多个参评单位进行评价的情形，因此适用综合评价法。具体测算步骤为，①收集公共文化服务资源供给的有关数据，并对其做出合适的处理，以适应整个测算过程；②参考不同渠道确定指标体系，并通过一定的方式确定各指标的权数；③计算综合得分并排序。

（2）专家打分法

本文运用专家打分法对公共文化服务资源供给水平指标进行打分，进而计算各项指标的权重，专家打分法计算出的指标权重详见表2。

表2 公共文化服务资源供给水平指标权重

一级指标	二级指标	权重(%)	三级指标	权重(%)
公共文化服务资源供给水平	人力资源	31.18	万人拥有文化相关行业人员数	100.00
	物力资源	31.00	人均拥有公共文体设施面积	34.92
			人均拥有公共图书藏书(包括电子图书)册次	34.21
			数字公共场馆(四馆一站)数	30.86
	财政资金	37.82	人均文化体育与传媒支出	34.39
			文化体育与传媒总支出占财政总支出比重	34.21
			政府购买公共文化服务支出比重	31.39

备注："文化相关行业"包括公共图书馆、文化馆、文化站、博物馆、美术馆、艺术表演团体、艺术表演场馆、广播电视行业、体育场馆；"公共文体设施"包括公共图书馆、博物馆、群艺馆、文化站、美术馆、体育设施（村级农民体育健身工程、乡镇体育健身工程、全民健身路径工程、全民健身活动中心、户外健身场地设施、其他场地设施）。

2. 数据来源

本次评价的数据来源主要包括以下方面。

国家统计年鉴数据。主要是指《中国财政统计年鉴》、《中国统计年鉴》、《中国文化文物统计年鉴》、《中国文化及相关产业统计年鉴》等。

官方公布数据。主要是指国家财政部、文化和旅游部、统计局、文物局、国家新闻出版广电总局和国家体育总局等机构的业务数据。

另外，由于统计数据滞后于实践，目前数字公共场馆（四馆一站）数和政府购买公共文化服务支出的具体数据并未获得官方统计数据，暂时处于空缺状态。

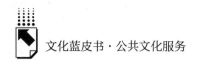
三 公共文化服务资源供给水平得分分析

（一）全国整体变化分析

如表3所示，我国公共文化服务资源供给水平以2014年100分为基准，2015年得分为103.24，2016年得分为106.73，可见三年内我国的公共文化服务资源供给水平逐年稳步提高，人力资源供给、物力资源供给和财政资金供给水平都有所上升，其中人力资源供给的增长幅度最大，2016年人力资源供给的得分比2014年增加了11.34分，而财政资金供给的增长幅度最小，2016年财政资金供给的得分比2014年增加了4.21分。

表3 全国整体变化情况

年份＼指标	人力资源	物力资源	财政资金	文化资源供给水平
2014年	100.00	100.00	100.00	100.00
2015年	107.09	101.24	101.68	103.24
2016年	111.34	105.17	104.21	106.73

（二）省域比较分析

1. 综合得分分析

如表4所示，从31个省份的排名来看，2014年公共文化服务资源供给水平排名前五的省份为西藏、北京、内蒙古、上海、浙江，得分分别为91.74、81.03、63.52、61.52、60.57，排名靠后的五位分别是云南（39.84）、黑龙江（40.72）、重庆（41.72）、江西（41.73）、广西（41.98）；2015年公共文化服务资源供给水平排名前五的省份为西藏、北京、浙江、上海、青海，得分分别为89.14、84.82、71.33、64、55.41，排名靠后的五位分别是云南（39.92）、广西（41.47）、江西（42.24）、贵州

（42.42）、河北（42.49）；2016 年公共文化服务资源供给水平排名前五的省份分别为西藏、北京、浙江、上海、青海，得分分别为 87.52、87.51、68.98、61.81、60.20，排名靠后的五位分别是广西（40.43）、黑龙江（40.57）、云南（41.52）、江西（41.67）、河北（42.26）。

表 4　31 个省份公共文化服务资源供给水平得分及排名

地区	2014 年	排名	2015 年	排名	2016 年	排名	2014~2016 年排名位次差
北京	81.03	2	84.82	2	87.51	2	0
天津	46.67	17	46.80	17	46.85	17	0
河北	43.67	22	42.49	27	42.26	27	−5
山西	50.86	9	51.44	11	50.22	12	−3
内蒙古	63.52	3	54.98	7	53.94	8	−5
辽宁	47.15	16	49.50	15	46.68	18	−2
吉林	49.92	12	50.61	13	49.65	13	−1
黑龙江	40.72	30	42.69	26	40.57	30	0
上海	61.52	4	64.00	4	61.81	4	0
江苏	49.59	13	55.33	6	51.77	10	+3
浙江	60.57	5	71.33	3	68.98	3	+2
安徽	42.76	25	43.75	22	43.46	24	+1
福建	48.44	14	49.89	14	47.92	15	−1
江西	41.73	28	42.24	29	41.67	28	0
山东	45.50	18	44.35	19	44.44	22	−4
河南	42.66	26	42.91	24	42.79	26	0
湖北	44.41	21	43.14	23	45.26	20	+1
湖南	45.10	19	46.59	18	48.51	14	+5
广东	42.94	23	42.76	25	45.04	21	+2
广西	41.98	27	41.47	30	40.43	31	−4
海南	47.63	15	47.30	16	47.72	16	−1
重庆	41.72	29	44.26	20	43.94	23	+6
四川	44.69	20	43.84	21	45.28	19	+1

续表

地区	2014 年	排名	2015 年	排名	2016 年	排名	2014~2016 年排名位次差
贵州	42.81	24	42.42	28	43.27	25	-1
云南	39.84	31	39.92	31	41.52	29	+2
西藏	91.74	1	89.14	1	87.52	1	0
陕西	53.33	7	52.83	9	58.82	6	+1
甘肃	50.44	11	51.60	10	53.68	9	+2
青海	58.61	6	55.41	5	60.20	5	+1
宁夏	50.71	10	54.21	8	58.11	7	+3
新疆	51.82	8	51.00	12	50.24	11	-3

如表4所示，除西藏外，排名较前的为北京、上海、浙江等经济相对发达的省份，其公共文化服务资源供给水平高于全国平均水平。另外，随着近些年中央持续对西部地区的政策倾斜，一些西部省份（如内蒙古、甘肃、青海、新疆和宁夏）的公共文化服务供给得分也高于全国平均水平，但东北地区（如黑龙江）、中部地区（如江西）和西南地区（如云南、广西）得分普遍较低。西藏地区公共文化服务资源供给得分遥遥领先。本研究认为，主要原因是中央政府近几年持续加大对西藏地区民族文化发展的政策扶持力度，使得西藏地区公共文化服务的各项供给总量不断增加，另外由于西藏地区地广人稀，相比于人口密度大的地区，同样的资源供给总量会带来较高的人均资源拥有量。

从年度排名变化来看，河北、内蒙古、山东和广西排名下降幅度较大，重庆、湖南、江苏、宁夏排名上升幅度较大，其他省份排名变化不大，黑龙江、上海、江西、河南等省份得分排名没有变化。

2. 各项指标得分分析

本文已在指标设定时根据公共文化服务资源供给的类型划分为三大类，分别是人力资源供给、物力资源供给和财政资金供给。下文将分年份对不同的供给指标进行省际对比分析。

表5 公共文化服务人力资源供给水平得分及排名

地区	2014 年		2015 年		2016 年	
	得分	排名	得分	排名	得分	排名
北京	95.37	2	100.00	1	100.00	1
天津	33.53	20	29.48	22	24.21	24
河北	30.70	24	27.78	24	24.62	23
山西	43.37	7	39.33	6	33.57	7
内蒙古	48.23	5	41.32	5	34.62	5
辽宁	35.74	14	32.70	14	26.51	18
吉林	39.45	13	33.10	13	29.50	13
黑龙江	29.57	26	29.86	20	23.06	26
上海	64.33	3	61.16	3	51.09	3
江苏	35.41	15	31.81	15	27.30	16
浙江	56.26	4	54.48	4	49.84	4
安徽	31.29	21	31.25	17	27.81	15
福建	42.77	9	36.78	10	31.29	11
江西	28.47	27	24.95	27	21.10	27
山东	30.76	23	27.51	25	23.19	25
河南	34.41	18	31.23	18	26.79	17
湖北	35.21	16	31.35	16	25.68	20
湖南	34.04	19	29.34	23	26.34	19
广东	26.90	30	23.86	29	19.63	30
广西	20.00	31	19.13	31	16.71	31
海南	35.11	17	30.80	19	28.37	14
重庆	31.05	22	29.53	21	25.45	21
四川	29.88	25	26.27	26	24.70	22
贵州	27.59	29	23.39	30	21.04	28
云南	27.96	28	24.67	28	20.92	29
西藏	100.00	1	93.32	2	88.54	2
陕西	42.17	12	37.92	8	34.13	6
甘肃	43.77	6	38.94	7	33.43	8
青海	42.91	8	36.22	11	32.52	9
宁夏	42.72	10	37.32	9	32.00	10
新疆	42.63	11	35.72	12	31.06	12

人力资源供给用以衡量各地政府对公共文化服务人力供给的情况。从表5中的数据可以看出，2014年，人力资源供给得分位于前五名的分别是西藏（100.00）、北京（95.37）、上海（64.33）、浙江（56.26）、内蒙古（48.23），得分排名后五位的分别是广西、广东、贵州、云南、江西，得分依次为20.00、26.90、27.59、27.96、28.47。2015年，人力资源供给得分位于前五名的分别是北京（100.00）、西藏（93.32）、上海（61.16）、浙江（54.48）、内蒙古（41.32），得分排名后五位的分别是广西、贵州、广东、云南、江西，得分依次为19.13、23.39、23.86、24.67、24.95。2016年，人力资源供给得分排名前五的分别是北京（100）、西藏（88.54）、上海（51.09）、浙江（49.84）、内蒙古（34.62），得分排名后五位的分别是广西、广东、云南、贵州、江西，得分依次为16.71、19.63、20.92、21.04、21.10。2014～2016年，人力资源供给得分排名前五的省份均为西藏、北京、上海、浙江、内蒙古，仅是内部的位次发生了变化，说明这五个省份人力资源供给水平处于较稳定的高水平状态；2014～2016年，人力资源供给得分排名后五位的省份均为广西、广东、贵州、云南、江西，说明这几个省份的人力资源供给水平处于较稳定的低水平状态；2014～2016年，人力资源供给得分最高分与最低分的差值依次为80.00、80.87、83.29，表明31个省份之间的人力资源供给水平差距较大。发达省份与欠发达省份之间在人力资源供给水平上存在很大的差距，且最高分与最低分之间的差值在逐渐扩大，各省份间的人力资源供给差距逐渐扩大。

表6　公共文化服务物力资源供给水平得分及排名

地区	2014 年		2015 年		2016 年	
	得分	排名	得分	排名	得分	排名
北京	55.65	5	59.02	6	65.29	8
天津	47.09	20	49.72	20	53.06	19
河北	46.96	21	46.20	26	49.07	25
山西	51.42	10	54.21	9	53.52	18
内蒙古	76.47	2	55.10	8	60.09	10

地区	2014 年		2015 年		2016 年	
	得分	排名	得分	排名	得分	排名
辽宁	48.61	16	56.33	7	52.94	20
吉林	50.19	13	53.38	11	54.61	15
黑龙江	43.34	29	48.18	23	46.83	31
上海	61.33	4	66.34	4	68.95	5
江苏	50.72	11	73.52	3	65.52	6
浙江	66.56	3	95.38	1	92.10	1
安徽	42.55	31	43.91	31	47.94	28
福建	45.97	24	51.79	15	50.84	24
江西	44.71	27	48.66	21	48.18	27
山东	51.91	9	50.47	19	55.07	13
河南	43.51	28	44.51	29	51.12	23
湖北	46.49	22	47.57	24	55.05	14
湖南	49.92	14	51.75	16	53.56	17
广东	45.85	25	50.50	18	55.89	11
广西	48.68	15	45.67	28	47.87	29
海南	45.23	26	46.04	27	49.05	26
重庆	47.77	18	53.24	12	55.40	12
四川	46.29	23	46.89	25	51.47	21
贵州	48.15	17	48.38	22	51.28	22
云南	42.82	30	44.00	30	47.15	30
西藏	81.96	1	83.74	2	83.43	2
陕西	54.56	7	54.05	10	65.31	7
甘肃	50.41	12	52.52	14	64.18	9
青海	55.50	6	52.94	13	71.32	4
宁夏	54.40	8	64.16	5	74.95	3
新疆	47.52	19	50.81	17	54.35	16

物力资源供给用于衡量各地政府对公共文化服务物资供给的情况。从表6 的数据来看，2014 年，物力资源供给得分在31 个省份中排名前五位的有西藏（81.96）、内蒙古（76.47）、浙江（66.56）、上海（61.33）、北京（55.65），处于后五位的有安徽、云南、黑龙江、河南、江西，得分依次为42.55、42.82、43.34、43.51、44.71。2015 年，物力资源供给得分在31 个

省份中排名前五位的有浙江（95.38）、西藏（83.74）、江苏（73.52）、上海（66.34）、宁夏（64.16），处于后五位的有安徽、云南、河南、广西、海南，得分依次为43.91、44.00、44.51、45.67、46.04。2016年，物力资源供给得分在31个省份中排名前五位的有浙江（92.10）、西藏（83.43）、宁夏（74.95）、青海（71.32）、上海（68.95），排名后五名的省份有黑龙江、云南、广西、安徽、江西，得分依次为46.83、47.15、47.87、47.94、48.18。2014~2016年，物力资源供给得分连续三年排名前五名的有西藏、浙江、上海，说明这三个省份的物力资源供给一直处于较稳定的高水平状态；宁夏2014年未进入前五名，但自2015年排名第五名后，2016年排名上升到第三名，说明宁夏的物力资源供给水平近三年一直有所提高。2014~2016年，物力资源供给连续三年排名在后五名的有安徽和云南，有两年排名在后五名的有黑龙江、江西和河南，说明排名靠后的省份在物力资源供给水平上基本没有太大的进步，安徽、云南、黑龙江、江西和河南等省份的物力资源供给一直处于较稳定的低水平状态。

表7 公共文化服务财政资金供给水平得分及排名

地区	2014年		2015年		2016年	
	得分	排名	得分	排名	得分	排名
北京	90.00	2	93.47	1	95.42	1
天津	57.17	12	58.69	16	60.42	16
河北	51.67	23	51.56	25	51.21	28
山西	56.59	13	59.15	14	61.25	14
内蒙古	65.52	4	66.14	4	64.82	7
辽宁	55.36	16	57.75	17	58.16	18
吉林	58.34	11	62.77	9	62.20	12
黑龙江	47.76	29	48.77	31	49.88	29
上海	59.37	9	64.42	6	64.80	8
江苏	60.35	7	59.82	13	60.68	15
浙江	59.22	10	65.51	5	65.82	6
安徽	52.38	22	53.91	21	52.69	27
福建	55.13	17	59.14	15	59.25	17
江西	50.23	27	51.22	26	53.28	25

地区	2014 年		2015 年		2016 年	
	得分	排名	得分	排名	得分	排名
山东	52.38	21	53.22	22	53.26	26
河南	48.77	28	51.22	27	49.16	31
湖北	50.29	25	49.24	28	53.38	24
湖南	50.26	26	56.58	18	62.65	10
广东	53.77	20	51.99	24	57.09	20
广西	54.61	18	56.46	19	53.88	23
海南	59.92	8	61.92	10	62.57	11
重庆	45.55	31	49.03	30	49.79	30
四川	55.58	15	55.83	20	57.17	19
贵州	50.97	24	53.22	23	55.04	21
云南	47.18	30	49.14	29	53.89	22
西藏	92.95	1	90.12	2	90.04	2
陕西	61.53	6	64.11	7	73.86	4
甘肃	55.96	14	61.26	11	61.78	13
青海	74.09	3	73.27	3	73.90	3
宁夏	54.27	19	59.99	12	65.83	5
新疆	62.91	5	63.75	8	62.69	9

财政资金是公共文化服务资金的主要来源。各省份 2014～2016 年财政资金供给得分及排名如表 7 所示，2014 年，财政资金供给得分排名位于前五名的有西藏、北京、青海、内蒙古、新疆，得分依次为 92.95、90.00、74.09、65.52、62.91，得分排名后五名的省份有重庆、云南、黑龙江、河南、江西，得分依次为 45.55、47.18、47.76、48.77、50.23。2015 年，财政资金供给得分排名位于前五名的为北京（93.47）、西藏（90.12）、青海（73.27）、内蒙古（66.14）、浙江（65.51），得分排名位于后五位的省份有黑龙江、重庆、云南、湖北、河南，得分依次为 48.77、49.03、49.14、49.24、51.22。2016 年，财政资金供给得分排名位于前五位的有北京（95.42）、西藏（90.04）、青海（73.90）、陕西（73.86）、宁夏（65.83），得分排名后五位的有河南、重庆、黑龙江、河北、安徽，得分依次为 49.16、49.79、49.88、51.21、52.69。2014～2016 年，财政资金供给得分

最高分依次为 92.95、93.47、95.42，财政资金供给得分最低分依次为 45.55、48.77、49.16，财政资金供给水平的平均得分依次为 57.74、59.76、61.16，最高分、最低分和平均分都逐年增加，说明三年以来财政资金供给水平整体有所提高；2014~2016 年，财政资金供给得分最高分与最低分之间差值依次为 47.4、44.7、46.26，表明各省份间财政资金供给水平的差距有所缩小。

表 8　公共文化服务资源供给二级指标排名情况

地区\年份	人力资源			物力资源			财政资金		
	2014	2015	2016	2014	2015	2016	2014	2015	2016
北京	2	1	1	5	6	8	2	1	1
天津	20	22	24	20	20	19	12	16	16
河北	24	24	23	21	26	25	23	25	28
山西	7	6	7	10	9	18	13	14	14
内蒙古	5	5	5	2	8	10	4	4	7
辽宁	14	14	18	16	7	20	16	17	18
吉林	13	13	13	13	11	15	11	9	12
黑龙江	26	20	26	29	23	31	29	31	29
上海	3	3	3	4	4	5	9	6	8
江苏	15	15	16	11	3	6	7	13	15
浙江	4	4	4	3	1	1	10	5	6
安徽	21	17	15	31	31	28	22	21	27
福建	9	10	11	24	15	24	17	15	17
江西	27	27	27	27	21	27	27	26	25
山东	23	25	25	9	19	13	21	22	26
河南	18	18	17	28	29	23	28	27	31
湖北	16	16	20	22	24	14	25	28	24
湖南	19	23	19	14	16	17	26	18	10
广东	30	29	30	25	18	11	20	24	20
广西	31	31	31	15	28	29	18	19	23
海南	17	19	14	26	27	26	8	10	11
重庆	22	21	21	18	12	12	31	30	30
四川	25	26	22	23	25	21	15	20	19
贵州	29	30	28	17	22	22	24	23	21

续表

地区\年份	人力资源			物力资源			财政资金		
	2014	2015	2016	2014	2015	2016	2014	2015	2016
云南	28	28	29	30	30	30	30	29	22
西藏	1	2	2	1	2	2	1	2	2
陕西	12	8	6	7	10	7	6	7	4
甘肃	6	7	8	12	14	9	14	11	13
青海	8	11	9	6	13	4	3	3	3
宁夏	10	9	10	8	5	3	19	12	5
新疆	11	12	12	19	17	16	5	8	9

如表 8 所示，31 个省份的三项分指标的排名也有所不同。以 2016 年的数据为例，部分省份的人力资源、物力资源和财政资金排名较均衡（如西藏、辽宁、吉林、黑龙江），部分省份有一项指标排名明显优于其他两项指标（福建人力资源指标排名比其他两项靠前、江苏和广东物力资源指标排名比其他两项靠前、青海和新疆的财政资金指标比其他两项排名靠前），部分省份有一项指标排名明显劣于其他两项指标（安徽、海南物力资源指标排名比其他两项靠后，重庆财政资金指标排名比其他两项靠后），说明部分省份在人财物资源方面的供给不均衡。公共文化服务资源供给得分总排名受到人财物各个分指标排名的影响，如西藏三项分指标排名都靠前因此总排名靠前，黑龙江三项分指标排名都靠后因此总排名靠后。另外，西部省份（如青海和新疆等）财政资金排名较前，说明国家政策向西部倾斜，重视对西部省份的财政投入，所以西部各省份综合排名也较靠前，但是在人力资源和物力资源得分排名上不及财政资金得分排名。

（三）区域比较分析

1. 综合得分分析

将我国 31 个省份按东部、中部和西部的划分进行区域比较分析是较为普遍的做法，本文也将依据这种地区划分来分析不同区域的省份在公共文化服务资源供给水平上的差异。东部地区包括北京、天津、辽宁、山东、上海、江苏、浙江、福建和广东9个省份；中部地区包括黑龙江、吉林、河北、山西、河南、湖北、湖南、安徽、江西和海南10个省份；西部地区包括陕西、四川、重庆、云南、贵州、广西、内蒙古、甘肃、宁夏、青海、西藏和新疆12个省份。

从公共文化服务资源供给得分来看，如表9所示，2014年我国东部、中部和西部各省份公共文化服务资源供给得分的平均值分别为53.71、44.95、52.60，2015年分别为56.53、45.31、51.76，2016年则依次为55.67、45.21、53.08，中部地区三年得分均未超过全国平均分，东部地区公共文化服务资源供给得分明显高于全国平均水平，并远高于中部和西部地区，东部、西部、中部地区的公共文化服务资源供给得分呈阶梯下降状分布。

表9 东中西部地区公共文化服务资源供给得分比较

区域	2014 年	2015 年	2016 年
东部地区	53.71	56.53	55.67
中部地区	44.95	45.31	45.21
西部地区	52.60	51.76	53.08
全国平均分	50.42	51.2	51.32

如表10所示，从排名分布来看，2014~2016年，公共文化服务资源供给得分中排名前十位的省份中，东部地区分别有3个、4个、4个，中部地区分别有1个、0个、0个，西部地区分别有6个、6个、6个；而2014~2016年，排名后十位的省份中，东部地区分别有1个、1个、1个，中部地区有5个、6个、5个，西部地区有4个、3个、4个，可见排名靠前的主要是东、西部地区，排名靠后的主要是中、西部地区。这进一步表明公共文化服务资源供给水平在区域分布上呈现"东部最高，西部次之，中部最低"的态势。

表 10　东中西部地区公共文化服务资源供给水平得分排名比较

区域 年份	2014 年		2015 年		2016 年	
	前十名	后十名	前十名	后十名	前十名	后十名
东部	3	1	4	1	4	1
中部	1	5	0	6	0	5
西部	6	4	6	3	6	4

2. 各项指标得分分析

如表 11 所示，2014~2016 年，东部地区人力资源和财政资金的供给得分高于西部及全国，而中部地区人力资源、物力资源和财政资金的供给得分连续三年低于东部和西部地区，且低于全国平均水平。以 2016 年数据来看，东部地区 9 省的人力资源、物力资源和财政资金平均得分分别为 39.23、62.18、63.88，西部地区 12 省份的人力资源、物力资源和财政资金平均得分分别为 32.93、60.57、63.56，中部地区 10 省份的人力资源、物力资源和财政资金平均得分分别为 26.68、50.89、55.83，全国平均得分分别为 32.95、57.88、61.09。可见中部在人力资源、物力资源以及财政资金的供给上都明显低于东、西部，西部仅在人力资源供给上与东部存在一定差距，在财政资金和物力资源方面与东部较为接近。

表 11　东中西地区公共文化服务资源供给各项指标得分

区域	2016 年			2015 年			2014 年		
	人力资源	物力资源	财政资金	人力资源	物力资源	财政资金	人力资源	物力资源	财政资金
东部	39.23	62.18	63.88	44.20	61.45	62.67	46.79	52.63	60.31
中部	26.68	50.89	55.83	30.90	48.44	54.63	34.16	46.43	52.62
西部	32.93	60.57	63.56	36.98	54.29	61.86	41.58	54.55	60.09
平均	32.95	57.88	61.09	37.36	54.73	59.72	40.84	51.20	57.67

四 结论与建议

（一）公共文化服务资源供给水平分析的结论

1. 公共文化服务资源供给水平整体有所提升

近年来，随着公共文化服务体系建设的逐步推进、财政投入力度的不断加大、基础设施建设的持续改善，我国公共文化建设取得了一定成就。目前我国公共文化财政投入稳步增长，覆盖城乡的公共文化服务设施网络基本建立，人民群众精神文化生活不断改善，国家和各级财政均加大了对文化建设的倾斜力度，我国公共文化服务资源供给水平有所提升。我国公共文化服务资源供给水平以 2014 年的 100 分为基准，2015 年为 103.24分，2016 年为 106.73 分，表明我国公共文化服务资源的总体供给水平有很大提升，体现在很多方面，如公共文化服务的人才队伍不断优化，人员素质不断提升，资金来源渠道更加多元，参与主体更为广泛，重大文化惠民工程如广播电视"村村通"、农家书屋、文化信息资源共享工程的覆盖面更广，惠及更多民众。

2. 公共文化服务资源供给结构不平衡

公共文化服务资源供给结构不平衡主要表现在人力、物力和财政供给方面的不均衡。部分省份的短板在于人力资源投入不足，例如 2016 年青海省人力资源、物力资源、财政资金的得分分别为 32.52、71.32、73.90，各项指标在 31 个省份中的排名分别为第 9、4、3 名，综合排名第 5 名，可见人力资源投入不足是限制其公共文化服务资源供给水平提升的重要因素。人力资源投入不足表现为文化服务队伍人才稀缺现象尤为严重，人才的总体素质不高，高水平技术人才少见，业务能力参差不齐。部分省份的短板在于物力资源投入不足，例如 2016 年海南省人力资源、物力资源、财政资金的得分分别为 28.37、49.05、62.57，各项指标在 31 个省份的排名分别为第 14、26、11 名，综合排名第 16 名，可见物力资源是限制其公共文化服务资源供给水平提升的重要因素。物力资源投入不足主要表现在部分地区图书馆、博物馆、电影院和文化广场等基础设施和服务场所数量较少。部分省份的短板在于财政资源投入不足，例如2016年河南省人力资源、物力资源、财政资金的得分分别为26.79、51.12、49.16，各项指标在31个省份的排名分别为第17、23、31名，综合排名第26名，可见财政资金是限制其公共文化服务资源供给水平提升的重要因素。目前的公共文化服务财政资金主要依靠政府供给，在这种情况下供给总量的多少主要取决于两方面，一是财政收入总量的大小，二是公共文化服务支出占财政支出比重大小。很多地区由于经济发展水平不高，无论是财政收入总量还是公共文化服务支出占财政支出的比重都很小，使得其公共文化服务的财政资金供给长期处于偏少的状态[①]。

而人力、物力和财政资源分配结构的不均衡会限制公共文化服务资源供给的效率，导致公共文化服务资源利用率不高。如很多地区的公共文化服务设施和场所由于缺乏有力的财政资金支持，难以吸引和留住优秀的专业技术人才，而缺乏专业人员的服务和引导，会导致这些场馆长期处于无人问津的状态，无法适应时代发展和公共文化供给的要求。

3. 公共文化服务资源供给水平区域差距较大

我国公共文化服务资源供给得分在东、中、西部区域间呈"东部最高，西部次之，中部最低"的分布，从公共文化服务资源供给得分来看，中部地区公共文化服务资源供给得分远低于东部地区，同时低于西部地区和全国平均水平。2014年，中部地区公共文化服务资源供给得分为44.95，比东部地区低了近9分，比西部地区低了近8分，比全国平均水平均低了5分多；2015年，中部地区公共文化服务资源供给得分为45.31分，比东部地区低了11分多，比西部地区低了6分多，比全国平均水平低了近6分；2016年，中部地区公共文化服务资源供给得分为45.21，比东部地区低了近11分，比西部地区低了近8分，比全国平均水平低了6分多。这在一定程度上

---

① 欧世宇：《基层公共文化服务的供给困境与对策研究》，西南政法大学硕士学位论文，2017，第10页。

反映了我国中部地区公共文化服务整体投入不足的问题较为严重。中部地区多数省份为我国人口聚集、经济发展水平有限、农业经济和粮食生产占重要地位的区域，受限于本地经济发展水平和较大的人口基数，公共文化服务供给总量提不上去，且人均占有量一直偏低。因此，中部地区的公共文化服务需要中央政府和发达地区在各项资源供给上给予更多的扶持。

（二）提升公共文化服务资源供给水平的建议

1. 推进公共文化服务领域的供给侧改革

习近平总书记在党的十九大报告中做出了"要完善公共文化服务体系，深入实施文化惠民工程，丰富群众性文化活动"这一重要指示，为公共文化服务下一步的发展指明了方向。新时期进行文化建设，有必要提升公共文化服务资源供给水平，构建公共文化服务体系，推进供给侧改革，以保障群众的基本文化权益，提升其文化自信和幸福指数。

首先，要完善顶层设计，制定合理的文化政策法规，科学的公共文化服务管理体系，包括公共政策决策机构及机制。另外，在政策制定时应该与各地发展实际相结合，将权力下放于地方政府与基层文化组织，将地方资源情况、人民实际需求等情况考虑进来，这样供给制度的制定才更加合理、易于执行。

其次，要将公共文化服务资源供给与居民的文化需求相结合，充分听取公众的意见和建议，建立需求导向供给机制，以保证资金使用效率和产品利用率。充分了解本地群众公共文化服务需求的数量、种类和分布，做到科学规划和合理布局，把有限的资源合理地投入公共文化服务建设。社会组织和私人部门参与公共文化服务供给时也应该充分尊重市场导向，以公众意愿选择为根据，生产适销对路的公共文化服务产品，提高供给效率。

最后，丰富公共文化服务资源的供给主体，通过政府购买公共文化服务吸引社会力量的参与。供给主体不仅应该包括文化行政部门，各种公益性文化服务机构、非营利组织、以营利为目的的企业都应该包含其中。在公共文化服务供给侧改革中，需要构建政府主导、社会力量参与、市场配置的社会化运作供给模式，沟通政府与社会，建立相关契约机制，以调动社会力量的积极性。

2. 合理配置资源，实现公共文化服务资源供给的人财物配套发展

公共文化服务资源供给包括人力、物力和财力三个方面，科学配置公共文化服务资源，合理安排人财物等公共文化资源是建设和完善公共文化服务体系的重要保证。

（1）人力资源供给

分析各省份的万人拥有文化相关行业人员数这一三级指标，发现提高文化相关行业从业人员数量，并建立专业的公共文化服务人才队伍，最大限度地发挥人才的力量，可以有效提高基层公共文化服务建设水平。

首先，应该根据不同的需求，通过政策、待遇和环境等将区域外公共文化服务专业人才引入当地，同时引入发达地区先进的公共文化服务发展经验、管理模式和服务理念。

其次，要不断实现公共文化服务的专业化，加大对专业文化人才的培养力度，通过定期开展行业培训把普通的公共文化服务从业者转变为专业人才。建立激励机制，推动优秀人才脱颖而出，将引进人才和培养人才结合起来，建立一支高水平、专业化的人才队伍。

最后，为满足多层次的文化需要，应建立文化志愿者群体，使其为公共文化服务的发展注入新鲜血液。文化志愿者队伍是动员、组织民众参与文化建设的重要力量，应该动员各类文化经营者和其他热心群众成为文化志愿者，扩大文化志愿者队伍和服务范围，对文化志愿者进行培训并建立奖励机制，激发其文化参与的积极性与持久力[1]。

（2）物力资源供给

分析各省份的人均拥有公共文体设施面积、人均拥有公共图书藏书

---

[1] 傅才武：《中国公共文化政策研究实验基地观察报告》，社会科学文献出版社，2017，第40页。

（包括电子图书）册次和数字公共场馆（四馆一站）数三个三级指标，发现部分省份的文化馆、博物馆、美术馆等场馆的建设问题仍待解决，各公共文化设施的使用效率还不高。

首先，为扩大人均拥有公共文体设施面积，应加大财政支持力度，积极鼓励社会力量参与基层文化场馆建设，建设种类齐全、服务质量稳定、能满足不同社会群体基本文化需求的公共文化设施，并完善其提供的公共文化服务。

其次，为了提高公共图书馆藏书的使用效率，应推广图书馆分、总馆模式，充分实现资源共享，提高基层文化设施的建设和服务水平，使各个文化设施之间实现互通互联，实现图书馆布点区域平衡，各个图书馆之间资源共享。除了一定区域内垂直型的总、分馆制外，还可以进行跨区域的图书馆延伸服务，实现城际服务对接，拓展公共图书馆的阵地范围，以达到方便受众群体、提高使用率的目的①。

最后，为增加数字公共场馆（四馆一站）数，应推进公共文化服务数字化发展，利用数字图书馆、数字博物馆、城市街区 24 小时自助图书馆等科技创新提高公共文化设施利用的便捷性，提高公共文化服务资源的使用效率，使数字化成为传播公共文化服务的重要载体。

（3）财政资金供给

分析各省份人均文化体育与传媒支出、文化体育与传媒总支出占财政总支出比重和政府购买公共文化服务支出比重三个三级指标，发现由于公共文化服务的公益性，政府对公共文化服务的财政经费投入及其吸纳社会资本参与公共文化服务的能力成为制约公共文化服务供给水平的重要因素。

首先，国家财政部门应该对各省份的公共文化服务发展给予扶持，发挥财政的杠杆作用，通过引导社会资本的进入，有效带动更多资本涌入公共文化服务领域。另外应该加大各级政府对公共文化建设的资金投入规模，提高公共文化服务在社会经济发展战略中的地位，以满足公众需求为基础，为广

---

① 陈威：《完备的公共文化服务体系研究》，深圳报业集团出版社，2010，第 34~35 页。

大群众提供便利的公共文化服务。

其次，除政府力量外，应当鼓励和吸引广大社会力量特别是社会资金加入，为公共文化服务资源供给提供动力，健全完善社会资金进入公共文化服务领域的机制，完善政府向社会力量购买公共文化服务的机制，鼓励民办公助、社会资金筹建等方式，正确引导民营企业参与到公共文化建设中来。

最后，应充分发挥税收优惠政策的导向和激励功能，进一步落实鼓励社会组织、机构和个人捐赠以及兴办公益性文化事业的税收优惠政策。有条件的地方财政可设立捐赠投入财政配比资金，对公共文化机构接受的符合条件的捐赠收入实行奖励补助，鼓励多渠道筹集资金①。

3. 统筹协调，实现公共文化服务资源供给水平区域均衡发展

我国地域辽阔，各地在历史背景、资源禀赋、人口规模、经济社会发展水平等方面都存在不容忽视的差异，公共文化服务资源供给在不同区域间供给失衡的问题也客观存在。东部省份经济发达，可以吸引文化资本和文化从业者，因此公共文化服务的资源供给水平相对较高，西部地区虽然经济较为落后，但是由于国家的政策支持倾斜，西藏、青海和宁夏等地的公共文化服务资源供给能力也排名靠前，但中部地区没有经济和政策优势，公共文化服务资源供给水平处于较低的状态。因此，针对目前我国公共文化服务资源供给水平东部高、西部次之、中部最低的现状，为实现公共文化服务资源供给水平区域均衡发展，应该优化整合公共文化服务资源，调整区域间的供给比例关系。

根据前文的分析，中部地区在人力资源、物力资源以及财政资金的供给上都明显低于东、西部地区，而资金投入是保障人力资源和物力资源的基础。因此对于中部地区来说，提高公共文化服务资源供给水平的首要工作就是增加其财政资金投入。

首先，中央政府应该加大财政转移支付的力度，从总体上做适当调整，

---

① 傅才武：《中国公共文化政策研究实验基地观察报告》，社会科学文献出版社，2017，第14页。

促进区域间公共文化服务财政资金保障实现均衡。我国区域经济发展不平衡重点表现在：各地区财政收入差距较大，中部地区财政收入较少导致了其公共文化服务建设的落后。因此，需要加大财政转移支付力度，中央财政可考虑重点保障中部地区的基本公共文化服务投入的相对均等，对中部地区公共文化服务资源供给水平较低的地区给予财政支持，以支持中部经济欠发达地区的公共文化服务建设，体现财政公平的内涵。

其次，中部地区地方政府也应该重视公共文化服务的发展，适当提高公共文化服务的财政支出比重，虽然建立市场导向机制和实现公共文化服务供给主体多元化是发展公共文化服务的有效途径，但对于中、西部基层地区，财政资金仍然是公共文化服务建设的主要资金来源。因此，在财政总量一定的前提下，要使公共文化服务建设达到立竿见影的效果，最直接的办法就是提高公共文化服务支出占财政支出的比重①。

最后，由于中部地区的公共财政有限，单凭政府力量难以满足公共文化服务资源供给的要求，为此应实现公共文化服务供给主体多元化，吸引社会力量参与公共文化服务资源供给，鼓励各种非营利组织、非政府部门的发展，促进公共文化服务的市场化和社会化，对非营利组织实施减免税收等优惠政策，鼓励社会捐赠以提高公共文化服务的总体供给，以实现政府与社会共同提供公共文化服务的供给结构。

---

① 欧世宇：《基层公共文化服务的供给困境与对策研究》，西南政法大学硕士学位论文，2017，第21～23页。

B.3
公共文化服务成果享有水平报告

陈逸芳　刘婉娜*

摘　要：　公共文化服务成果享有水平作为公共文化服务体系评估的基础性指标，其实质是指由公共文化服务体系的建设给群众带来的文化成果享有，是公共文化服务最直观的产出水平体现。本报告在明确公共文化服务成果享有水平内涵的基础上，通过借鉴国内外相关指标的建构，建立了衡量公共文化服务成果享有水平的指标体系，包括文化参与、广播电视服务、体育服务、优秀作品、群众满意度等，由此对2014～2016年全国、区域及各省份公共文化服务成果享有水平进行测算评价。总体来看，我国区域及省域间的公共文化服务成果享有水平存在差距，指标方面"优秀作品"这一指标的影响最为显著。本报告据此提出提升我国公共文化服务成果享有水平的相关建议。

关键词：　公共文化服务　成果享有水平　指标体系

一　公共文化服务成果享有水平的内涵

对于公共文化服务成果享有水平的内涵，国内外研究还没有给出直接的

---

* 陈逸芳，武汉大学国家文化发展研究院硕士研究生，研究方向为公共文化服务、文化产业；刘婉娜，武汉大学国家文化发展研究院硕士研究生，研究方向为公共文化服务、文化产业。

界定。但在相关的政策及规范性文本中，可以看到国内外语境下所指的公共文化服务成果享有水平的内涵具有差异性。这种差异主要体现在国际上是从"文化权利"的语境来界定的，国内政策文本及研究是从"文化权益"的用语来界定的，但总体来看，二者的界定本质上是一致的。

从国际语境看，公共文化服务成果享有是文化权利的重要组成部分。对于文化权利的讨论最早从1948年12月10日联合国制定的《世界人权宣言》开始。根据这个宣言，1966年12月先后通过了《公民及政治权利国际公约》和《经济、社会、文化权利国际公约》。其中，《世界人权宣言》第二十七条对"文化权利"做了相关规定："（1）人人有权自由参加社会的文化生活，享受艺术，并分享科学进步及其产生的福利；（2）人人对由于他所创作的任何科学、文学或艺术作品而产生的精神的和物质的利益，有享受保护的权利。"①《经济、社会、文化权利国际公约》第十五条规定凡缔约国人人享有下列文化权利："（1）参加文化生活；（2）享受科学进步及其应用所产生的利益；（3）对其本人的任何科学、文学或艺术作品所产生的精神上和物质上的利益，享受被保护之利。"② 挪威人权研究所艾德（Asbjorn Eide）将这两条对"文化权利"的规定概括为，"文化权利包括参与文化生活权、享受文化成果的权利、作者精神和物质利益受保护的权利、文化创造权和国际文化合作权"。③ 由此可见，公共文化服务成果享有作为一种基本的文化权利得到了世界人权宪章的确定。

从国内公共文化服务体系建设的语境看，公共文化服务成果享有是实现文化权益的重要内容之一。《文化部"十二五"时期公共文化服务体系建设实施纲要》指出，"公共文化服务体系是以公共财政为支撑，以公益性文化单位为骨干，以全体人民为服务对象，现阶段以保障人民群众看电

---

① 联合国：《世界人权宣言》，http：//www. un. org/zh/universal – declaration – human – rights/，最后访问日期，2018 年 12 月 9 日。

② 联合国：《经济、社会及文化权利国际公约》，https：//www. un. org/chinese/hr/issue/esc. htm，最后访问日期，2019 年 4 月 6 日。

③ 吴理财：《文化权利概念及其论争》，《中共天津市委党校学报》2015 年第 1 期。

视、听广播、读书看报、进行公共文化鉴赏、参与公共文化活动等基本文化权益为主要内容，向社会提供的公共文化设施、产品、服务及制度体系的总称。构建覆盖城乡、结构合理、功能健全、实用高效的公共文化服务体系，是满足人民群众基本文化需求、保障人民群众基本文化权益的主要途径"。① 由此，确定了我国公共文化服务体系建设的逻辑是建立在公民基本文化权益的保障基础上。王列生认为"'文化权益'这个专属概念乃是中国当代语境中的又一次语词创建"，文化权益包括了形而上的文化权利和形而下的文化利益，由此确立了文化权益的义项分置脉络："文化权益 = 文化权利（H）＋文化利益（I）= 文化生活参与权 + 文化成果拥有权 + 文化方式选择权 + 文化利益分配权。"② 文化成果拥有权是文化权益的重要组成部分，保障公民的文化权益应当要实现公民享有相关文化发展成果。

公共文化服务成果享有作为我国公民的基本文化权益，在我国现行法律体系中也得到了充分的体现。我国现行《宪法》中规定了国家为保护公民文化权利的实现而必须采取的措施，如现行《宪法》第二十二条规定，"国家发展为人民服务、为社会主义服务的文学艺术事业、新闻广播电视事业、出版发行事业、图书馆博物馆文化馆和其他文化事业，开展群众性的文化活动"。③ 另外，2016 年 12 月颁布的《公共文化服务保障法》明确和落实了宪法依法保障人民群众基本文化权益的要求，将政府维护文化权利的义务上升为法律责任，以立法形式确立了群众享有相关文化成果的权利。

在 2015 年政府工作报告中李克强总理指出，要"让人民群众享有更多更好文化发展成果"，其中一项重要工作就是要"逐步推进基本公共文化服务标准化、均等化，扩大公共文化设施免费开放范围，发挥基层综合性文化

---

① 文化部公共文化司：文化部关于印发《文化部"十二五"时期公共文化服务体系建设实施纲要》的通知，http：//zwgk.mct.gov.cn/auto255/201301/t20130121_474074.html？keywords =，最后访问日期，2019 年 4 月 6 日。

② 王列生：《论公民基本文化权益的意义内置》，《学习与探索》2009 年第 6 期。

③ 全国人民代表大会：《中华人民共和国宪法》，http：//law.npc.gov.cn/FLFG/flfgByID.action？flfgID = 37326216&zlsxid = 01，最后访问日期，2019 年 4 月 6 日。

服务中心作用"。① 因此，本研究对于"公共文化服务成果享有水平"的探讨是内置于我国公共文化服务体系背景下的，指的是由公共文化服务体系的建设给群众带来的文化成果享有。

二 国内外相关指标建构借鉴

公共文化服务成果享有水平既是衡量我国人民基本文化权益实现水平的关键显性指标，也是测度我国公共文化服务发展水平的重要维度。本文对公共文化服务成果享有水平测度指标的建构立足于对国内外相关研究及实践的借鉴。世界许多发达国家和地区的公共文化服务起步较早，经过长期的探索和积累，在公共文化服务建设和管理方面取得较大进展。这些国家和地区制定的一系列公共文化服务的相关标准和规范，在提高公共文化服务质量、规范公共文化服务方面发挥了重要作用。另外，国内相关学者的研究及部分地区的实践对本研究的指标选取也具有一定参考意义。

构建公共文化服务体系，让群众享有文化发展成果，是为了让公民实现其文化权利，为公民提供基本文化福利。公民的公共文化服务成果享有水平在西方国家同样可以理解为一种社会福利。西方国家对于社会福利的研究主要形成了两种理解和测量方法，"一种是根据个人所体验到的需求满意程度来定义社会福利，认为社会发展的最终目标不是生活质量的客观方面，而是用满意度、幸福感等来测量的个人主观感受。代表国家为美国。另一种则将社会福利理解为满足客观需求，即个人拥有对资源的支配权，能够控制资源并且有意识地将其直接用于提高生活水平。代表国家为斯堪的纳维亚半岛上的挪威、瑞典、丹麦等，它们倾向于不把个人对社会环境的主观感受作为制定社会政策的最佳依据，而更注重客观的定量分析"。② 这两种理解和测量

---

① 李克强：《2015年政府工作报告》，http：//www.china.com.cn/lianghui/news/2019－02/28/content_74505893.shtml，最后访问日期，2019年4月6日。

② 周长城等：《全面小康：生活质量与测量——国际视野下的生活质量指标》，社会科学文献出版社，2003，第7～8页。

方法也同样运用于文化福利的测量上，现阶段主导性的研究方向是力图把客观指标和主观指标结合在一起。[1] 本文对公共文化服务成果享有水平测量指标的构建也倾向于结合客观指标和主观指标进行综合考量。

从国际组织层面的实践看，联合国教科文组织于 1986 年第一次制定了一个国际性质的文化统计框架，作为规范各国文化统计工作的指导性文件。为了适应 21 世纪社会形势的变化和发展，联合国教科文组织起草完成了"2009 文化统计框架"。新框架把整个文化领域划分为文化领域和相关领域。文化领域包括：A 文化和自然遗产、B 表演和庆祝活动、C 视觉艺术和手工艺、D 书籍和报刊、E 音像和交互媒体、F 设计和创意服务，扩展领域包括旅游业、体育和娱乐。[2] 另外，联合国教科文组织在《世界文化报告》第七部分《统计表与文化标识》的《测量文化：展望与局限》一章中提出了对世界文化的统计表和文化标识目录。该统计表包含了大约 200 个数据项目，统计超过 100 万人口的国家有 150 个[3]。本文将 UNESCO 文化统计框架及《世界文化报告》中我们认为与公共文化服务带来的群众文化成果享有相关的指标整理如表 1 所示。

在各国的实践中，英国作为"政府绩效革命"的发源地之一，率先建立了全国统一的地方政府绩效评价体系。其中，"最优价值绩效指标"（Best Value Performance Indicator，简称 BVPI）体系、"全面绩效评估"（Comprehensive Performance Assessment，简称 CPA）体系以及"国民指标体系"（National Indicators，简称 NI）在世界范围内产生了较大影响。1983 年，英国中央政府和审计委员会建立了"BVPIs 体系"（The Family of BVPIs），其中，BVPI 是整个指标体系的核心。"文化及相关服务"指标几经整合，如今共包含 5 个指标，涉及居民公共文化服务成果享有的指标有

---

① 陈威等：《完备的公共文化服务体系研究》，深圳报业集团出版社，2010，第 73 页。

② 联合国教科文组织统计研究所：《2009 年联合国教科文组织文化统计框架》，张晓明等《2011 年中国文化产业发展报告》，社会科学文献出版社，2011。

③ 联合国教科文组织编《世界文化报告——文化、创新与市场（1998）》，关世杰等译，北京大学出版社，2003，第 291～297 页。

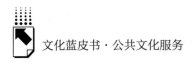

表1　联合国相关文化统计中涉及公共文化服务成果享有的指标

领域	产品和服务/指标名称	出处
A. 文化和自然遗产	·参观博物馆、美术馆、历史或文化公园、遗址	UNESCO 文化统计框架
B. 表演和庆祝活动	·参加社区的文化或历史庆祝活动 ·参加社区的公共集会(音乐、舞蹈等) ·表演艺术(舞蹈、音乐、戏剧) ·视觉艺术、文学艺术和表演艺术,未正式界定的	
D. 书籍和报刊	·上图书馆	
H. 体育和娱乐	·参加文化、娱乐和体育活动,未正式界定的 ·参加/参观体育、娱乐和文化活动/场馆	
广播、电视和电影	·广播 ·电视 ·广播与电视之比 ·广播中的文化节目 ·电视中的文化节目 ·看电视人数 ·生产的电影 ·进口的电影 ·进口电影占全部电影的百分比	UNESCO《世界文化报告》
表演艺术	·观看表演艺术的人数 ·建立的机构 ·演出与观众	
档案与博物馆	·档案馆数 ·利用档案的人数 ·人均利用档案的次数 ·博物馆观众 ·人均参观博物馆次数	

“平均每千人参观/使用博物馆与美术馆的人次”、“平均每千人直接参观/使用博物馆与美术馆的人次”这2个指标。总体来看,BVPI指标主要以硬性指标为基本内容,在具体实施过程中引起了质疑甚至争论。因此,为了弥补这一缺陷,英国中央政府和审计委员会在BVPI的基础上引入了一系列软指标,创造了“全面绩效评估”体系,其中“文化服务”下面的二级指标分为获得、参与、质量、投资效益四个方面,本文选取其中与群众公共文化服务成果享有相关的指标整理如表2所示。2007年,英国“社区及地方政府

部"发布"国民指标体系",其中与"文化娱乐体育活动"相关的指标共有4个,这4个指标主要关注的是公民对文化活动的参与或文化场馆的使用,在一定程度上反映了群众对文化成果的享有,具体如表3所示。[1] 由这三个指标体系可以看出,英国政府在公共文化服务的绩效评价中十分注重群众对公共文化资源的享有、对公共文化服务的参与及满意度,体现了浓厚的群众本位意识。

表2 2007年英国CPA指标体系中涉及公共文化服务成果享有的相关指标

指标代码	指标定义/说明	高标准	低标准
	获得(Ascess)		
C2a	固定图书馆一定距离内能覆盖的家庭比例		
C2b	平均每千人享有的图书馆固定累计开放时间		
C2c	平均每千人访问图书馆次数		
C3a	提供电子网络信息资源的固定图书馆所占比例		
C3b	每万人拥有的供读者使用的电子阅览室数量		
C19	体育设施:20分钟内(都市—步行,乡村—开车)可到达三种不同的体育设施且其中一种设施达到一定专业质量认证标准的人口所占比例	30%	50%
C4	积极借阅者/借用者在人口中的比例		
	参与(Participation)		
C4	积极借阅者/借用者在人口中的比例		
	质量(Quality)		
C5	居民对体育/休闲设施的满意度	49%	60%
C6	居民对图书馆的满意度	63%	72%
C7	居民对博物馆/美术馆的满意度	31%	50%
C11	公共图书馆服务标准中馆藏标准——PLSS 5,9&10		
C11a	预约所需时间	7日、15日、30日内不同比例	
C11b	平均每千人每年新增馆藏		
C11c	外借馆藏翻新所需时间		
C14a	公共图书馆服务标准中有关满意度的标准——16岁以上读者对图书馆服务的评价		
C15	博物馆资质水平		

---

[1] 周玉红:《英国中央政府如何考核地方政府的公共文化服务》,http://www.istis.sh.cn/list/list.aspx?id=5125,最后访问日期:2018年12月7日。

表3　英国 NI 指标体系中的文化指标

指标代码	指标名称	定义
NI 8	成人对于体育运动及活动的参与度	当地 16 岁以上成人中过去四周至少有 12 天参加过半小时以上中等强度体育运动或体育活动的人所占比例
NI 9	公共图书馆的使用情况	当地 16 岁以上成人中在过去的 12 个月中至少使用过一次图书馆服务的人所占比例
NI 10	博物馆/美术馆参观人次	当地 16 岁以上成人中在过去的 12 个月中至少参观过一次博物馆或美术馆的人所占比例
NI 11	艺术融入	当地 16 岁以上成人中在过去的 12 个月中至少参与过三次文化活动的人所占比例

　　在国内学者的研究方面,作为改革开放前沿的深圳率先全国开始关注公共文化服务建设水平的量化测评问题。毛少莹[1]提出"公共文化服务体系建设指标",用以衡量公共文化服务体系的建设水平,这套指标体系由"发展规模指标"、"政府投入指标"及"社会参与指标"三类构成,并在"社会参与指标"下设 8 个指标,其中部分指标如"公共文化服务的便利性"、"公共文化服务的社会满意度"、"公民对公共文化决策的参与程度"等体现了公民对公共文化服务的参与及对文化成果的享有。这套指标以市民文化权利为导向,对政府提供的公共文化服务进行系统评估,填补了国内学术研究的空白。[2] 贾旭东[3]从服务水平、服务能力、服务潜力三个层面建构了公共文化服务指数。其中服务水平与服务能力中的部分指标体现了居民的公共文化服务成果享有。如服务水平中的服务质量从公共文化服务的即时性、便利性和可靠性方面进行测量。"即时性衡量的是公共文化服务内容更新的情况。如公共图书馆图书的更新率,农村放映电影的新片率,电视信号的有线化和数字化程度,等等;便利性衡量的是社会公众获得公共文化服务的容易

---

①　毛少莹:《公共文化服务体系建设指标》,陈威:《公共文化服务体系研究》,深圳报业集团出版社,2006。

②　陈威等:《完备的公共文化服务体系研究》,深圳报业集团出版社,2010,第 67 页。

③　贾旭东:《公共文化服务指数:思路、原理与指标体系》,李景源、陈威:《中国公共文化服务发展报告(2007)》,社会科学文献出版社,2007,第 379～390 页。

程度和方便程度;可靠性衡量的是公共文化服务的按时程度,如公共图书馆、博物馆等公共文化服务设施是否能够按时开放,农村电影放映、送戏下乡等公共文化服务是否按规定的时间间隔按时提供,等等"。同时,服务水平中的二级指标合意性程度指标从公众满意度等方面进行测量。另外,服务潜力中的二级指标社会参与选取了公共文化政策和公共文化活动的公众参与度进行测量,同样能够体现公众对文化成果的享有。毛少莹①提出了公共文化服务绩效评估的五个基本维度,包括发展规模、政府投入、运行机制、社会参与和公众满意度。其中社会参与和公众满意度较好地体现了公众的公共文化服务成果享有。其指标构建如表4所示。孙逊提出了公共文化服务指数的6个一级指标,包括"公共文化投入、公共文化机构、公共文化产品、公共文化活动、公共文化队伍、公共文化享受"②,并且将"公共文化产品"、"公共文化活动"、"公共文化享受"三者之和作为公共文化产出,以反映公民对公共文化的享受度,其具体指标设置如表5所示。

表4 毛少莹所构建绩效评估体系中与公共文化服务成果享有相关的指标*

评估维度	基本指标	指标要素
社会参与	公民对公共文化决策的参与程度	(定性指标)很高、高、一般、低、很低
	社会举办公共文化服务机构	(定量与定性指标相结合)"社会办非营利文化机构数"、"社会办非营利文化机构占公共文化服务机构的比重"
	年人均借阅图书馆藏书次数	(定量指标)次/人·年
	年人均观看文艺演出场次	(定量指标)次/人·年
	年人均观看视觉艺术展览场次	(定量指标)次/人·年
公众满意度	公共文化服务的公益性	(定性指标)是否符合纯公共文化产品或混合型公共文化产品要求:非排他性、一定的消费竞争性和良好的社会效益(外部收益性)
	公共文化服务的(公平性)	(定性指标)公平合理、一视同仁、公正无私
	公共文化服务的丰富(多样)性	(定性指标)门类齐全、品种丰富

① 毛少莹:《公共文化服务绩效评估指标体系的建构》,李景源、陈威:《中国公共文化服务发展报告(2007)》,社会科学文献出版社,2007,第391~404页。
② 孙逊:《2013年中国公共文化服务发展报告》,商务印书馆,2014,第15~20、69页。

续表

评估维度	基本指标	指标要素
公众满意度	公共文化服务的便利性	（定性指标）便民措施、服务到位
	获奖情况	（定性指标）获国家级、省级、市级等不同奖项可加分
	投诉情况（逆指标）	（定量与定性指标相结合）可由"投诉成立次数"、"成立投诉整改程度"等三级指标组成

* 毛少莹：《公共文化服务体系建设指标》；陈威：《公共文化服务体系研究》，深圳报业集团出版社，2006。

表5 孙逊所构建公共文化服务指数中与公共文化服务成果享有相关的指标*

一级指标	二级指标
公共文化产品	公共广播节目套数（套）
	全年公共电视节目套数（套）
	有线广播电视用户数（万户），占家庭总户数的比重（%）
公共文化活动	公共图书馆举办展览（个）、参观展览人次（万人次）
	公共图书馆组织各类讲座次数（次）、参加讲座人次（万人次）
	博物馆基本陈列（个）、举办展览（个）
	群众文化机构组织文艺活动次数（次）
	群众文化机构举办培训班次（班次）
	群众文化机构培训人次（万人次）
	执行事业会计制度艺术表演团体演出场次（万场）
	执行事业会计制度艺术表演场馆演出场次（万场）
公共文化享受	公共图书馆总流通人次（万人次）
	人均拥有公共图书馆藏书册数（册）
	累计发放有效借书证（个）
	少儿公共图书馆总流通人次（万人次）
	每万人公共图书馆建筑面积（平方米）
	每万人拥有群众文化设施建筑面积（平方米）
	艺术表演团体演出观众人次（万人次）
	艺术表演场所观众人次（万人次）
	文物参观人数（万人次）
	博物馆参观人数（万人次）
	广播节目综合人口覆盖率（%）
	电视节目综合人口覆盖率（%）

* 孙逊：《2013年中国公共文化服务发展报告》，商务印书馆，2014，第15～20、69页。

三 公共文化服务成果享有水平指标体系与模型方法

（一）公共文化服务成果享有水平指标体系构建

本文对"公共文化服务成果享有"的界定是在我国现行公共文化服务体系背景下，居民享受到的由公共文化服务带来的相关福利成果。在对测量指标进行选取时，本文倾向于把客观指标和主观指标结合起来进行综合考量，既要考虑到给居民提供的实实在在的相关公共文化服务，又要考虑到居民的文化参与与满意度。因此，为全面评价居民的公共文化服务成果享有水平，本研究设计了"文化参与"、"广播电视服务"、"体育服务"、"优秀作品"和"群众满意度"等 5 个二级指标。各个二级指标下设计了相应的三级指标。具体指标体系构建如表 6 所示。

表 6　公共文化服务成果享有水平指标体系

一级指标	二级指标	三级指标
公共文化服务成果享有水平（A2）	文化参与（A21）	公共图书馆参与率（A211）
		博物馆参与率（A212）
		群众文化机构参与率（A213）
		国内文艺演出参与率（A214）
		公共数字文化服务参与率（A215）
	广播电视服务（A22）	广播节目覆盖率（A221）
		电视节目覆盖率（A222）
	体育服务（A23）	百万人口体育社会组织数（A231）
	优秀作品（A24）	艺术表演团体原创首演剧目数（A241）
		艺术创作作品获省部级以上奖励数（A242）
		广播电视作品获奖数（A243）
	群众满意度（A25）	城市居民对公共文化服务的整体满意度（A251）
		农村居民对公共文化服务的整体满意度（A252）

"文化参与"以主要公共文化服务机构及文化活动的参与率指标来衡量，其中，参与率的各个指标的具体计算公式及选取时参考的指标体系如下。

公共图书馆参与率

［测评方法］年度公共图书馆总流通人次/对应区域当年年末常住人口总数

［参考资料］英国 CPA 体系中"平均每千人访问图书馆次数"，英国 NI 指标体系中"公共图书馆的使用情况"，孙逊 2013 年所构建公共文化服务指数中"公共图书馆总流通人次"，《中国文化文物统计年鉴》中"公共图书馆总流通人次"

博物馆参与率

［测评方法］年度博物馆参观人次/对应区域当年年末常住人口总数

［参考资料］UNESCO《世界文化报告》中"博物馆观众"；英国 BVPI 体系中"平均每千人参观/使用博物馆与美术馆的人次"、"平均每千人直接参观/使用博物馆与美术馆的人次"；英国 NI 指标体系中"博物馆/美术馆参观人次"；孙逊 2013 年所构建公共文化服务指数中"博物馆参观人数"；深圳 2015 年公共文化服务建设指标中"公共博物馆（包括纪念馆、美术馆、艺术馆）的参观人次"；《中国文化文物统计年鉴》中"博物馆参观人次"

群众文化机构综合参与率

［测评方法］年度群众文化机构文化服务惠及人次/对应区域当年年末常住人口总数

［参考资料］《中国文化文物统计年鉴》中群众文化机构的"文化服务惠及人次"

国内文艺演出参与率

［测评方法］年度艺术表演团体国内演出观众人次/对应区域当年年末常住人口总数

［参考资料］UNESCO《世界文化报告》中"观看表演艺术的人数"；毛少莹 2007 年构建的公共文化服务绩效评估体系中的"年人均观看文艺演出场次"；孙逊 2013 年所构建公共文化服务指数中"艺术表演团体演出观众人次"、"艺术表演场所观众人次"；《中国文化文物

统计年鉴》中各地区艺术表演场馆的"艺术演出观众人次"

公共数字文化服务参与率

[测评方法] 当年文化共享工程和公共电子阅览室服务人次/对应区域当年年末常住人口总数

[参考资料] 在《国家公共文化服务体系示范区验收标准》中将"公共数字文化服务"作为评估标准，标准下设指标包括"基本形成覆盖城乡的数字文化服务网络"、"100%的基层群众可以通过多种方式使用文化信息资源及享受数字图书馆、数字文化馆、数字博物馆、数字美术馆资源服务"等指标。但基于目前的统计口径以及限于目前的统计技术，"公共数字文化服务参与率"相关的数据是缺失的，因此，在本研究的计算中各省份的"公共数字文化服务参与率"指标得分统一记满分

广播电视服务指标：广播电视的基础设施建设是公共文化服务体系建设的重要内容，本报告以常用的"广播节目覆盖率"和"电视节目覆盖率"指标来综合反映群众对广播电视服务的享有水平。

广播节目覆盖率

[测评方法] 数据可由《中国统计年鉴》、《中国文化及相关统计年鉴》中"广播节目综合人口覆盖率（%）"直接获得

[参考资料] 孙逊 2013 年所构建公共文化服务指数中"有线广播电视用户数（万户），占家庭总户数的比重（%）"；深圳 2015 年公共文化服务建设指标中"有线广播电视入户率"；《中国统计年鉴》、《中国文化及相关统计年鉴》中"广播节目综合人口覆盖率（%）"

电视节目覆盖率

[测评方法] 数据可由《中国统计年鉴》、《中国文化及相关统计年鉴》中"电视节目综合人口覆盖率（%）"直接获得

[参考资料] 孙逊 2013 年所构建公共文化服务指数中"有线广播

电视用户数（万户），占家庭总户数的比重（%）"；深圳2015年公共文化服务建设指标中"有线广播电视入户率"；《中国统计年鉴》、《中国文化及相关统计年鉴》中"电视节目综合人口覆盖率（%）"

体育服务的享有水平方面，依据数据可得性原则，结合目前已有的统计数据和相关部委给予的业务数据，本报告选取"百万人口体育社会组织数"作为综合反映体育服务享有水平的指标，其中社会组织包括体育社会团体、体育基金会、体育类民办非企业单位。本指标选取的参考资料主要有UNESCO中的"参加文化、娱乐和体育活动"、"参加/参观体育、娱乐和文化活动/场馆"；毛少莹2007年构建的公共文化服务绩效评估体系中的"社会举办公共文化服务机构"；深圳2015年公共文化服务建设指标中"社会文化团体数量"、"文化义工数量"。

优秀作品是公共文化服务的有形产出。为贯彻党的十九大报告精神，以优秀的文化、文艺作品推动公共文化服务繁荣发展，本研究将"艺术表演团体原创首演剧目数、艺术创作作品获省部级以上奖励数、广播电视作品获奖数"等3个三级指标作为公共文化服务优秀作品享有水平的代表性指标，其中广播电视作品获奖包括五个一工程奖、广播电视节目奖和金话筒奖等奖项。目前国内外相关研究及实践中较少将"优秀作品"等相关指标纳入公共文化服务发展评估的指标体系，仅有的相关参考是毛少莹2007年构建的公共文化服务绩效评估体系中将"获奖情况"作为"公众满意度"这一评估维度的1个二级指标。

为人民群众提供基本公共文化服务，保障公民基本文化权益，是民族认同和国家认同的基础，亦是现代国家建立的合法性基础。人民群众是公共文化服务的对象，也是公共文化服务的核心。因此，本研究认为群众公共文化服务成果享有水平的评价必须充分考虑群众对公共文化服务的满意度。本研究将依据武汉大学2014~2016年"文化第一线"调研数据，将城市居民和农村居民对公共文化服务的整体满意度纳入公共文化服务成果享有水平指标体系。该指标的选取参考的国内外研究资料包括：英国 CPA 指标体系中的"居民对体育/休闲设施的满意度"、"居民对图书馆的满意度"、"居民对博物馆/美术馆的满意度"；毛少莹 2007 年所构建绩效评估体系中将"公众满意度"作为一个评估维度纳入评估体系中；深圳 2015 年公共文化服务建设指标体系中也将"公众满意度"纳入评估体系。

（二）公共文化服务成果享有水平评价方法与数据

1. 评价方法

（1）综合评价法

运用多个指标对多个参评单位进行评价的方法，称为多变量综合评价方法，或综合评价方法，通过一定的数学模型将多个评价指标值"合成"为一个整体的综合评价值。本文通过建立多维的指标体系评价全国 31 个省份的公共文化服务给群众带来的公共文化服务成果享有水平，是运用多个指标对多个参评单位进行评价的典型，因此，本研究采用综合评价法。综合评价模型如下：

$$B_j = \sum C_j \times Y_j$$
$$A_n = \sum B_i \times Z_i$$
$$F = \sum A_m \times W_m$$

上式中 Am、Bi 和 Cj 分别是公共文化服务成果享有水平指标体系的一级指标、二级指标和三级指标的评价值，Wm、Zi 和 Yj 分别是与之对应的一级指标、二级指标和三级指标的权重，F 是总评价指标的评价值。

（2）专家打分法

本文运用专家打分法对公共文化服务成果享有水平指标进行打分，进而计算各项指标的权重，专家打分法计算出的指标权重详见表 7。专家打分过程大致经过以下几个步骤。

①选择专家。选择在公共文化服务领域研究经验丰富的理论专家 10 名，在文化部门工作经验丰富的实践专家 20 名。

②向专家提供研究的背景资料，以匿名方式征询专家意见。

③对专家意见进行分析汇总，将统计结果反馈给专家。

④专家根据反馈结果修正自己的意见。

⑤经过多轮匿名征询和意见反馈，形成最终的指标权重。

表7 经过专家打分法计算的公共文化服务成果享有水平指标权重

一级指标	二级指标	指标权重（%）	三级指标	指标权重（%）
产出	文化参与	29.11	公共图书馆参与率	21.96
			博物馆参与率	22.32
			群众文化机构参与率	19.61
			国内文艺演出参与率	17.32
			公共数字文化服务参与率	18.79
	广播电视服务	16.18	广播节目覆盖率	42.32
			电视节目覆盖率	57.68
	体育服务	12.93	百万人口体育社会组织数	100.00
	优秀作品	17.86	艺术表演团体原创首演剧目数	41.89
			艺术创作作品获省部级以上奖励数	30.46
			广播电视作品获奖数	27.64
	群众满意度	23.93	城市居民对公共文化服务的整体满意度	50.54
			农村居民对公共文化服务的整体满意度	49.46

2. 数据来源

本次评价的数据来源主要包括以下内容。

国家统计年鉴数据。主要是指《中国统计年鉴》《中国财政统计年鉴》《中国文化文物统计年鉴》《中国文化及相关产业统计年鉴》等。

官方公布数据。主要是指国家财政部、文化部、统计局、文物局、新闻广电出版总局和国家体育总局等机构的业务数据。

调研数据。主要是指武汉大学国家文化财政政策研究基地每年的"文化第一线"调研数据，该调研是针对全国31个省份的公共文化情况在公共图书馆、博物馆、美术馆、群众艺术馆（文化馆）、文化站等公共文化场所进行的群众满意度问卷调查。

四 我国公共文化服务成果享有水平分析

（一）我国公共文化服务成果享有水平变动情况

经测算，2014～2016年我国公共文化服务成果享有水平整体得到提升，以2014年数据为基准，2015～2016年我国公共文化服务成果享有水平得分分别为106.21和110.46（详见表8），反映出我国公共文化建设进步明显、成果颇丰，公共文化服务成果享有水平逐年提升。公共文化服务成果享有水平指标由文化参与、广播电视服务、体育服务、优秀作品、群众满意度5个指标构成。对比2014年和2015年数据，公共文化服务成果享有水平得分提高了6.21，5个指标得分均有所提升，其中优秀作品、体育服务和文化参与的上升较为显著，分别提高了12、11.91和5.79。2016年公共文化服务成果享有水平得分比2015年提高了4.25，其中优秀作品、体育服务和文化参与的上升较为显著，分别提高了9.09、10.64和10.31，广播电视服务指标得分基本不变，而群众满意度下降了7.43。

表8 2014～2016年全国公共文化服务成果享有水平及指标得分
（以2014年为基准）

年份	水平得分	文化参与	广播电视服务	体育服务	优秀作品	群众满意度
2014	100	100	100	100	100	100
2015	106.21	105.79	100.18	111.91	112	103.4
2016	110.46	116.1	100.33	122.55	121.09	95.97
2015～2014	6.21	5.79	0.18	11.91	12	3.4
2016～2015	4.25	10.31	0.15	10.64	9.09	-7.43

（二）公共文化服务成果享有水平省域比较分析

从测算结果来看，2014～2016年，省域间公共文化服务成果享有水平仍然存在较大的差距，例如浙江和江苏2016年得分均超过70，而同年河北的得分不足50（见图1）。具体分析31个省份公共文化服务成果享有水平的排名情况（见表9），2014年公共文化服务成果享有水平排名前五的省份依次为上海、江苏、浙江、福建、宁夏，得分依次为69.65、68.88、66.40、62.58、60.59，排名倒数的五个省份分别是辽宁（48.44）、湖南（49.75）、贵州（50.70）、四川（51.08）、安徽（51.36）；2015年公共文化服务成果享有水平排名前五的省份依次为浙江、江苏、上海、青海、福建，得分依次为77.75、75.44、70.09、65.68、65.63，排名倒数的五个省份分别是河北（50.97）、贵州（52.21）、湖南（52.42）、云南（52.50）、广东（53.03）；2016年公共文化服务成果享有水平排名前五的省份依次为浙江、江苏、上海、内蒙古、重庆，得分依次为74.43、71.33、68.37、65.95、60.94，排名倒数的五个省份分别是河北（49.37）、广西（50.76）、河南（51.75）、贵州（51.81）、辽宁（52.22）。可见，31个省份中公共文化服务成果享有水平排名前列的多数为上海、江苏、浙江等东部地区省份，公共文化服务成果享有水平排名靠后的主要集中在河北、河南、贵州等数个中部和西部省份。

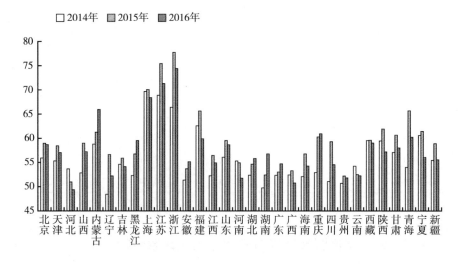

图1　2014～2016年全国各省份公共文化服务成果享有水平得分

表9　31 个省份公共文化服务成果享有水平结果（2014～2016 年）

地区	2014 年	排名	2015 年	排名	2016 年	排名	2014～2016 年位次差
北京	55.95	11	58.99	15	58.71	10	1
天津	55.31	13	58.46	17	57.07	15	-2
河北	53.67	18	50.97	31	49.37	31	-13
山西	52.85	20	59.00	14	57.24	13	7
内蒙古	58.81	8	61.27	8	65.95	4	4
辽宁	48.44	31	56.66	20	52.22	27	4
吉林	54.60	15	55.91	22	54.13	25	-10
黑龙江	52.29	24	56.77	19	59.55	8	16
上海	69.65	1	70.09	3	68.37	3	-2
江苏	68.88	2	75.44	2	71.33	2	0
浙江	66.40	3	77.75	1	74.43	1	2
安徽	51.36	27	53.69	25	55.15	20	7
福建	62.58	4	65.63	5	59.90	7	-3
江西	52.24	25	56.48	21	54.91	21	4
山东	56.10	10	59.57	12	58.67	11	-1
河南	55.29	14	54.92	23	51.75	29	-15
湖北	52.36	22	54.64	24	55.83	18	4
湖南	49.75	30	52.42	29	56.80	16	14
广东	52.35	23	53.03	27	54.72	22	1
广西	52.42	21	53.28	26	50.76	30	-9
海南	52.08	26	56.80	18	54.24	24	2
重庆	52.92	19	60.28	10	60.94	5	14
四川	51.08	28	59.33	13	54.54	23	5
贵州	50.70	29	52.21	30	51.81	28	1
云南	54.23	16	52.50	28	52.24	26	-10
西藏	59.54	6	59.60	11	59.05	9	-3
陕西	59.46	7	61.93	6	57.22	14	-7
甘肃	57.10	9	60.67	9	58.04	12	-3
青海	53.99	17	65.68	4	60.23	6	11
宁夏	60.59	5	61.45	7	56.08	17	-12
新疆	55.44	12	58.91	16	55.55	19	-7
全国均值	55.76	—	59.17	—	57.64	—	—

从各省份公共文化服务成果享有水平得分及5个指标得分的年度变化来看，不同省份间的公共文化服务成果享有水平呈现两极变化趋势。从2015年与2014年的公共文化服务成果享有水平对比来看，水平得分上升的省份有28个省份，仅有河北、河南、云南3个省份下降。分析下降省份的公共文化服务成果享有水平的5个指标变化情况，体育服务下降了8.09，群众满意度下降了7.81，其余指标均有所上升，可见体育服务及群众满意度是导致这些省份公共文化服务成果享有水平下降的主要原因（详见表10）。分析上升省份的公共文化服务成果享有水平的5个指标变化情况可知，优秀作品上升幅度最大，为6.77，其次是群众满意度，为4.51，之后是文化参与，为4.2。从2016年与2015年的公共文化服务成果享有水平对比来看，水平得分上升的省份从28个降至7个省份，福建、青海、宁夏、河北等24个省份水平得分下降。分析下降省份的公共文化服务成果享有水平的5个指标变化情况，仅有广播电视服务略微上升0.15，其余指标皆有所下降，其中优秀作品下降了6.94，文化参与下降了3.02，优秀作品及文化参与是导致这些省份公共文化服务成果享有水平下降的主要原因。分析上升省份的公共文化服务成果享有水平的5个指标变化情况，群众满意度上升幅度最大，为11.63，其次是优秀作品，为2.24，两者是上升省份公共文化服务成果享有水平提升的主要原因。

表10　2014～2016年省份公共文化服务成果享有水平及指标逐年增减分析

逐年分析	增减情况（省份数）	△得分变化	△文化参与	△广播电视服务	△体育服务	△优秀作品	△群众满意度
2015年较2014年	减（3个）	-1.6	2.64	0.11	-8.09	2.94	-7.81
	增（28个）	3.95	4.2	0.18	3.2	6.77	4.51
2016年较2015年	减（24个）	-2.68	-3.02	0.15	-1.57	-6.94	-1.61
	增（7个）	2.41	-1.59	0.19	-2.68	2.24	11.63

（三）公共文化服务成果享有水平区域比较分析

本文将全国31个省份按东、中、西部进行划分以进行区域间公共文

化服务成果享有水平的比较分析。测算结果显示，2014~2016年我国公
共文化服务成果享有水平在东部、中部和西部之间表现出明显的区域差
距。总体而言，东部得分最高，西部其次，中部最低。在2014年、2015
年和2016年31个省份公共文化服务成果享有水平的排名中，排名前十
的省份中分别有5个、4个、5个属于东部地区，有5个、6个、4个属
于西部地区，有0个、0个、1个属于中部地区。而排名后十位的省份中
分别有6个、6个、4个省份属于中部地区，分别有2个、3个和4个省
份属于西部地区，从侧面反映了中部地区与东、西部地区之间的区域差
距明显。

图2的数据显示，2014年，东部、中部和西部地区之间公共文化服务
成果享有水平得分依次为59.52、52.65和55.52，2015年依次为63.96、
55.16和58.93，2016年依次为61.71、54.90和56.87。东部地区公共文化
服务成果享有水平明显高于中部和西部地区，甚至远高于全国平均水平；其
次为西部地区，略低于全国平均水平；中部地区公共文化服务成果享有水平
最低。

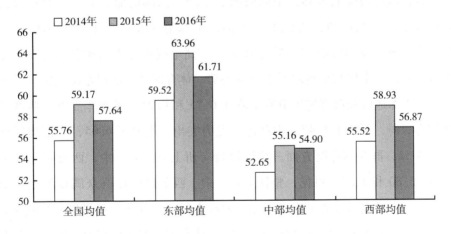

图2　2014~2016年东中西部公共文化服务成果享有水平得分

分析各区域公共文化服务成果享有水平及指标的年度变化情况，对比
2014年和2016年的数据，三个区域的公共文化服务成果享有水平得分皆有

表11 2014～2016年区域公共文化服务成果享有水平及指标得分

2014年	水平得分	文化参与	广播电视服务	体育服务	优秀作品	群众满意度
东部均值	59.52	50.77	99.50	47.72	16.80	81.38
中部均值	52.65	39.68	98.09	39.96	10.01	76.37
西部均值	55.52	41.41	97.24	43.17	19.78	77.84
2015年	水平得分	文化参与	广播电视服务	体育服务	优秀作品	群众满意度
东部均值	63.96	54.72	99.56	53.89	23.18	86.99
中部均值	55.16	41.60	98.24	42.45	18.12	77.03
西部均值	58.93	47.31	97.52	41.90	24.76	81.65
2016年	水平得分	文化参与	广播电视服务	体育服务	优秀作品	群众满意度
东部均值	61.71	52.59	99.61	50.48	17.32	86.38
中部均值	54.90	39.07	98.44	39.21	16.06	82.17
西部均值	56.87	44.05	97.74	42.46	18.31	81.39
2016～2014	水平得分	文化参与	广播电视服务	体育服务	优秀作品	群众满意度
东部平均变动	2.19	1.82	0.11	2.76	0.52	5.00
中部平均变动	2.25	-0.61	0.35	-0.75	6.05	5.80
西部平均变动	1.35	2.64	0.50	-0.71	-1.47	3.55

所上升，东部增加了2.19，中部增加了2.25，西部增加了1.35。具体分析各指标变化情况可知，文化参与方面，东部地区和西部地区分别增加了1.82和2.64，而中部地区下降了0.61；广播电视服务方面在全国已发展得十分成熟，三个区域呈现略微上升的态势；体育服务方面仅东部地区上升了2.76，中部地区和西部地区分别下降了0.75和0.71；优秀作品方面西部地区较为孱弱，下降了1.47，中部地区尤为突出，上升了6.05，东部地区仅上升0.52；群众满意度方面三个区域皆有所上升，东、中、西分别上升了5.00、5.80和3.55。可见，整体上东、中、西部地区在群众满意度上变动较大，在广播电视服务上变动较小。而在文化参与方面，东部和西部地区的指标得分有所上升，中部地区略有下降；体育服务方面仅东部地区呈上升态势，中部和西部略有下降。优秀作品在中部地区变动幅度最为明显，其对中部地区公共文化服务成果享有水平上升的影响最为显著，而其在西部地区下降最为显著，对西部地区公共文化服务成果享有水平的上升形成制约。

（四）公共文化服务成果享有水平个案分析

为更好地反映我国公共文化服务成果享有水平的特征及情况，本节选择2014～2016年公共文化服务成果享有水平得分上升及下降幅度最大的两个省份进行对比分析。

黑龙江省处于中国东北部，2014～2016年黑龙江省的公共文化服务成果享有水平得分依次是52.29、56.77和59.55，排名由2014年的第24名升至2016年的第8名，呈现逐年上升的态势。分项分析来看，2014～2015年黑龙江省公共文化服务成果享有水平得分增加了4.48，各细分指标均呈上升态势，其中文化参与指标得分增加1.84，广播电视服务增加0.02，体育服务增加14.77，优秀作品增加8.2，群众满意度增加2.36。对比2015年和2016年数据发现，黑龙江省公共文化服务成果享有水平进一步增加2.78，其中广播电视服务增加0.33，优秀作品增加12.85，群众满意度增加8.82，但相反文化参与和体育服务分别下降1.49和9.65。对比2014年和2016年数据，黑龙江省公共文化服务成果享有水平得分增加7.26，其中文化参与、广播电视服务、体育服务、优秀作品、群众满意度依次增加0.35、0.35、5.12、21.05、11.18。可见优秀作品和群众满意度对黑龙江省公共文化服务成果享有水平的影响最大。

表12　黑龙江省公共文化服务成果享有水平及各指标对比

年度	水平得分	文化参与	广播电视服务	体育服务	优秀作品	群众满意度
2014	52.29	36.98	98.74	34.17	7.50	82.73
2015	56.77	38.82	98.76	48.94	15.70	85.09
2016	59.55	37.33	99.09	39.29	28.55	93.91
2015～2014	4.48	1.84	0.02	14.77	8.2	2.36
2016～2015	2.78	-1.49	0.33	-9.65	12.85	8.82
2016～2014	7.26	0.35	0.35	5.12	21.05	11.18

河南省处于中国中部地区，2014～2016年河南省的公共文化服务成果享有水平得分依次是55.29、54.92和51.75，排名由2014年的第14名降至

2016 年的第 29 名，呈现逐年下降的态势。分项分析来看，2014～2015 年，河南省公共文化服务成果享有水平得分下降了 0.37，其中文化参与增加 7.62，广播电视服务增加 0.13，优秀作品增加 0.39，相反体育服务和群众满意度分别下降 19.46 和 0.69，体育服务严重影响了河南省公共文化服务成果享有水平的提升。2015～2016 年，河南省公共文化服务成果享有水平进一步下降 3.17，其中除了广播电视服务和群众满意度分别略微增加 0.18 和 1.5 之外，文化参与指标得分下降 9.94，体育服务下降 2.18，优秀作品下降 2.11。对比 2014 年和 2016 年数据，河南省公共文化服务成果享有水平得分下降了 3.54，其中文化参与、体育服务、优秀作品依次下降 2.32、21.64、1.72，广播电视服务和群众满意度分别略微增加 0.31 和 0.81。可见体育服务对河南省公共文化服务成果享有水平的影响最大，是公共文化服务成果享有水平提升的主要方向。

表 13　河南省公共文化服务成果享有水平及各指标对比

年份	水平得分	文化参与	广播电视服务	体育服务	优秀作品	群众满意度
2014	55.29	42.42	98.24	58.67	4.44	78.03
2015	54.92	50.04	98.37	39.21	4.83	77.34
2016	51.75	40.10	98.55	37.03	2.72	78.84
2015～2014	-0.37	7.62	0.13	-19.46	0.39	-0.69
2016～2015	-3.17	-9.94	0.18	-2.18	-2.11	1.5
2016～2014	-3.54	-2.32	0.31	-21.64	-1.72	0.81

五　研究结论与建议

（一）研究结论

1. 优秀作品是影响公共文化服务成果享有水平的主要因素

公共文化服务成果享有水平的波动原因，主要在于优秀作品的波动幅度较大，对公共文化服务成果享有水平影响显著，其次为体育服务、文化参与和群众满意度的变动，广播电视服务则相对稳定。以 2014 年数据为基准，2015～2016 年我国公共文化服务成果享有水平得分分别为 106.21 和 110.46，呈现逐年上升的态势。分析 2014～2015 年公共文化服务成果享有水平各指标变动情况，影响作用从大到小排序是：优秀作品、体育服务、文化参与、群众满意度和广播电视服务；分析 2015～2016 年公共文化服务成果享有水平上升省份及下降省份的各指标变动情况，优秀作品皆是影响公共文化服务成果享有水平的主要原因之一。以 2014 年和 2015 年数据对比为例，全国优秀作品指标得分增加了 12，体育服务指标得分增加了 11.91，文化参与增加 5.79，群众满意度增加 3.4，广播电视服务增加 0.18，优秀作品的增加值是体育服务增加值的 100.76%，是文化参与增加值的 207.25%，是群众满意度增加值的 352.94%，是广播电视服务增加值的 66 倍多，可见全国公共文化服务成果享有水平各指标中，优秀作品的影响最为显著。

2. 区域公共文化服务成果享有水平存在差距

我国公共文化服务成果享有水平存在区域差距，在东、中、西部区域间呈"东部最高、西部次之、中部最低"的分布。整体来看，东部地区公共文化服务成果享有水平得分比中部、西部地区高出 5 分以上，西部地区比中部地区高 2～3 分。从文化参与指标来看，中部地区文化参与指标得分远低于东部地区，同时低于西部地区和全国平均水平。2016 年中部地区文化参与指标得分为 39.07，分别比东部地区、西部地区和全国平均水平低了 13.52 分、4.98 分和 5.85 分，反映了中部地区存在公众文化参与严重不足的问题。广播电视服务指标在三个区域间差距小，该服务已在全国普及推广。体育服务指标方面，在 2014 年和 2016 年，中部地区落后于东部和西部地区，2015 年中部地区比西部地区略高。群众满意度方面在 2014 年和 2015 年仍呈"东部最高、西部次之、中部最低"的分布，但 2016 年中部地区群众满意度成果突出，超过西部地区。

整体来看，东部地区公共文化服务成果享有水平各指标皆位列第一，中部地区和西部地区时优时劣，总体上西部地区公共文化服务成果享有水平高于中部地区。根据 2014～2016 年各指标的平均变动情况来看，中部地区文化参与和体育服务指标得分皆略微下降，而西部地区则主要是体育服务和优秀作品方面得分下降。中部地区和西部地区公共文化服务成果享有水平的明显不足需要发达地区和中央政府给予更多的指导与支持。

3. 省域间公共文化服务成果享有水平差距明显、优势与短板分明

我国 31 个省份之间公共文化服务成果享有水平存在差异和差距，不同省份在文化参与、体育服务、优秀作品等指标方面明显不同，制约公共文化服务成果享有水平提升的原因也各不相同。例如中部地区的黑龙江省和湖南省，两者 2014～2016 年的公共文化服务成果享有水平得分皆增加了约 7 分，究其原因主要是在优秀作品和群众满意度方面得到了提升，黑龙江省优秀作品指标得分从 2014 年的 7.5 增加至 2016 年的 28.55，群众满意度增加了11.18；湖南省优秀作品指标得分从 2014 年的 11.72 增加至 2016 年的26.03，群众满意度从 2014 年的 69.74 增加至 2016 年的 87.83。相反，河北省、云南省 2014～2016 年公共文化服务成果享有水平有所下降，排名降低幅度在 10 位及以上，重点就在于群众满意度的下降，两省 2014～2016 年群众满意度分别下降了 16.13 和 7.58，从而导致公共文化服务成果享有水平难以提升。

（二）研究建议

1. 鼓励创作优秀作品，为公众提供高质量文化服务

公共文化服务成果享有水平各指标中，优秀作品的影响最为显著。习近平总书记强调："必须把创作生产优秀作品作为文艺工作的中心环节，作为文艺工作者的立身之本。"因而，全国公共文化服务成果享有水平的提升应把优秀作品的创作作为重点环节，为社会公众提供高质量公共文化服务，用优秀的文化精神产品提升人民群众的文化幸福指数及参与度。

优秀作品的创作应从树立基层意识及精品意识入手。基层意识即指优秀作品的创作应深入群众生活，扎根人民，融合生活与艺术，各级政府可组织选派相关文艺创作者深入基层群众或出台扶持民间文艺团体发展的政策，坚持以人民为中心的创作导向，从人民的生产生活实践中汲取创作灵感及主题

内容，让群众立场和生活温度始终蕴含及贯穿于作品本身；精品意识则强调摒弃粗制滥造及重复改编的懒人做法，应优化创作生产平台，继承性与创新性并重。深入提炼我国传统文化中的优秀思想艺术价值，同时也通过加强国际国内的交流借鉴以吸收各类优秀文化成果，创作出符合时代潮流、引领社会风尚的文艺精品；以数字信息技术为先导，推动文艺与新兴技术、业态模式及新媒体等的有机融合，积极推动文艺创作生产方式的革新，丰富创作手段，推进传统文艺形式的现代化创新。

中央和地方政府应着力打造文艺精品工程、文化名家工程、中国风格文艺品牌等，积极设立文艺创作专项资金或基金，加大对创作生产的投入；积极制定促进群众文艺发展的相关规划，建立健全群众文艺工作网络体系，整合基层文联、作协、文化馆等民间组织机构，发挥其对于群众文艺创作的导向作用，壮大民间文艺力量，鼓励创作"写人民演人民"的优秀作品，支持基层群众文化活动。另外，在文艺的评论、宣传和推广方面，中央和地方政府也应加强保障，注重引导文艺评论的方向，创造良好的文艺评论舆论环境，做好文艺宣传工作。

2. 因地制宜，实现区域公共文化服务成果享有水平均衡发展

研究发现，全国公共文化服务成果享有水平存在区域差异性，长期以来主要呈东部最优、西部次之、中部最差态势。中央及各级政府必须树立因地制宜、统筹协调的发展理念，补齐各区域公共文化服务发展短板，才能真正提升我国公共文化服务成果享有水平。

第一，中央政府应从总体上做适当调整，创新政策环境，加大对中、西部欠发达地区的政策扶持力度，促进区域间公共文化服务成果享有水平的均衡。从文中的分析结果来看，各区域公共文化服务成果享有水平及结构优劣分明。广播电视服务的发展在全国范围内已十分成熟，区域差距小；西部地区优秀作品指标得分较高；其余指标皆为东部地区得分最高。因此，针对各区域公共文化服务成果享有水平的差异，在制定提升公共文化服务成果享有水平策略时，要立足实际，因地制宜。针对公共文化服务成果享有水平较低的中、西部地区，应注重整合挖掘文化资源，实行税收优惠及奖励政策，鼓

励民间资本投资中、西部文化项目建设，为公共文化服务成果享有提供支撑。应定期调研公共文化服务成果享有水平成绩突出的城市，举行东、中、西部地区联合座谈会，分享各地创新做法，以促进区域公共文化服务成果享有水平的协调发展。

第二，针对中部地区公众文化参与严重不足的问题。首先，应完善公共图书馆、博物馆等文化机构的服务设施，进一步推广文化惠民，以提升文化覆盖度提升群众参与度。其次，积极建立完善文化需求表达与反馈机制，形成吸引公众文化参与的制度渠道也是改变公众文化参与不足的重要举措。建立畅通的文化需求表达与反馈机制，保证公共文化服务与民众需求相适应，可借助现代信息化手段建立互动平台，使社会公众拥有更多文化知情权和话语权。文化职能部门可进行文化活动预报，在固定时间，以固定格式，借助报纸、广播、电视、网络、社区公告、镇街宣传栏等对文化活动进行公开预告，让公众知晓文化项目，参与文化事项。

第三，针对中、西部地区体育服务问题，政府应注重各区域群众体育发展特点的差异，通过设立体育发展专项引导资金、给予政策优惠等方式促进社会力量参与提供体育公共服务，鼓励扶持体育社会组织、体育基金会等的设立。同时，要加强群众体育发展状况等监测统计工作，完善国民体质监测、体育锻炼标准等各项制度。

3. 加强省域间文化交流与合作，促进公共文化服务成果共享

研究发现，我国省域间公共文化服务成果享有水平存在差异，各有优劣。加强省域间跨部门、跨领域、跨系统的文化交流与合作互补，打破区域性与层级性以促进文化成果共享，促进各地文化资源的大整合，进一步加强文化服务的创新，拓展公众文化选择权限范围，满足公众多样化文化需求，完善公共文化服务成果享有水平体系建设。首先，合力推进公共文化服务成果享有水平体系建设及建立合作工作机制。加强各省份在公众文化参与、优秀作品创作、群众满意度提升等方面的交流合作，共同探索基层综合性文化机构参与率、城乡居民整体满意度提高等方面的经验，成立工作小组协调部署重大工作事项等。其次，合力推进文艺创作生产交流合作。不同省份的文

化风格与特色各异，加强全国大众性文化艺术与地方特色文化创作生产的对口合作，力争创作出具有中国特色及国际影响力的文艺精品力作，推动省域间的文艺交流合作，特别是非物质文化遗产保护利用传承方面，应在相关课题研究、科研基地建设等方面通力合作，促进文化成果共享。最后，加强各省份间优势人才的培训合作。在特定领域具备优势的省份可推动优势企业及人才进入劣势省份，以解决技术人才不足问题，补齐发展短板。搭建有效平台支持各省份间的文化交流互访，促进公共文化服务领域人才综合能力的提升，开发具备各省份文化特色的项目和品牌。

B.4
公共文化服务效率水平报告

黄 凤*

摘 要： 进入21世纪以来，文化软实力在综合国力竞争中的作用越发凸显，文化建设在国家"五位一体"战略布局中的地位举足轻重。本报告以我国公共文化服务客观数据为基础，辅之以微观调查数据，对我国2014~2016年公共文化服务投入-产出效率进行综合评价研究。评价结果显示，我国公共文化服务投入-产出效率不高，增长不明显，传统的"由增加公共投入引导业务发展"的管理模式效率正在下降，公共文化服务发展进入一个以体制机制创新来提升整体服务效率的新阶段。

关键词： 公共文化服务 效率评价 指标体系

公共文化服务体系建设是国家"文化强国"战略举措之一，是国家文化建设的重要环节，也是回应公民基本文化权利保障诉求的必然要求。近年来党和政府高度重视公共文化服务体系建设，党的十八届三中全会明确提出了推进公共文化服务体系建设的战略要求与战略举措。随着《中华人民共和国公共文化服务保障法》的出台，保障人民群众享有均等和系统的公共文化权益便有了法律依据。在出台一系列政策、法律和措施的同时，政府不断加大对公共文化服务领域的人、财、物的投入，我国公共文化服务的发展

---

* 黄凤，武汉大学国家文化发展研究院研究助理，研究方向为公共文化服务绩效评价。

进入历史新阶段。但实践中基层公共文化机构的群众参与率不高，出现了基层文化站"机构空转"等现象。近年的学术研究也表明，我国公共图书馆投入产出的效率下降，公共文化服务陷入"效率瓶颈"。因此，有必要对我国近几年的公共文化服务投入－产出效率进行全面、系统评价。基于此，本文将利用翔实的统计数据和科学的分析方法，对 2014 年、2015 年和 2016年我国公共文化服务效率进行综合评价与分析。

一 文献梳理

（一）国外公共文化服务效率评价研究与实践

国外对公共文化服务效率的研究集中于对不同文化机构的效率研究。例如，De Witte K.，Geys B.（2013）利用弗兰德斯地区 290 家图书馆 2007 年的有关数据，采用多投入多产出的数据包络法（DEA）测度这些图书馆的投入产出效率。作者选取的三个投入类指标分别是人员、运营成本和基础设施，四个产出类指标分别是每周开放时长、青年读物数量、书籍和媒体资源数量，在不考虑外生环境条件下的图书馆 DEA 效率平均水平为 0.79，在考虑不同条件的外生环境时，图书馆的 DEA 效率值的平均水平超过或接近1。[1] Hammond，C. J.（2002）同样使用了数据包络分析方法，利用英国 159家公共图书馆的数据对图书馆投入－产出效率进行研究，结果发现，图书馆投入－产出效率普遍较低，原因在于规模效率低下。[2] Hemmeter，J. A.（2006）利用美国国家教育统计中心公共图书馆系统数据（1994～2001 年），使用随机成本边界方法分析公共图书馆成本效率的决定因素，发现公共图书

---

[1] De Witte K.，Geys B.，Citizen Co-production and Efficient Public Good Provision：Theory and Evidence from Local Public Libraries. *European Journal of Operational Research* 224（3）（2013）：592 – 602.

[2] Hammond，C. J.，Efficiency in the Provision of Public Services：A Data Envelopment Analysis of UK Public Library Systems. *Applied Economics* 34：（5）（2002）：649 – 657.

馆经营效率低下，并且来自大型书店、互联网图书馆和其他图书馆的竞争并不会提高公共图书馆的效率。① 由此看来，国外对公共文化机构的效率研究多采用量化研究方法，且研究结论表明公共图书馆类型的公共文化机构确实存在投入产出效率不高的问题。

英、美等西方发达国家的公共文化服务效率评价在实践中往往是被嵌入公共文化服务绩效评估体系中的，公共文化服务效率评价通常是公共文化服务绩效评估的重要组成部分。英、美等西方国家公共文化服务体系建设、标准评估和绩效管理的理论和实践均有较多的历史经验可循。

英国公共文化服务绩效评估采取的是典型的"政府主导式"，英国文化传媒及体育部（Department for Cultural Media and Sport. DCMS）是其文化事务管理的政府机构，负责文化机构的绩效评估工作。从实践经验来看，英国文化传媒及体育部对下属文化机构开展的绩效评估工作已经形成系统化、体系化的操作流程，具体来说，主要包括四个方面，分别是：拟定评估政策、确定评估主体、研究筛选评估指标、完善相关数据信息统计。以公共图书馆的绩效评估为例，英国的公共图书馆绩效评估早在 2001 年就制定了明确的工作程序和标准并予以执行。2001 年 4 月，英国文化传媒及体育部下属的图书信息档案司制定并实施了《全面高效的现代化公共图书馆——标准与评估》，这其中包括了 19 项与公共图书馆绩效评估相关的内容。也就是在这一年，英国文化传媒及体育部开始了对英国所有的公共图书馆进行为期 5 年的绩效评估工作，取得显著成效。博物馆和美术馆绩效评价方面，针对由政府财政资金资助的博物馆和美术馆，英国文化传媒及体育部早在 1999 年就发布了《政府资助博物馆与美术馆效率与效益》，明确提出了博物馆和美术馆绩效管理的理念和方法。② 在英国，公共文化服务绩效评估的开展主体除了英国文化传媒及体育部外，还有第三方机构，其积极参与弥补了因参与

① Hemmeter, J. A. , Estimating Public Library Efficiency Using Stochastic Frontiers. *Public Finance Review* 34（3）（2006）：328 – 348.

② 《中外各国政府开展公共文化服务绩效评估的实践》［EB/OL］，［2018 – 12 – 18］，网址：http：//www. e – gov. org. cn/news/2012 – 06 – 18 – 131417. html。

评估主体单一造成的不足，例如英国著名的"Behavioural Insights Team"（行为洞察队），就是其公共文化服务绩效评估工作的第三方主体。

与英国的"政府主导式"绩效评估较为不同的是美国的"民间主导式"。尽管美国同样设置了文化行政机构（主要有国家艺术基金会、国家人文基金会以及美国博物馆与图书馆服务署），但以上文化行政机构对文化艺术事业实行补助，而非直接管理控制。由于美国的公共文化服务资金来源主要是社会捐赠，为了保证资金的高效利用，需要对公共图书馆、博物馆、档案馆、艺术展览馆等文化机构开展以资金投入－产出效益为主的绩效评价，评估形式为"民间主导式"，相关的行业协会在机构的绩效评估工作中占据举足轻重的地位。以公共图书馆绩效评估为例，美国公共图书馆绩效评估的指南性文件，正是美国图书馆协会于1982年出版的《公共图书馆绩效评估》。① 随着网络智能时代的到来，在结构化数据和大型数据中心不断兴起的背景下，美国公共图书馆协会正带领一些图书馆积极探索图书馆管理体制革新。2013年，美国公共图书馆绩效评估模型项目正式启动，美国公共图书馆协会研究制定了涵盖多维度项目目标的评估模型：第一，针对公共图书馆多元的社区服务项目，新开发的评估指标体系及评估模型，必须能够真实反映公共文化机构服务水平及服务效率，并能对评估活动的持续有效开展提供指导；第二，推动新开发的公共图书馆评估指标体系及评估模型标准化实施，通过培训及推广促进新的评估模型有效运用；第三，以评估模型的前期运用与实践结果为基础，进一步开发建立和完善其他公共文化机构绩效评估扩展式模型。② 该评估项目将以往公共图书馆评价的产出指标中基于图书馆服务的客观角度，改变为以用户体验、服务需求被满足为出发点。对公共图书馆产出效益的考核工作以服务对象的服务体验和服务感知为基础，打破公共文化机构绩效评估长期以来形成的"内循环"，改变过去只关注各项服务

---

① 《美国文化管理体制研究》［EB/OL］，［2018－12－18］，网址：http：//kjzonglan. com/news/show118. html。

② American Library Association. Performance Measurement Task Force［EB/OL］.［2018－12－18］. http：//www. ala. org/pla/perfor mancemeasurement.

在机构内部取得的业绩的工作作风，引入成本 - 效益类指标，重点考核公共文化机构的服务对居民生活、工作和学习的影响与作用，逐步形成一种以用户体验为主的开放式的评估模式。在评估主体方面，美国公共文化机构绩效评估大致有三类评估主体：文化单位或项目自身、文化单位的上级机构（如国家艺术基金会、美国博物馆与图书馆服务署、美国图书馆协会等）、第三方评估机构（如国际咨询公司、高校、评估公司等）。

（二）国内公共文化服务效率评价实践与研究

1. 国内公共文化服务效率评价的实证研究

国内针对公共文化服务效率评价的实证研究大致兴起于 2010 年，如杨林、许敬轩运用 DEA 方法将 2001～2011 年宏观数据用于对我国各省份公共文化服务的支出效率的研究，研究结果显示，公共文化服务的支出效率与经济发展存在负相关的关系，并且经济越发达的省份可能越忽略文化的发展而过于注重经济的增长。[①] 二人在 2016 年的研究中，使用 2001～2010 年宏观数据通过因子分析法计算我国各省份地方财政公共文化服务支出的规模效率，结果显示，地方财政公共文化服务支出的规模效率与经济发展水平没有明显的相关性。[②] 在较为全面地总结已有相关研究的基础上，朱剑锋[③]侧重于从公共文化机构（包括公共图书馆、博物馆和群艺馆）的投入产出的 DEA 效率来测度公共文化服务的效率水平，在构建指标体系过程中可以看出，理想的指标体系与实际可用的指标体系间有明显差别，原因是受制于指标的可量化程度和数据的可得性。博才武、张伟锋以公共图书馆行业为研究对象，通过引入多种 DEA 模型，对我国省域公共图书馆的综合效率、纯技术效率、规模效率进行了测算及分析，评价结果显示我国公共图书馆整体服

① 杨林、许敬轩：《地方财政公共文化服务支出效率评价与影响因素》，《中央财经大学学报》2013 年第 4 期。
② 杨林、许敬轩：《公共治理视域下地方财政公共文化服务支出规模绩效评价》，《东岳论丛》2016 年第 3 期。
③ 朱剑锋：《基于 DEA 方法的公共文化服务绩效评价实证研究》，武汉大学博士学位论文，2014，第 96～100 页。

务效率有待提高，并且近几年效率持续下降，主要原因是技术管理水平不足和资源配置拥挤，并在此基础上提出以制度创新提升公共图书馆效率的政策思路。[1] 傅才武、张伟锋在随后的 2018 年利用 2011～2016 年省域面板数据对我国公共图书馆全要素生产率进行实证分析，结果发现我国公共图书馆全要素生产率持续增长主要得益于技术进步，而效率的持续下滑导致公共图书馆全要素生产率增速放缓，效率的下降阻碍了公共图书馆全要素生产率的增长。[2] 同年，二人根据《第六次全国县级以上公共图书馆评估标准》构建县级公共图书馆投入产出指标体系，利用 DEA 模型对 2011～2016 年我国县级公共图书馆的服务效率进行研究，结果表明我国县级公共图书馆整体服务效率不高且呈现下降趋势。[3]

2. 国内公共文化服务综合绩效评价研究

国内有不少学者从不同的研究角度做了公共文化服务的综合性绩效评价研究。例如，毛少莹从政府投入、规模、效率和社会参与评价四方面入手，构建了公共文化服务绩效评估指标，为后来的许多研究和实践提供借鉴。[4] 蒋建梅进而提出公共文化服务绩效评价内容应包含的三个方面：一是文化对经济发展的作用，二是公共文化服务的有效供给，三是公共文化服务的保障指标。[5] 焦德武则强调，公共文化服务评价标体系尽量涵盖经济发展、政府投入成本、社会公平、公众满意度、其他社会效益等五个部分。[6] 李少惠、余君萍关注了我国农村公共文化服务绩效，并构建了农村公共文化服务绩效

---

[1] 傅才武、张伟锋：《我国省域公共图书馆效率、规模收益及"拥挤"现象研究》，《中国软科学》2017 年第 10 期。

[2] 傅才武、张伟锋：《公共图书馆行业全要素生产率研究——基于省域面板数据的 DEA-Malmqusit 模型分析》，《华中师范大学学报》（人文社会科学版）2018 年第 3 期。

[3] 傅才武、张伟锋：《基于 DEA 模型的我国县级公共图书馆服务效率研究》，《国家图书馆学刊》2018 年第 2 期。

[4] 毛少莹：《公共文化服务绩效评估指标体系的构建》，转引自李景源、陈威《中国公共文化服务发展报告（2007）》，社会科学文献出版社，2007，第 391～404 页。

[5] 蒋建梅：《政府公共文化服务体系绩效评价研究》，《上海行政学院学报》2008 年第 4 期。

[6] 焦德武：《公共文化服务体系的绩效评价》，《安徽农业大学学报》（社会科学版）2011 年第 1 期。

评价指标，分别是公共文化设施场所、公共文化活动、公共文化活动信息发布情况、公共文化服务质量、公共文化服务保障。[1] 关于公共文化服务评估的价值取向，张喜萍、陈坚良认为，公共文化服务产品供给绩效评价的价值取向应坚持以人为本，评估主体要突出公众导向，评估过程注重科学人文。[2] 考虑政府投入、服务保障和总体效益三个维度，傅利平等运用主成分分析法，结合我国 2007~2011 年的统计数据对我国公共文化服务绩效进行测算，在他们构建的指标体系中，增加了"义务教育普及程度"作为产出类指标，考虑了公共文化服务的社会公益效应。[3] 傅才武、许启彤通过对国家公共文化政策实验基地文化站的持续观察研究，发现我国基层文化机构正陷入公共资源投入不断增加而绩效却持续下滑的"悖论"，这种情形极易造成正在实施的国家公共文化服务体系建设"未强先衰"的窘境。[4] 傅才武、岳楠从投入-产出视角构建了公共图书馆绩效评价指标体系，其中投入指标有财力投入和基础条件，产出指标有公共服务和社会教育。利用加权量化评分法结合 2001~2015 年公共图书馆数据，二人对我国公共图书馆绩效进行分年度和分区域的评价。结果表明，全国县级公共图书馆整体上滑入"L型"绩效模式。[5] 从近年的量化分析和实证研究来看，我国公共文化服务领域数十年来一直行之有效的"通过增加公共投入带动业务增长"的传统管理模式在逐渐降低效率。

上述表明，目前已有许多研究者基于自身的研究目的和研究视角，将公共文化服务的各项投入和产出指标进行筛选归类，最终构建了各自的评价指标体系。但早些年的研究大多止于评价指标体系构建和框架搭建，将现实数

[1] 李少惠、余君萍：《公共治理视野下我国农村公共文化服务绩效评估研究》，《图书与情报》2009 年第 11 期。
[2] 张喜萍、陈坚良：《论民族地区公共文化服务产品供给的绩效评估——基于公共图书馆的研究视角》，《湖南社会科学》2013 年第 4 期。
[3] 傅利平、何勇军、李军辉：《政府公共文化服务绩效评价研究》，《中国财政》2013 年第 7 期。
[4] 傅才武、许启彤：《基层文化单位的效率困境：供给侧结构问题还是管理技术问题——以 5 省 10 个文化站为中心的观察》，《山东大学学报》（哲学社会科学版）2017 年第 1 期。
[5] 傅才武、岳楠：《公共文化服务体系建设中财政增量投入的约束条件——以县级公共图书馆为中心的考察》，《中国图书馆学报》2018 年第 7 期。

据带入评价模型进行测算的研究很少见。不过近几年的研究逐渐取得突破，部分研究者将已有的数据带入所构建的评价指标体系，运用德尔菲法、层次分析法、数据包络法（DEA）等评价方法对某些省份甚至全国 31 个省份的公共文化服务效率水平和绩效水平进行测算和分析。

3. 国内公共文化服务评估实践

深圳市不仅是我国经济体制改革和对外开放的"领头雁"，也是我国开展公共文化服务评估实践的前沿阵地。早在 2006 年初，"公共文化服务体系建设指标体系"率先在深圳提出，该指标体系设定了政府投入（即政府文化事业财政拨款）、公共文化服务机构总数等指标，用于对政府公共文化服务投入进行综合绩效评价。2007 年 6 月，深圳市委宣传部、市文化局联合制定的《深圳市进一步完善公共文化服务体系实施方案》开始实施，该方案不仅明确了深圳市公共文化服务发展的方向、目标和任务，还提出了构建公共文化服务绩效考核机制、完善公共文化服务的评估机制的要求[1]。这标志着我国公共文化服务绩效管理开始由理论研究转向实践层面。经过几年的实践积累和机制完善，2015 年深圳公共文化服务建设已建成涵盖 6 大方面（包括政府投入、发展规模、产品及服务、社会参与、人才队伍、公众满意度）共 15 个二级指标的绩效评估体系。[2]

上海市的基层公共文化服务发展水平居于全国前列。截至 2015 年底，上海市共建设标准化社区文化活动中心 226 个，覆盖了 209 个街道乡镇。早在 2008 年上海市文广局就委托了上海社科院东方公共文化评估中心对部分社区文化活动中心进行了试评估；2011 年 2 月，上海市文广局委托零点调查公司对当地 17 个区县公共文化服务情况开展了公众满意度调查。依据《国家公共文化服务体系示范区创建标准（东部）》，零点调查公司设计了包含供给水平、设施水平和服务水平三个方面的共 17 项调查指标，其中供给水平包括公共文化活动供给和场馆供给两个方面；2011 年 8 月，上海市文

---

① 资料来源于深圳新闻网（网址：http://www.sznews.com/），2007 年 8 月 6 日。
② 资料来源于深圳市文体旅游局（网址：http://www.szwtl.gov.cn/）《深圳市公共文化服务体系建设规划（2013～2015）附件一》，2014 年 11 月 28 日。

广局委托上海市文明办市民巡访团对当地 17 个区县 28 家市区级图书馆、166 家社区文化活动中心进行走访测评，并设置了包括免费开放、环境设施、活动丰富、服务规范和公共满意度等五个方面的共 17 项测评指标；2011 年 9 月，上海市文广局委托东方公共文化评估中心开展 2010～2011 年度社区文化活动中心的绩效评估工作。第三方评估机构在走访多家社区文化活动中心，搜集资料、了解情况之后，建立了评估社区文化活动中心的绩效指标体系，该指标体系包含"公共性、运作服务能力、服务效率和可持续发展能力"。从 2012 年 6 月起，上海市文广局委托上海市社区文化服务中心对当地社区文化活动中心开展日常巡查工作，实现了对当地各社区文化活动中心的"一月一点一查"。①

2009 年，浙江省文化厅组织开展的针对全省农村公共文化服务体系的评估实践，是我国早期农村公共文化服务体系绩效评估的典型。浙江省文化厅研究制定了较为全面完整的评估指标体系框架，共包含 7 大类一级评估指标：政府文化财政投入、公共文化设施规模、公共文化事业队伍建设、政府组织其他公共文化服务、社会参与情况、文化惠民及工作创新、公共文化服务绩效，7 大类一级指标下辖 23 项二级指标。以上述评估指标体系为基础，通过组织填写评估表和问卷调查的方式，浙江省文化厅对全省 76 个县市（含农业人口占 60% 以上的区）2008 年度的农村公共文化服务情况进行调查摸底，数据采集和分类比较的结果最终综合反映了当时浙江省农村公共文化服务体系建设的全貌。②

从上述的深圳市、上海市和浙江省的公共文化领域的评估实践可以看出，时间上我国关于公共文化服务的评估实践大多在 21 世纪初开始兴起，与发达国家相比起步较晚；评价主体上各地评估主体呈现多元化，既有文化管理部门及下属单位的自身内部评估，也有第三方评估机构参与，但是这些评估实践没有足够重视社会公众的参与及评价；评估的指标研究方面较为丰

---

① 王小明：《上海开展公共文化服务评估的实践与思考》，《上海文化》2013 年第 2 期。
② 谢媛：《我国公共文化服务绩效评估的理论与实践研究综述》，《四川行政学院学报》2012 年第 4 期。

富，但评估指标的"地方特色"浓厚，受全国各省份统计数据的限制，许多具有代表性的评价指标无法在全国 31 个省份的评估中利用起来，增加了评估工作在全国推广的难度。评估实践中也存在着诸如评估结果的前瞻性不够、可比性不高等问题。弥补这些薄弱项、解决实践中的问题，正是我国公共文化服务评估理论与实践发展的努力方向。

二 评价方法

本研究对公共文化服务效率的评价主要采用投入－产出比的方法，即以产出得分比投入得分进而得出公共文化服务效率得分。投入得分即公共文化服务人力、财力、物力等投入指标的综合水平，产出得分即公共文化服务在文化参与、广播电视服务、体育服务、优秀作品、群众满意度等产出指标上的综合水平。从微观层面来讲，公共文化服务是政府提供各项资源而公众享有文化成果的互动过程，政府以不同方式提供公共文化服务所需的人力、物力和资金，社会公众则通过不同参与方式享受政府提供的文化产品（服务），以达到满足公众基本文化诉求、保障公民基本文化权益的目的。从公共文化服务供给的经济性和效率性视角来看，政府为公共文化服务提供的各项资源恰是公共文化服务的投入，而公众享有的文化成果正是公共文化服务的产出。基于此，本研究中公共文化服务的投入指标和产出指标即分别为前文中的公共文化服务"资源供给水平"指标和"成果享有水平"指标。因此，测算公共文化服务效率得分的投入得分和产出得分分别为资源供给水平得分和文化成果享有水平得分，这里不再对投入指标和产出指标进行赘述。

三 我国公共文化服务效率水平的整体分析

（一）公共文化服务效率综合得分

本研究认为，公共文化服务效率主要用于考察不同评价单位公共文化服务产出与投入之比是否存在经济意义上的效率，即各单位投入一定的资源能够生产的产品和服务的总量。本报告的效率得分为"产出得分"与"投入得分"的比值，比值大于1表示公共文化服务投入－产出有效率，反之被视为无效率。

1. 整体情况

为便于直观地比较全国公共文化服务效率水平随时间的变化，本报告以2014年全国数据为基准，以2015年和2016年相对于2014年各项指标原始数据的变化情况测算了2014~2016年全国公共文化服务效率得分，详见表1。从表1可知，2014~2016年，全国公共文化服务效率得分从基期的1上升到2015年的1.029，随后又上升到2016年的1.035，整体呈现较为微小的增长趋势。全国公共文化服务投入水平得分和产出水平得分也呈现增长趋势，产出得分增长幅度以较小差距略高于投入得分增长幅度。

表1　全国公共文化服务效率得分的历时比较

年份	投入水平	产出水平	服务效率水平
2014	100	100	1
2015	103.24	106.21	1.029
2016	106.73	110.46	1.035

从表2中各省份年度效率得分变化来看，与2014年相比，2015年上海、江苏、浙江、河南、云南、宁夏等省份的效率得分出现小幅下降。与2015年相比，2016年北京、天津、河北、辽宁、福建、河南、湖北、广东、广西、海南、四川、贵州、云南、陕西、甘肃、青海、宁夏、新疆等省份的效率得分出现小幅下降。从效率得分的排名来看，2014年，效率得分排名位于前5位的分别是江苏（1.39）、云南（1.36）、河南（1.30）、福建（1.29）、黑龙江（1.28），效率得分排名后5位的省份依次为西藏（0.65）、北京（0.69）、青海（0.92）、内蒙古（0.93）、辽宁（1.03）；2015年，效率得分排名位于前5位的分别是江苏（1.363）、重庆（1.362）、四川（1.35）、山东（1.343）、江西（1.337），效率得分排名后5位的省份依次为西藏（0.67）、北京（0.70）、浙江（1.09）、上海（1.095）、吉林

（1.105）；2016 年，效率得分排名位于前 5 位的分别是黑龙江（1.46）、重庆（1.39）、江苏（1.38）、山东（1.32）、江西（1.318），效率得分排名后 5 位的省份依次为北京（0.671）、西藏（0.675）、宁夏（0.965）、陕西（0.973）、青海（1.00）。

表 2　31 个省份公共文化服务效率得分及排名

地区	2014 年	排名	2015 年	排名	2016 年	排名
北京	0.69	30	0.70	30	0.671	31
天津	1.18	14	1.25	12	1.22	12
河北	1.23	10	1.20	17	1.17	18
山西	1.04	26	1.15	22	1.14	19
内蒙古	0.93	28	1.11	26	1.22	11
辽宁	1.03	27	1.14	23	1.12	21
吉林	1.09	23	1.105	27	1.09	24
黑龙江	1.28	5	1.33	6	1.46	1
上海	1.13	19	1.095	28	1.11	22
江苏	1.39	1	1.363	1	1.38	3
浙江	1.10	22	1.09	29	1.08	26
安徽	1.20	12	1.23	15	1.27	6
福建	1.29	4	1.32	7	1.25	9
江西	1.25	7	1.337	5	1.318	5
山东	1.23	9	1.343	4	1.32	4
河南	1.30	3	1.28	10	1.21	14
湖北	1.18	16	1.27	11	1.23	10
湖南	1.10	21	1.13	25	1.17	17
广东	1.22	11	1.24	13	1.21	13
广西	1.25	8	1.28	9	1.26	8
海南	1.09	24	1.20	16	1.14	20
重庆	1.27	6	1.362	2	1.39	2
四川	1.14	17	1.35	3	1.20	15
贵州	1.18	15	1.23	14	1.20	16
云南	1.36	2	1.32	8	1.26	7
西藏	0.65	31	0.67	31	0.675	30
陕西	1.11	20	1.17	20	0.973	28
甘肃	1.13	18	1.18	19	1.08	25
青海	0.92	29	1.19	18	1.00	27
宁夏	1.19	13	1.13	24	0.965	29
新疆	1.07	25	1.16	21	1.11	23

2014～2016年，尽管大多数省份公共文化服务投入产出效率得分高于1，但2014年北京、内蒙古、青海、西藏的效率得分低于1，2015年北京和西藏效率得分低于1，2016年北京、西藏、陕西、宁夏效率得分低于1，表明这些省份公共文化服务产出小于投入，处于低效状态，最终导致投入产出效率小于1。因此，公共文化服务投入较高的地区，若没有与投入水平相对应的较高（或更高）产出水平，则投入产出必然出现低效状态。

依据前文所测算出的31个省份公共文化服务投入得分排名和产出得分排名，本报告将二者进行对比。具体操作如下：依据2016年31个省份公共文化服务投入得分排名和产出得分排名结果，若投入得分排名比产出得分排名高出4位（含4位）以上，则认为是高投入低产出；若产出得分排名比投入得分排名高出4位（含4位）以上，则认为是低投入高产出；若投入得分排名与产出得分排名相差在3位（含3位）以内，则认为是投入产出大致相当。结果表明，2014～2016年，31个省份中公共文化服务高投入低产出的省份依次有11个、7个和10个，低投入高产出的省份依次有11个、8个和8个。由投入得分与产出得分的排名对比结果可知，2014年和2016年，我国31个省份中约1/3的省份公共文化服务处于高投入低产出状态；2015年和2016年，公共文化服务达到低投入高产出的省份仅占到25.8%，公共文化服务投入产出效率的提升仍有较大空间。

表3　31个省份2016年公共文化服务投入与产出对比情况

类型	省份个数	具体省份
高投入低产出	10个	北京、河北、辽宁、吉林、海南、四川、西藏、陕西、宁夏、新疆
低投入高产出	8个	黑龙江、内蒙古、江苏、安徽、福建、江西、山东、重庆
投入产出大致相当	13个	天津、山西、上海、浙江、河南、湖北、湖南、广东、广西、贵州、云南、甘肃、青海

2. 变动情况

表4为31个省份公共文化服务效率得分排名2014～2016年的位次变动情况。从位次变化情况看，2014～2016年，16个省份效率排名位次上

升，其中，内蒙古上升 17 位，辽宁、安徽、湖北均上升 6 位，山东上升 5 位；14 个省份效率排名位次下降，其中宁夏下降 16 位，河南下降 11 位，河北、陕西均下降 8 位，甘肃下降 7 位，福建、云南均下降 5 位。下面将依次对这些省份进行分析，从投入产出的各项指标探讨其效率得分排名变动的原因。

表 4　31 个省份公共文化服务效率得分排名的位次差（2014～2016 年）

地区	北京	天津	河北	山西	内蒙古	辽宁	吉林	黑龙江	上海	江苏	
位次差	-1	2	-8	7	17	6	-1	4	-3	-2	
地区	浙江	安徽	福建	江西	山东	河南	湖北	湖南	广东	广西	
位次差	-4	6	-5	2	5	-11	6	4	-2	0	
地区	海南	重庆	四川	贵州	云南	西藏	陕西	甘肃	青海	宁夏	新疆
位次差	4	4	2	-1	-5	1	-8	-7	2	-16	2

内蒙古：2014～2016 年，效率得分排名上升 17 位（由第 28 位到第 11 位），效率得分由 0.93 上升到 1.22。效率得分的明显增加主要源于其投入得分降低，同时产出得分增加，投入得分由 63.52 下降到 53.94，产出得分由 58.81 上升到 65.95。投入方面，各项指标均有所降低，如人均拥有公共文体设施面积由 0.75 平方米下降到 0.14 平方米，人均文化财政总支出由366 元下降到 354 元，文化财政支出占财政总支出的比重由 2.37% 下降到1.98%；产出方面，公共图书馆参与率由 0.25 上升至 0.29，博物馆参与率由 0.40 上升至 0.45，群众文化机构综合参与率由 0.30 上升至 0.38，广播节目覆盖率由 98.42% 上升至 99.09%，电视节目覆盖率由 98.57% 上升至99.19%，百万人口体育社会组织数由 45 个增加到 56 个，百万人口拥有艺术创作作品获省部级以上奖励数由 0.6 个上升至 2.7 个，城市社区居民对公共文化服务的整体满意度由 66.8 上升至 71.9，农村社区居民对公共文化服务的整体满意度由 65.6 上升至 76.0。

辽宁：2014～2016 年，效率得分排名上升 6 位（由第 27 位到第 21 位），效率得分由 1.03 上升到 1.12。效率得分的明显增加也主要由于其投入得分降低，同时产出得分增加，投入得分由47.15下降到46.68，产出得分由48.44上升到52.22。投入方面，一些指标有所降低，如人均拥有公共文体设施面积由0.14平方米下降到0.09平方米，人均文化财政总支出由211元下降到193元；产出方面，公共图书馆参与率由0.43上升至0.53，博物馆参与率由0.26增至0.32，群众文化机构综合参与率由0.31上升至0.33，广播节目覆盖率由98.81%上升至99.05%，电视节目覆盖率由98.96%上升至99.13%，城市社区居民对公共文化服务的整体满意度由56.49上升至62.85，农村社区居民对公共文化服务的整体满意度由57.5上升至68.77。

安徽：2014~2016年，效率得分排名上升6位（由第12位到第6位），效率得分由1.20上升到1.27。效率得分的明显增加主要由于其产出得分的增加明显高于投入得分的增加，在投入得分由42.76上升至43.45的情况下，产出得分由51.36上升到55.15。投入方面，一些指标有所增加，如万人拥有文化机构从业人员数由9.11人增加至11.35人，人均拥有公共图书藏书（包括电子图书）册次由1.33册增加至1.61册，其余投入指标变化不大；产出方面，公共图书馆参与率由0.25上升至0.32，博物馆参与率由0.40增至0.45，群众文化机构综合参与率由0.25上升至0.30，广播节目覆盖率98.55%上升至98.89%，百万人口体育社会组织数由26个增加到32个，百万人口拥有艺术表演团体原创首演剧目数由0.15个上升至0.87个，百万人口拥有艺术创作作品获省部级以上奖励数由0.26个上升至0.37个，农村社区居民对公共文化服务的整体满意度由50.17上升至53.01。

湖北：2014~2016年，效率得分排名上升6位（由第16位到第10位），效率得分由1.18上升到1.23。效率得分的明显增加主要由于其产出得分的增加明显高于投入得分的增加，在投入得分由44.41上升至45.26的情况下，产出得分由52.36上升到55.83。投入方面，一些指标有所增加，如万人拥有文化机构从业人员数从10.26人增至10.49人，人均拥有公共图书藏书（包括电子图书）册次由1.62册增加至2.09册，人均文化财政总支出由132元增加到164元，其余投入指标变化不大；产出方面，公共图书馆参与率由 0.32 上升至 0.35，群众文化机构综合参与率由 0.29 上升至 0.37，广播节目覆盖率由 98.9% 上升至 99.33%，电视节目覆盖率由 98.89% 上升至 99.15%，百万人口体育社会组织数由 23 个增加到 28 个，百万人口拥有艺术表演团体原创首演剧目数由 1.15 个上升至 1.67 个，城市社区居民对公共文化服务的整体满意度由 65.33 上升至 66.59，农村社区居民对公共文化服务的整体满意度由 60.91 上升至 72.92。

山东：2014~2016 年，效率得分排名上升 5 位（由第 9 位到第 4 位），效率得分由 1.23 上升到 1.32。效率得分的明显增加也主要由于其投入得分降低，同时产出得分增加，投入得分由 45.5 下降到 44.44，产出得分由 56.1 上升到 58.67。投入方面，部分指标有所降低，如人均拥有公共文体设施面积由 0.25 平方米下降到 0.11 平方米，文化财政支出占财政总支出的比重由 1.78% 降至 1.57%。部分指标有所增加，如人均拥有公共图书藏书（包括电子图书）册次由 1.51 册增至 1.73 册，人均文化财政总支出由 130 元增加到 138 元；产出方面，多数指标有所增加，如公共图书馆参与率由 0.26 上升至 0.37，博物馆参与率由 0.49 增至 0.5，群众文化机构综合参与率由 0.32 上升至 0.39，百万人口体育社会组织数由 25 个增加到 40 个，城市社区居民对公共文化服务的整体满意度由 66.06 上升至 74.49。

宁夏：2014~2016 年，效率得分排名下降 16 位（由第 13 位下降到第 29 位），效率得分由 1.19 下降到 0.97。效率得分的大幅下降主要由于其投入得分增加而产出得分减少，投入得分由 50.71 上升至 58.11，产出得分由 60.59 下降到 56.08。投入方面，主要是文化财政投入指标有明显增加，人均文化财政总支出由 242 元增加到 374 元，文化财政支出占财政总支出的比重由 1.6% 增加到 2.0%，另外，万人拥有文化机构从业人员数也有所增加，从 12.44 人增至 13.06 人，其余指标变动不大；产出方面，群众文化机构综合参与率由 0.84 下降至 0.76，百万人口体育社会组织数由 62 个下降到 42 个，百万人口拥有广播电视作品或奖励数由 0.45 个降至 0.15 个，城市社区居民对公共文化服务的整体满意度由 69.86 下降至 66.13，农村社区居民对公共文化服务的整体满意度由 68.24 下降至 56.97。

河南：2014～2016 年，效率得分排名下降 11 位（由第 3 位下降到第 14 位），效率得分由 1.30 下降到 1.21。效率得分的大幅下降主要由于投入得分基本不变的情况下产出得分明显减少，投入得分由 42.66 上升至 42.79，产出得分由 55.29 下降到 51.75。投入方面，少数指标略有增长，如万人拥有文化机构从业人员数从 10.02 人增至 10.93 人，人均拥有公共图书藏书（包括电子图书）册次由 1.30 册增加至 1.48 册，人均文化财政总支出由 97 元增加到 102 元，其余指标变动不大；产出方面，百万人口体育社会组织数由 37 个下降到 29 个，百万人口拥有艺术表演团体原创首演剧目数由 0.52 个下降到 0.41 个，百万人口拥有广播电视作品或奖励数由 0.1 个下降到 0.03 个，城市社区居民对公共文化服务的整体满意度由 69.33 下降至 68.08，农村社区居民对公共文化服务的整体满意度由 69.59 下降至 58.29。

河北：2014～2016 年，效率得分排名下降 8 位（由第 10 位下降到第 18 位），效率得分由 1.23 下降到 1.17。效率得分的大幅下降主要由于投入得分较小幅度下降的情况下产出得分下降明显，投入得分由 43.67 下降至 42.26，产出得分由 53.67 下降到 49.37。投入方面，一些指标有所增长，如万人拥有文化机构从业人员数由 8.9 人增加至 10.04 人，人均拥有公共图书藏书（包括电子图书）册次由 1.71 册增加至 1.90 册，人均文化财政总支出由 112 元增加到 117 元，同时也有个别指标出现下降，如人均拥有公共文体设施面积由 0.11 平方米下降至 0.07 平方米；产出方面，城乡居民的满意度下降幅度较大，影响了河北公共文化服务产出，其中城市社区居民对公共文化服务的整体满意度由 86.29 下降至 62.22，农村社区居民对公共文化服务的整体满意度由 84.20 下降至 66.66。

陕西：2014～2016 年，效率得分排名下降 8 位（由第 20 位下降到第 28 位），效率得分由 1.11 下降到 0.97。效率得分的下降主要由于其投入得分增加而产出得分减少，投入得分由 53.33 上升至 58.82，产出得分由 59.46 下降到 57.22。投入方面，公共文化服务财政投入的指标增长幅度较大，人均文化财政总支出由 247 元增加到 330 元。另外，万人拥有文化机构从业人员数由 12.3 人增加至 13.93 人；产出方面，文化参与的各项指标有小幅增加，但体育服务中百万人口体育社会组织数由 29 个下降到 22 个，产品创作中百万人口拥有艺术创作作品获省部级以上奖励数由 0.66 个降为 0 个。此外，城乡居民的满意度下降幅度较大，影响了陕西公共文化服务产出，其中城市社区居民对公共文化服务的整体满意度由 72.32 下降至 67.12，农村社区居民对公共文化服务的整体满意度由 73.34 下降至 70.39。

甘肃：2014～2016 年，效率得分排名下降 7 位（由第 18 位下降到第 25 位），效率得分由 1.13 下降到 1.08。效率得分的下降主要由于其投入得分的增长幅度超过产出得分的增长幅度，投入得分由 50.44 上升至 53.68，产出得分由 57.1 上升到 58.04。投入方面，公共文化服务财政投入的指标增长幅度较大，人均文化财政总支出由 191 元增加到 245 元。另外，万人拥有文化机构从业人员数由 12.8 人增加至 13.6 人；产出方面，文化参与、广播服务、体育服务和产品创作的各项指标有小幅增加，但城乡居民的满意度有一定程度下降，其中城市社区居民对公共文化服务的整体满意度由 58.96 下降至 56.06，农村社区居民对公共文化服务的整体满意度由 58.98 下降至 55.66。

福建：2014～2016 年，效率得分排名下降 5 位（由第 4 位下降到第 9 位），效率得分由 1.29 下降到 1.25。投入得分和产出得分均下降，效率得分的下降主要由于其产出得分的下降幅度超过投入得分的下降幅度。投入得分由 48.44 下降至 47.92，产出得分由 62.58 下降到 59.9。投入方面，人均拥有公共文体设施面积由 0.09 平方米降至 0.08 平方米，文化财政支出占财政总支出的比重由 1.94% 降至 1.90%。一些投入指标有所增长，如人均拥有公共图书藏书（包括电子图书）册次由 1.75 册增加至 2.00 册，人均文化财政总支出由 169 元增加到 210 元；产出方面，文化参与中的国内文艺演出参与率由 1.13 下降到 0.62，产品创作中百万人口拥有艺术表演团体原创首演剧目数由 3.8 个降至 2.2 个，城乡居民的满意度有一定程度下降，其中城市社区居民对公共文化服务的整体满意度由 79.07 下降至 69.70，农村社区居民对公共文化服务的整体满意度由 67.48 下降至 65.05。

云南：2014～2016 年，效率得分排名下降 5 位（由第 2 位下降到第 7

位），效率得分由 1.36 下降到 1.26。效率得分的下降主要由于其投入得分增加而产出得分减少，投入得分由 39.84 上升至 41.52，产出得分由 54.23 下降到 52.24。投入方面，多数指标略有增长，如万人拥有文化机构从业人员数从 8.15 人增至 8.54 人，人均拥有公共图书藏书（包括电子图书）册次由 1.31 册增加至 1.42 册，人均文化财政总支出由 119 元增加到 163 元，文化财政支出占财政总支出的比重由 1.27% 增加至 1.55%；产出方面，国内文艺演出参与率由 0.62 降至 0.48，百万人口拥有广播电视作品或奖励数由 0.19 个降至 0.08 个。此外，城乡居民的满意度下降幅度较大，影响了云南公共文化服务产出，其中城市社区居民对公共文化服务的整体满意度由 71.83 下降至 63.04，农村社区居民对公共文化服务的整体满意度由 74.37 下降至 56.55。

（二）公共文化服务效率水平的区域分析

将我国 31 个省份划分为东部、中部和西部进行区域比较分析是较为普遍的做法，本文也将依据这种区域划分来分析不同区域的省份在公共文化服务绩效方面的异同。文中东部地区包括北京、天津、辽宁、山东、上海、江苏、浙江、福建和广东等 9 个省份；中部地区包括黑龙江、吉林、河北、山西、河南、湖北、湖南、安徽、江西和海南等 10 个省份；西部地区包括陕西、四川、重庆、云南、贵州、广西、内蒙古、甘肃、宁夏、青海、西藏和新疆等 12 个省份。

1. 公共文化服务效率得分中部地区高于东西部地区

如表 5 所示，2014 年我国东部、中部和西部各省份公共文化服务效率得分的平均值分别为 1.14、1.18 和 1.10，2015 年分别为 1.17、1.22、1.18，2016 年则依次为 1.15、1.22 和 1.11。中部地区公共文化服务效率得分明显高于全国平均水平，并高于东部和西部地区。从区域年度变化情况来看，东部、西部地区 2016 年效率得分相比 2015 年略有降低，与全国平均效率得分的趋势一致，中部地区的效率得分则未变。分区域来看，东部地区效率得分接近全国平均水平，中部地区效率优势明显，西部地区效率得分相对较低。从投入产出来看，各地区的优势、劣势不尽相同，东部地区公共文化服务投入得分和产出得分均保持较高水平，中部地区投入得分较低，西部地区投入得分、产出得分均高于中部地区。

表5　东、中、西部区域间公共文化服务效率得分的平均水平

	年份	东部	中部	西部	全国平均
投入得分	2014	53.71	44.95	52.60	50.45
	2015	56.53	45.31	51.76	51.06
	2016	55.67	45.22	53.08	51.30
产出得分	2014	59.52	52.65	55.52	55.76
	2015	63.96	55.16	58.93	59.17
	2016	61.71	54.90	56.87	57.64
效率得分	2014	1.14	1.18	1.10	1.14
	2015	1.17	1.22	1.18	1.19
	2016	1.15	1.22	1.11	1.16

2. 东部地区投入、产出在规模上优势明显

从各区域的投入得分和产出得分来看，东部地区明显高于中部和西部地区。例如，2016年，东部地区投入得分和产出得分分别为55.67和61.71，投入得分分别比中部地区、西部地区高出约10.45分和2.59分，产出得分分别比中部地区、西部地区高出约6.81分和4.84分。东部地区公共文化服务投入得分和产出得分远高于全国其他地区，这主要得益于东部地区公共文化服务的各项投入、产出指标在规模和数量上的绝对优势，东部地区公共文化服务的投入规模和产出规模均比中西部地区高。

表6展示了2016年东部地区各省份公共文化服务投入得分、产出得分和效率得分的情况。东部各省份的投入得分、产出得分和效率得分也存在明显差距。例如，北京公共文化服务投入得分高达87.51，为全国之首，同时远高于东部地区其他省份，但相比之下，其产出得分不高，仅58.71，与山东的产出得分相近。因此，北京的公共文化服务效率得分仅为0.67，在31

个省份的排名中处于末端位置。江苏、浙江产出得分分别为 71.33 和 74.43，为东部地区产出水平较高的省份，其中，江苏在 51.77 的投入得分条件下获得 71.33 的产出得分，公共文化服务效率得分达到了 1.38，为东部地区之首。

表6　2016 年东部各省份公共文化服务得分情况

省份	投入得分	产出得分	效率得分
北京	87.51	58.71	0.67
天津	46.85	57.07	1.22
辽宁	46.68	52.22	1.12
上海	61.81	68.37	1.11
江苏	51.77	71.33	1.38
浙江	68.98	74.43	1.08
福建	47.92	59.90	1.25
山东	44.44	58.67	1.32
广东	45.04	54.72	1.21

3. 中部地区投入产出规模小，投入—产出效率较高

中部地区公共文化服务投入得分远低于东部地区，同时低于西部地区和全国平均水平。2016 年，中部地区公共文化服务投入得分为 45.22，比东部地区低了 10.45 分，比西部地区低了 7.86 分，比全国平均水平低了 6.08 分。产出方面，中部地区公共文化服务产出得分低于东部地区、西部地区，也低于全国平均水平。2016 年，中部地区产出得分为 54.9，比东部地区、西部地区和全国平均分别低了 6.81 分、1.97 分、2.74 分。但中部地区的产出水平相对于其更低的投入水平而言是较高的，因而效率得分较高，2014～2016 年其投入产出效率高于东部、西部和全国平均水平。这在一定程度反映出中部地区公共文化服务的投入产出效率是相对较高的，在投入的人均规模较小的条件下，公共文化服务的人均产出依然相对较高。

表 7 展示了 2016 年中部地区各省份公共文化服务投入产出的效率得分情况，前文分析得出中部地区公共文化服务效率得分优势相比东、西部地区

较为明显，但在中部地区的各省份中，效率的差异依然存在。以 2016 年为例，黑龙江的投入得分为 40.67，产出得分为 59.55，较低的投入和较高的产出使得黑龙江效率得分高达 1.46，明显高于中部地区的其他省份，同时也是全国效率得分最高的省份。但与之相邻的吉林的效率得分相对较低，略高于 1，公共文化服务的投入产出效率不高。这就在一定程度反映了公共文化服务投入产出效率不仅在区域间存在差异，甚至在同一区域的内部不同省份间也有较大差距。

表 7　2016 年中部各省份公共文化服务效率得分情况

省份	投入得分	产出得分	效率得分
河北	42.26	49.37	1.17
山西	50.22	57.24	1.14
吉林	49.65	54.13	1.09
黑龙江	40.67	59.55	1.46
安徽	43.46	55.15	1.27
江西	41.67	54.91	1.32
河南	42.79	51.75	1.21
湖北	45.26	55.83	1.23
湖南	48.51	56.80	1.17
海南	47.72	54.24	1.14

4. 西部地区投入规模较大，但投入—产出效率较低

西部地区公共文化服务投入得分高于中部地区，并高于全国平均水平，产出得分高于中部地区，并与全国平均水平持平、明显低于东部地区。2016 年，西部地区公共文化服务投入得分、产出得分依次为 53.08 和 56.87，投入得分比全国平均水平高出约 1.78 分，产出得分比全国平均水平低约 0.77 分。西部地区投入产出的效率得分相对较低，低于全国平均水平，且低于中部和东部地区。2016 年西部地区的效率得分仅为 1.11，比中部地区低了 0.11，比全国平均水平低了 0.05。

导致西部地区投入产出得分不对等、效率得分不高的原因，可能是公共文化服务的产出需要长时期的持续性投入，可以理解为公共文化服务投资回

报期较长，因此目前的高投入并不会随即获得较高产出水平。西部地区发展起步晚，经济基础薄弱，居民生活水平不高，2000 年中央政府开始实施西部大开发战略，经过十几年的发展，西部地区的基础设施和经济条件逐步得到改善，近几年才逐步加大在公共文化服务领域的财政投入，因此目前公共文化服务投入产出效果并不明显。

西部地区公共文化服务投入高、产出低的不对等的现象在西部少数边远省区较为普遍。如西藏，2016 年西藏地区为全国投入得分最高（为 87.52），但产出得分较低（为 59.05），因此公共文化服务效率得分仅为 0.67。此外，陕西、甘肃、青海和宁夏四省份的公共文化服务效率得分也不高，其中，2016 年陕西和宁夏公共文化服务效率得分低于 1，处于投入产出低效率状态。

表 8　2016 年西部各省份公共文化服务效率得分情况

省份	投入得分	产出得分	效率得分
内蒙古	53.94	65.95	1.22
广西	40.43	50.76	1.26
重庆	43.94	60.94	1.39
四川	45.28	54.54	1.20
贵州	43.27	51.81	1.20
云南	41.52	52.24	1.26
西藏	87.52	59.05	0.67
陕西	58.82	57.22	0.97
甘肃	53.68	58.04	1.08
青海	60.20	60.23	1.00
宁夏	58.11	56.08	0.97
新疆	50.24	55.55	1.11

（三）公共文化服务效率水平个案分析

从前文提供的数据可知，我国 31 个省份的公共文化服务效率水平之间存在差距，但通过深入分析各省份的投入结构、产出结构和效率水平之间的深层关系，能够探索不同省份不同的公共文化服务效率特征、存在的问题及原因，为后文的分析奠定基础。因此，下文将依据公共文化服务投入、产出与效率的特征，在 31 个省份中选取具有代表意义的省份进行分析。

第一类：公共文化服务投入规模优势明显但效率不高，以北京为代表。

北京：公共文化服务各项投入指标的规模相对较大、优势明显、排名靠前，但公共文化服务产出指标得分相对较低，因此公共文化服务效率得分较低。2014～2016 年，北京公共文化服务投入得分依次为 81.03、84.82 和 87.51，呈逐年上升的趋势，三年排名均为第 2 位；产出得分依次为 55.95、58.99 和 58.71，排名依次为第 11 位、第 15 位和第 10 位；效率得分依次为 0.69、0.70 和 0.67，排名依次为第 30 位、第 30 位和第 31 位。从各项投入指标的排名来看，北京公共文化人力资源投入、物力资源投入、财政资金投入 2014 年排名依次为第 2 位、第 5 位和第 2 位，2015 年排名依次为第 1 位、第 6 位和第 1 位，2016 年排名依次为第 1 位、第 8 位和第 1 位；各项产出指标（分别为：文化参与、广播电视服务、体育服务、优秀作品、群众满意度）2014 年的排名依次为第 22 位、第 1 位、第 25 位、第 13 位和第 3 位，2015 年的排名依次为第 25 位、第 1 位、第 8 位、第 12 位和第 11 位，2016 年的排名依次为第 17 位、第 1 位、第 22 位、第 5 位和第 13 位。可见，北京公共文化服务在人力和财力方面的投入非常高，物力投入方面也相对较高，但产出方面除广播电视服务表现较好之外，其余的产出指标如文化参与、体育服务、优秀作品方面的劣势较为明显，产出方面的群众满意度指标也呈逐年下滑的趋势。

第二类：公共文化服务投入得分低而产出得分高，因此效率得分高，以黑龙江为代表。

黑龙江：黑龙江公共文化服务人均投入规模较小，投入得分较低，但公共文化服务产出效率较高，其效率得分在全国排名靠前。2014～2016 年，黑龙江公共文化服务投入得分依次为 40.72、42.69 和 40.67，排名依次为第 30 位、第 26 位和第 30 位。产出得分依次为 52.29、56.77 和 59.55，产出得分逐年递增，排名依次为第 24 位、第 19 位和第 8 位，位次逐年上升。效率得分依次为 1.28、1.33 和 1.46，效率得分排名依次为第 5 位、第 6 位和第 1 位。从各项投入指标的排名来看，黑龙江公共文化人均投入水平较低，人力资源投入、物力资源投入、财政资金投入在 2014 年的排名分别为第 26 位、第 29 位和第 29 位，2015 年排名分别为第 20 位、第 23 位和第 31 位，2016 年排名分别为第 26 位、第 31 位和第 29 位；各项产出指标（分别为：文化参与、广播电视服务、体育服务、优秀作品、群众满意度）2014 年的排名分别为第 26 位、第 10 位、第 22 位、第 23 位和第 8 位，2015 年的排名分别为第 28 位、第 15 位、第 12 位、第 19 位和第 10 位，2016 年的排名分别为第 27 位、第 11 位、第 17 位、第 6 位和第 2 位。可见，黑龙江公共文化服务在人力、物力和财力方面的投入均较低，相较于低投入，各项产出是相对较高的，其广播电视服务、群众的满意度等产出指标表现良好，从而使得黑龙江公共文化服务效率水平较高。

第三类：以西藏为例，西藏主要代表了边疆少数民族地区的公共文化服务情况。

西藏：作为典型的少数民族聚居区和边境地区，人口密度小，近几年国家对西藏地区的公共文化建设投入了大量的人财物，从数据分析结果来看，这种规模较大投入直接将该地区公共文化服务投入水平提升到与东部沿海经济发达地区相近的程度，但短期内公共文化服务的产出水平难以提高，因此，西藏地区公共文化服务投入产出效率排名基本处于全国最低。2014 ~ 2016 年，西藏地区公共文化服务投入得分别达到 91.74、89.14 和 87.52，人均投入水平非常高，排名分别为第 1 位、第 1 位和第 1 位。产出得分分别为 59.54、59.60 和 59.05，排名分别为第 6 位、第 11 位和第 9 位，产出得分远远低于投入得分。因而效率得分较低，分别为 0.65、0.67 和 0.67，位次排名分别为第 31 位、第 31 位和第 30 位。今后对西藏地区的公共文化扶持，应在产出领域下足功夫，采取积极措施提升服务效益产出，增加群众获得感。

四　研究结论与建议

从前文的分析中不难看出，目前我国公共文化服务效率水平整体不高，并且多数省份存在投入产出不对等的问题。为进一步提升我国公共文化服务效率水平，本报告认为，应转变"由增加公共投入带动业务发展"的传统发展模式，加快构建行之有效的公共文化服务效率评价机制，以公共文化服务机制创新和公共文化机构改革促进公共文化服务效率提升。

（一）研究结论

目前，我国公共文化服务效率水平整体不高，投入与产出不对等的问题在多个省份中表现突出。以2014年全国公共文化服务效率为基准1，2015年和2016年全国公共文化服务效率得分依次为1.029和1.035，整体上全国公共文化服务效率水平不高，增长不明显。效率得分为1是判断投入产出是否有效率的临界值，现阶段公共文化服务的效率得分仅略高于1，表明现阶段公共文化服务投入产出仅略超效率临界值，公共文化服务的产出水平相对其投入水平来说并不高，公共文化服务效率处于一个较低的水平。2014～2016年，尽管大多数省份公共文化服务投入产出效率得分高于1，但2014年北京、内蒙古、青海、西藏的效率得分低于1，2015年北京和西藏效率得分低于1，2016年北京、西藏、陕西、宁夏效率得分低于1，表明这些省份公共文化服务产出得分低于投入得分，处于低效率的状态。另外，从投入得分与产出得分的排名对比结果来看，2014年和2016年，我国31个省份中约1/3的省份公共文化服务处于高投入低产出状态。2015年和2016年，公共文化服务达到低投入高产出的省份仅占到25.8%，公共文化服务投入产出效率的提升仍有较大空间。

正如国内的一些专家学者所言，公共文化服务领域多年来一直行之有效的"由增加公共投入带动业务发展"的传统文化管理模式正在失去效率。单纯通过增加公共投入来提高公共机构的整体效率的政策思路将越来越不适应现实状况，我国公共文化服务发展进入一个以制度创新来提升整体服务效率的新阶段。

（二）研究建议

基于以上研究结论，为进一步提升我国公共文化服务效率水平，本研究提出以下研究建议：第一，政府及文化主管部门转变传统发展理念和发展方式，对公共文化的建设要立足当地实际情况和民众的文化诉求，有的地方需投入和产出"双管齐下"，有的地方则重点在于提升产出水平；第二，完善公共文化服务评价激励机制，逐步建立公共文化服务第三方评价机制，以客观评价结果指导实践，从而提升公共文化服务未来的投入—产出效率；第三，继续加强对中、西部落后地区文化建设的支持，完善贫困地区文化发展的薄弱环节，有效保障落后地区群众的基本文化权益；第四，中央和各级地方政府对每个区域的公共文化建设策略应结合当地实际，因地制宜地在最薄弱的环节和领域加强，补足各地区公共文化服务发展的短板。

1. 创新管理体制，实现由"投入驱动"到"管理创新驱动"的发展模式转变

对于提高公共文化服务效率的施政之策，传统政策思路存在两大"思维陷阱"：一种是在基本投入不足的前提下，希望通过体制改革和机制创新提高公共文化机构的服务水平与服务效率；一种则是在管理效率低下的前提下，希望通过不断增加公共投入来拉动公共文化机构的服务水平与效率提升。近年来，我国一些经济相对发达的省份对公共文化单位财政投入持续增加，但这些省份公共文化服务效率并未呈现如投入持续增加那般持续提升。这种情况恰好反映出单纯以增加公共投入带动业务发展的"投入驱动模式"作为提升国家公共文化服务效率的基本手段，已逐渐与现实不相适应。因此，需要重新确立公共文化服务发展的政策思路，即"将制度创新、管理创新作为推动新时期公共文化服务发展最重要的动力来源"，实现由"投入驱动模式"到"管理创新驱动模式"的动能转换。①

首先，在公共文化机构管理体制改革层面，要完善以理事会为中心的法人治理结构。法人治理结构是有关公共文化机构决策层、执行层、监督层及其他利益相关者之间权力和利益配置及制衡关系的制度安排，包括法人治理

---

① 傅才武、张伟锋：《公共图书馆行业全要素生产率研究——基于省域面板数据的 DEA-Malmqusit 模型分析》，《华中师范大学学报》（人文社会科学版）2018 年第 3 期。

架构、治理规则和监管机制三个部分。但在当前的公共文化事业机构改革实践中，几乎所有的公共文化单位都被仅作为"咨询机构"建设。[1] 2017年9月，由中宣部、文化部等七部门联合印发的《关于深入推进公共文化机构法人治理结构改革的实施方案》提出，到2020年底基本建立以理事会为主要形式的公共文化机构法人治理结构，建立健全公共文化单位决策、执行和监督机制。要达成这一改革目标，必须从"部门－单位"体制的框架改革入手，赋予基层公共文化单位相对独立的主体地位。[2]

其次，在公共文化服务供给机制改革层面，要健全社会力量参与政府购买公共文化服务的配套措施，借助社会力量突破公共文化服务资源体制内循环，提升公共文化服务资源配置效率。研究表明，长期以来，基于体制原因形成的公共文化服务资源体制内循环是导致公共文化服务投入产出效率不高的重要原因。政府向社会力量购买公共文化服务、增强公共文化服务体系的开放性、提高公共文化服务供给的社会化程度，是突破公共文化服务资源体制内循环、沉淀的政策路径。自2015年国务院办公厅转发《关于做好政府向社会力量购买公共文化服务工作的意见》以来，我国政府购买公共文化服务工作有序推进，在市场化程度较高的上海市，2015～2018年由企业承接的政府购买公共文化服务项目达249个，总金额为5878万元；由社会组织承接的项目63个，总金额为1199万元。但在全国范围内仍然存在资金总体投入有限、购买内容单一化、购买程序不规范、市场承接主体发育不成熟、长效考核机制不健全等问题。因此，需要持续加大这一制度创新的力度，不断完善各级地方政府推动社会力量参与公共文化服务的配套措施，优化社会力量参与公共文化服务体系建设的环境，培育公共文化服务市场主体，加强对政府购买公共文化服务的全过程监管及绩效评价，从国家层面上推进购买公共文化服务工作进入常态化管理的新阶段。

---

[1] 根据2016～2017年武汉大学"文化第一线"的调查数据，全国基层文化单位至今没有发现实施法人治理结构改革的成功案例。

[2] 傅才武、岳楠：《公共文化服务体系建设中财政增量投入的约束条件——以县级公共图书馆为中心的考察》，《中国图书馆学报》2018年第7期。

2. 完善评价激励机制，提升公共文化服务效率

公共文化服务投入产出的效率评估的目的就是对公共文化服务过程中各项活动进行过程控制和结果引导，通过科学全面的效率评估工作能够形成对公共文化服务投入的监督及对公共文化服务部门的激励，引导公共文化资源有效配置，最终促进公共文化服务的投入产出朝着高效率的方向发展。针对当前公共文化服务评价中存在的诸如评价工作体制内循环、评估程序不规范、评价指标体系不健全、评价结果难以形成资金补贴发放和政策制定的导向等一系列问题，必须完善公共文化服务评价激励机制，建立健全多元化评估机制，引导和促进公共文化服务效率提升。

首先，建立健全多元主体评估机制，引入并加强第三方主体评估。我国公共文化服务绩效考核和效率评估工作长期以来以单位自评和上级评估为主，属于内部自评，缺少公众和第三方评估机构的参与。借鉴发达国家的经验，我国公共文化服务的效率评估应构建包含权力主体（政府部门）、技术主体（第三方专业评估机构）和信息主体（社会公众）在内的多元评估主体体系，以弥补当前评估实践的缺陷，最大限度地将公共文化服务的利益相关者纳入效率评价的过程中，确保公众满意度和政府合法性，提高评估工作的实际效用，推动公共文化机构改进工作实效。具体操作方面，政府部门在确定评估的目标意向后，可在全国范围内寻找第三方评估机构合作委托其开展具体评估工作。政府通过授权给予第三方专业评估机构进行评估的具体权限，再由第三方评估机构根据评估目标和任务制定具体的评估工作计划和实施方案，确定被评估的社会公众范围，并独立开展信息搜集、分析、评估和反馈工作。第三方评估机构将评估结果反馈到政府部门，政府部门根据评估结果制定措施、改进工作方式，社会公众对政府工作改进状况和公共文化服务供给情况进行监督，直至政府部门机构的绩效改进情况令公众满意。整体来看，这样的评估流程不仅实现了效率评估的内外循环，保证了各主体的相互独立与相互制衡，还实现了对评估过程的权力主体、技术主体和信息主体的"掌控－支撑－监督"的分化型共建，保障公共文化服务效率评估工作的可持续性。

其次，加强对评估结果的反馈与运用。效率评估的主要目的和意义不在于评估本身，而在于通过评估结果反映出被评估对象在绩效、效率和资源利用方面存在的问题，相关部门和被评估对象能够根据评估结果制定策略进行改进，管理部门能够依据评估结果形成对被评估单位的奖惩激励机制。在发达国家，政府公共文化服务评价结果的公开和运用，是政府绩效评估过程中的必要程序，并且这种程序是由相关法律法规规定的，是评估组织必须履行的义务。借鉴发达国家公共文化绩效管理的经验，一要制定完善公共文化服务效率评估工作条例，在法律法规的层面明确评估的程序，确保评估结果的公开、透明，实现评估结果的运用有法可依。二要加强对评估结果的运用，发挥评估结果对公共文化单位配置资源、创新服务、提升效率及财政部门对资金优化配置的引导作用。可将公共文化服务效率评估的结果作为文化单位下一阶段文化活动资金安排、文化服务补贴发放、单位评估定级、部门绩效奖励、个人职称评级等的依据；建立一定的惩罚、整改和反馈机制，针对绩效、效率较差的单位予以一定惩处，并要求出具整改方案并落实，定期反馈整改情况，确保在下一阶段的评估中解决之前存在的问题，从而提升整体效率。

3. 建立健全公众文化需求征询反馈机制，促进公共文化服务供需有效对接

长期以来受计划经济体制的影响，我国公共文化服务形成了自上而下的以供给为导向的传统模式。这种传统供给模式虽然完成了战时国家意识形态动员体系的职能，但随着我国经济社会的发展进步，公众文化需求由同质性需求向个性化需求转变的趋势日益明显，人们对于文化的需求也从单纯追求数量的满足向质量的提升转变。供给为导向的传统模式下以读书、看报、看电影为主要内容的公共文化服务"老三样"，越来越难以满足公众对个性化、层次化、多样化公共文化服务的需求，导致公共文化服务供给与需求出现脱节现象，公众的公共文化参与率和对公共文化服务的满意度降低，不少基层文化机构出现无效率的"空转"现象，不可避免地造成公共文化资源的严重浪费。为解决公共文化服务供给与需求的结构性矛盾，必须按照中央出台的《关于加快构建现代公共文化服务体系的意见》和《公共文化服

务保障法》的要求，在全国范围内构建公众文化需求征询反馈机制，形成公共文化服务"以需求为导向"的供给模式，促进公共文化服务供需有效对接。

一要完善需求征集机制。采取传统渠道和大数据信息化渠道结合、常设性的互动平台和阶段性征询相结合的征集方式，探索不同群体文化需求的表达形式与文化需求偏好情况，掌握各类群体文化参与的频率与方式，最终形成包括被动性信息收集、主动性信息收集和综合性信息收集等多层次、全覆盖的高效信息征集网络体系。

二要健全服务供给机制。各类公共文化单位向公众提供公共文化产品（服务）时，必须以群众需求为导向，要严格执行中央出台的《关于加快构建现代公共文化服务体系的意见》和《公共文化服务保障法》中关于开展"菜单式"、"订单式"公共文化服务的具体要求。具体操作层面，可借助公众文化需求征集系统和信息平台的公众文化需求信息数据分析结果，建立公共文化服务供给菜单，并结合本地经济社会发展水平、人口状况、财政状况、文化资源和群众合理的文化需求，按需配送公共文化服务与产品。在公共文化服务供给目录或菜单的制定过程中，可成立多方参与的公共文化服务供给目录评审委员会，保证决策的科学性。

三要构建评价反馈机制。依托需求征集渠道和平台开展公共文化服务常规评价，通过意见调查对阶段性文化活动项目的实施效果进行跟踪评价，定期组织公众满意度调查，开展公共文化服务总体评价。相关部门根据群众反馈意见评估公共文化服务效果，纠正供需结构偏差，调整优化下一阶段公共文化产品和服务供给安排。

B.5
公共文化服务外部支撑水平报告

寇　垠　韦雨才*

摘　要： 在明确公共文化服务发展的基础和现实问题的基础上，才能精准定位公共文化服务发展目标和应对策略，才能避免因格式化发展造成的供需错位。本报告建立了衡量公共文化服务外部影响力的"外部支撑水平指标体系"，包括环境支撑水平、资源支撑水平、创新支撑水平和产业支撑水平。基于2014～2016年各省份公共文化服务统计数据，从横向和纵向比较两个方面，对各省份和全国公共文化服务外部支撑水平进行测算评价，进而提出提升公共文化服务外部支撑水平的建议。

关键词： 公共文化服务　外部支撑水平　指标体系

随着人民群众对公共文化服务的需求日益旺盛，政府要不断提升公共文化服务水平，在"十三五"时期实现全面小康社会的文化小康。"十三五"时期公共文化服务体系的建设重点和任务，要结合这一阶段国家发展阶段和战略重点进行定位和选择。当前，我国公共文化服务体系的问题不再是简单的投入不足和能力薄弱问题，而是如何充分发挥文化资源服务效能，同时持

* 寇垠，武汉大学国家文化发展研究院副研究员，研究方向为公共文化服务与社会创新；韦雨才，武汉大学国家文化发展研究院硕士研究生，研究方向为公共文化服务、文化产业。

续提升群众对公共文化服务满意度的问题。陈原[①]在《人民日报》发表以"新建公共文化设施忌盲目扩张　大而无当也是短视"为题的论述，指出当前新城区在新建文化场馆中存在"盲目扩张、以大为美、追求面子"的现象，导致新建场馆广泛存在利用率低、支出大和能耗高的问题，提出公共文化服务建设要量力而行、以节约为美，要重点提升公共文化服务的资源使用效率和服务效能。祁述裕[②]通过案例研究论证了我国公共文化服务硬件完善但服务效能不足的问题。其以上海与纽约图书馆数量和效能为对比，分析发现上海在图书馆数量上超过纽约，但人均图书卡借阅量仅为4.6%，远低于纽约的64%。祁述裕等[③]认为要"慎提不断扩大免费提供公共文化服务的范围"，这种提法不利于公共文化服务的个性化发展，不利于调动社会力量参与公共文化服务体系建设，会不断加重政府公共文化财政支出负担。建议要不断优化公共文化免费服务，畅通政府与群众需求之间互通机制，避免出现群众热衷的基本文化活动不在免费服务范围内的情况。随着现代公共文化服务体系建设的不断推进，公共文化服务建设逐渐从政府单一投入向政府与社会力量合作投入转变，从强调硬件设施规模建设向提升软性服务质量转变，从增量建设为主导向存量效率提升为主导转变。在此过程中，关键在于如何进一步挖掘影响公共文化服务发展的关键因素，采取针对性措施，提高公共文化服务效能，精准满足人民群众的文化需求。基于此，本报告建立了公共文化服务外部支撑水平指标体系，并对2014～2016年全国31个省份的公共文化服务外部支撑水平进行测算，最后形成了本研究报告。

一　公共文化服务外部支撑水平的概念

"支撑"一词原意为"顶住压力防止坍塌"或"勉强维持"，是建筑工

---

① 陈原：《新建公共文化设施忌盲目扩张　大而无当也是短视》，《人民日报》2015年12月24日。

② 祁述裕等：《构建现代公共文化服务体系需要研究的七个重点问题》[EB/OL]，[2015-02-09]，网址：http：//politics. people. com. cn/n/2015/0209/c1001-26531351. html。

③ 祁述裕等：《慎提不断扩大免费提供公共文化服务的范围》[EB/OL]，[2015-09-10]，网址：http：//www. ce. cn/culture/gd/201509/10/t20150910_ 6450218. shtml。

程领域的常见术语，但随着"支撑"含义的不断延伸，"支撑"相关概念在当前教育、管理、经济和文化等各个领域得到广泛运用。美国管理学家迈克尔·波特在"钻石模型"理论的阐述中提到"产业支撑体系"概念，即"产业支撑体系"由"要素条件"、"需求条件"、"相关支撑条件"和"企业的战略、结构和竞争"四个基本要素以及"政府"、"机遇"两个辅助要素共同组成①。郑燕玲②从强化规划引导力度、强化服务保障能力、强化监管规范责任三大方面构建文化旅游产业支撑体系。贾默凡③在分析地方文艺院团发展支持要素的基础之上，从政策支撑、资金支撑、市场支撑、管理支撑、艺术支撑和传播支撑等六个方面构建地方文艺院团可持续支撑体系，其中政策支撑、市场支撑和资金支撑的实现主体来自各个方面，属于外部支撑。福建省在文化建设上，从艺术创新、公共文化服务、文化产业拓展、对外对台文化交流、文化资源保护、文化市场管理、文化人才培养和文化政策保障等八大方面构建其文化支撑体系④。而李明圣⑤从文化自觉、文化规划、文化制度、文化设施和文化创意产业等方面构建城乡结合部的文化支撑体系。姜慧⑥认为公共文化服务体系建设除了依靠政府的支持、完善的政策和设施配套，要想达到预期的目标，还必须有文化人才支撑，等等。

然而，目前国内绝大多数研究在运用"支撑"相关概念时，并未对"支撑体系"做解释，武洋洋⑦将"支撑体系"界定为某个事物发展所必须具备的条件以及条件之间的相互联系。孟莹⑧则基于"支撑"作为一种能够

---

① 迈克尔·波特：《竞争战略》，华夏出版社，1997，第53~69页。
② 郑燕玲：《福建省德化县政府构建陶瓷文化旅游产业支撑体系研究》，华侨大学硕士学位论文，2018，第43~51页。
③ 贾默凡：《地方文艺院团可持续支撑体系研究》，南京艺术学院硕士学位论文，2016，第23~28页。
④ 福建省文化厅：《发展海西文化构建八大支撑体系》，《开放潮》2006年第1期。
⑤ 李明圣：《如何构建城乡结合部的文化支撑体系》，《北京日报》2012年1月30日。
⑥ 姜慧：《山东省公共文化服务体系建设的人才支撑策略研究》，《戏剧丛刊》2013年第2期。
⑦ 武洋洋：《北京建设世界城市人才支撑体系研究》，北京交通大学硕士学位论文，2012，第14页。
⑧ 孟莹：《美国大学生创业的外部支撑体系研究》，浙江大学博士学位论文，2017，第21~22页。

促进、扶持，或帮助事物发展的行为或过程，将"支撑体系"理解为一个资源池（Resource Pool），即为个体提供实物支持和精神支持的网络关系。公共文化服务属于政府基本公共服务的一种，由各级政府根据国家整体的公共文化服务标准要求承担服务建设与供给的主体责任，而公共文化服务的供给和需求双方实现最优均衡是公共文化服务体系建设的核心目标。但由于群众文化服务需求随社会经济文化发展而动态变化，服务供给资源条件相对静态且资源有限，造成有限的静态资源无法满足人民群众动态的无限服务需求这一矛盾。因此，要做好各地公共文化服务发展水平的评测工作，明确公共文化服务发展前行的方向和目标，提前规划、设计和优化公共文化服务，才能缓解公共文化服务供求错位矛盾。为方便测算各省份公共文化服务发展水平以及分析各区域公共文化服务发展存在的问题，应结合"支撑体系"的内涵，引入"公共文化服务外部支撑水平"的概念，意指公共文化服务发展的外部影响条件综合水平。

二 公共文化服务外部支撑水平测评指标及方法

（一）公共文化服务外部支撑水平指标体系

本文研究的公共文化服务外部支撑水平涵盖公共文化服务环境支撑、公共文化服务资源支撑、公共文化服务创新支撑和公共文化服务产业支撑四个方面。

第一，公共文化服务外部支撑水平与环境支撑水平相关，分为供给和需求水平。公共文化服务供给与地方政府重视程度高度相关，可用地方政府文化政策法规数来衡量政府投入的趋势，政策法规数量与结构水平越高，公共文化财政支出制度保障越完善；供给还与社会力量发展水平高度相关，用社会团体规模衡量社会力量发展水平，其中社会组织越发达意味着社会力量参与文化服务建设越深入、运行效率和服务水平越高。同时，公共文化服务发展还要考虑需求，例如用上海居民文化需求水平衡量偏远山区居民需求规模结构显然不合理，必须基于地方特定环境因素。从马斯洛需求层次理论来看，只有当基本生存需求得到满足时，才会追求精神文化上的享受，因而可以用人均 GDP 来衡量本地居民公共文化服务需求整体趋势，用文化娱乐消费支出占居民消费性支出的比重来衡量需求结构变化趋势；由于服务量的变化取决于人口基数变动，所以用地区人口净增长衡量需求规模变化趋势。

第二，公共文化服务外部支撑水平与资源支撑水平相关，资源支撑分为人力保障和物力储备两个方面。公共文化服务必须有充足的大学生队伍作为创新人力保障，随着公共文化服务社会化改革的深入，文化产业、事业人才流动更加频繁，因此本文选择地区普通高等学校在校学生人数作为衡量人力资源保障的指标。公共文化服务外部支撑水平必须考虑可能的增量文化资源，如地区独占性文化资源，这些资源体现了区域独特的人文历史，大量处于待开发阶段，可对区域范围内的独占性文化资源进行深入挖掘，将其转化成区域公共文化服务特色标志，以此形成区域性公共文化服务品牌影响力，带动人民群众广泛参与公共文化活动，因此本文用每万人拥有文化资源量来代表资源支撑水平，包括世界遗产数、国家级非物质文化遗产数、国家级重点文物保护单位数、国家级名镇和名村数。

第三，公共文化服务外部支撑水平与地区创新支撑水平相关。公共文化服务是一种服务，除了硬件条件外，更重要的是要有创新能力，通过创造性转化和创新性发展用最集约的资源条件去创造最优质的服务，因此创新驱动能力的强弱决定了公共文化服务外部支撑水平的高低。地区创新驱动能力可以直接借鉴科学技术文献出版社每年发布的《中国区域创新能力评价报告》中地区创新能力指数。

第四，公共文化服务外部支撑水平与产业支撑水平有关。从理论上讲，公共文化服务与文化产业之间是相互促进、共同发展的关系，公共文化服务满足基本文化需求且具有文化艺术欣赏能力培育功能，而文化产业则满足人们更深层次的精神文化享受需要，人们通过对比公共文化服务和文化产业服务的价格与质量水平，结合自身收入支出的约束曲线，选择不同的文化服务。文化产业和文化事业共同发展融合形成了地方大的文化生态体系，其中文化产业发挥更大的带动作用，文化生态体系繁荣与否影响群众公共文化服务需求的变动，因此，文化产业的发展可提升公共文化服务外部支撑水平。本文从产业发展水平、企业发展活力和产业集聚水平等方面来筛选指标，最终选择用每万人文化及相关产业固定资产投资规模、上市公司数量与省级以上文化产业示范区（基地）的加权值来表示。

表1　公共文化服务外部支撑水平指标体系

一级	二级	编号	三级	单位
公共文化服务外部支撑水平	环境支撑	1	人口净增长情况	%
		2	人均GDP	元/人
		3	地方政府政策法规数量(赋权值)	个/万人
		4	社会团体规模	个/万人
		5	居民文化娱乐消费支出占消费性支出比重	%
	资源支撑	6	每万人拥有文化资源量(赋权值)	个/万人
		7	普通高等学校在校学生人数	人
	创新支撑	8	各省份创新能力指数	—
	产业支撑	9	文化及相关产业固定资产投资	万元/万人
		10	产业园与上市文化企业数	个

（二）公共文化服务外部支撑水平测评方法

1. 综合评价法

本文建立多维指标体系去评价全国31个省份公共文化服务外部支撑水平，是典型的运用多个指标对多个参评单位进行评价的情形，因此本报告选择采用多个指标对多个参评单位进行评价的方法，即综合评价法。

2. 指标权重确定

本文运用专家打分法对公共文化服务外部支撑水平指标进行打分，进而计算各项指标的权重，由专家打分法计算出的指标权重详见表2。专家打分过程大致经过以下几个步骤：（1）选择专家。选择10名在公共文化服务领域研究经验丰富的理论专家、20名在文化部门工作经验丰富的实践专家。（2）向专家提供研究的背景资料，以匿名方式征询专家意见。
（3）对专家意见进行分析汇总，将统计结果反馈给专家。（4）专家根据反
馈结果修正自己的意见。（5）经过多轮匿名征询和意见反馈，形成最终的
指标权重。

表2　公共文化服务外部支撑水平专家打分法指标权重

单位：%

一级	二级	权重	三级指标	权重
公共文化服务外部支撑水平	环境支撑	27.20	人口净增长情况	15.69
			人均GDP	24.26
			地方政府政策法规数量	13.48
			社会团体规模	24.76
			居民文化娱乐消费支出占消费性支出比重	21.81
	资源支撑	26.81	每万人拥有文化资源量	60
			普通高等学校在校学生人数	40
	创新支撑	21.58	各省份创新能力指数	100
	产业支撑	24.42	文化及相关产业固定资产投资	56.06
			产业园与上市文化企业数	43.94

3. 指标数据来源

本研究拟评价2014～2016年全国31个省份公共文化服务外部支撑水
平，评价指标所涉及宏观数据来源于《中国文化文物统计年鉴》、《中国文
化及相关产业统计年鉴》、中国国家统计局官方网站年度数据。

三　公共文化服务外部支撑水平整体评价

（一）公共文化服务外部支撑水平得分变动情况

经测算，2014～2016年31个省份全国公共文化服务外部支撑水平综
合得分平均值依次为36.53、36.94和34.36，综合得分由环境支撑、资
源支撑、创新支撑和产业支撑水平得分四个维度组成。从2014年公共文

化服务外部支撑水平测评数据来看，产业支撑水平得分均值为 44.22，之后从高到低依次是环境支撑、资源支撑和创新支撑水平得分。而从 2015 年和 2016 年的数据来看，环境支撑水平得分均值最高，依次是 44.75 和 41.97，其得分高于产业支撑水平均值（见表 3）。对比 2014～2016 年数据，可以发现公共文化服务外部支撑水平综合得分有所波动，2015 年比 2014 年提高了 0.41，但 2016 年比 2015 年降低了 2.58，其中资源支撑、创新支撑和产业支撑水平得分均值均存在持续下跌情况，并且环境支撑和产业支撑水平对外部支撑水平的影响，比另外两个因素所产生的影响更为显著（见表 3）。

表 3　2014～2016 年 31 个省份公共文化服务外部支撑水平得分平均值

年份	综合得分	环境支撑	资源支撑	创新支撑	产业支撑
2014	36.53	41.94	30.29	28.75	44.22
2015	36.94	44.75	29.93	28.41	43.49
2016	34.36	41.97	29.43	27.49	37.36
2015～2014	0.41	2.81	-0.36	-0.34	-0.73
2016～2015	-2.58	-2.78	-0.50	-0.92	-6.13

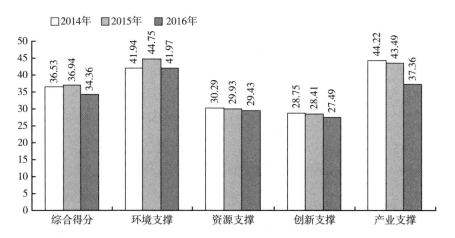

图 1　2014～2016 年全国公共文化服务外部支撑水平得分

从 2014～2016 年 31 个省份公共文化服务外部支撑水平综合得分的平均值来看，江苏、浙江、北京、广东、山东、上海等地公共文化服务外部支撑水平排名靠前，贵州、新疆、黑龙江、云南、宁夏、海南等地的外部支撑水平排名靠后。可见，公共文化服务外部支撑水平与地方经济社会综合发展水平存在较强的关联性（见图 2）。

公共文化服务外部支撑水平综合得分下降情况分析。从 2015 年与 2014 年的各省份综合得分对比来看，公共文化服务外部支撑水平得分较 2014 年下降的省份有 12 个，下降幅度从大到小依次是辽宁、上海、内蒙古、江苏、

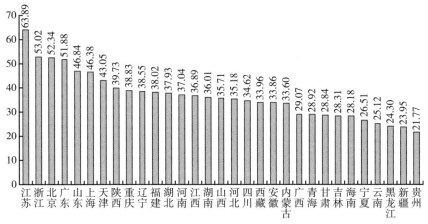

2014年31个省份公共文化服务外部支撑水平得分

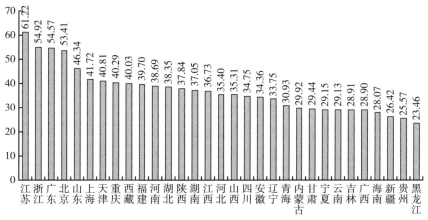

2015年31个省份公共文化服务外部支撑水平得分

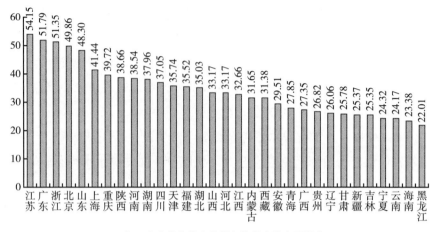

2016年31个省份公共文化服务外部支撑水平得分

图2　2014～2016年31个省份公共文化服务外部支撑水平

天津等省份；从2015～2016年的各省份外部支撑水平综合得分对比来看，公共文化服务外部支撑水平得分较2015年下降的有25个省份，降幅由大到小依次是西藏、辽宁、江苏、天津、云南、安徽和宁夏等省份（见表4）。从公共文化服务外部支撑水平得分下降省份的环境支撑、资源支撑、创新支撑和产业支撑四个维度平均值来看，2015年和2016年降幅最大的均为产业支撑水平得分，2015年较2014年下降了7.17，2016年较2015年下降了7.31，可见产业支撑水平下降是造成这些省份公共文化服务外部支撑水平下降的主要原因（见表5）。

表4　2014～2016年公共文化服务外部支撑水平综合得分及二级指标增减情况

地区	2015年较 2014年变动	地区	2016年较 2015年变动	△环境 支撑	△资源 支撑	△创新 支撑	△产业 支撑
辽宁	−4.80	西藏	−8.65	−4.04	0.72	0.54	−32.19
上海	−4.66	辽宁	−7.69	−8.20	−1.02	−2.20	−19.28
内蒙古	−3.67	江苏	−7.07	−13.73	−1.01	−3.90	−9.11
江苏	−2.67	天津	−5.07	−4.40	−0.44	−0.44	−14.99
天津	−2.24	云南	−4.96	−15.82	0.38	0.71	−3.72
陕西	−1.89	安徽	−4.85	8.68	−22.00	−1.66	−3.91

续表

地区	2015年较2014年变动	地区	2016年较2015年变动	△环境支撑	△资源支撑	△创新支撑	△产业支撑
黑龙江	-0.84	宁夏	-4.83	-15.91	-0.03	0.64	-2.60
山东	-0.50	海南	-4.69	-6.89	-0.68	-3.19	-7.95
山西	-0.40	福建	-4.18	-7.74	-0.49	-1.43	-6.68
广西	-0.16	江西	-4.07	-4.96	0.24	0.19	-11.58
江西	-0.16	甘肃	-3.66	-11.95	-0.10	-1.24	-0.50
海南	-0.11	浙江	-3.57	-4.85	-0.75	-0.28	-8.14
四川	0.13	吉林	-3.56	-10.47	-0.24	0.47	-3.06
河北	0.22	北京	-3.55	-8.92	-0.13	-0.05	-4.43
湖北	0.42	湖北	-3.33	-4.21	-1.39	0.28	-7.66
安徽	0.50	青海	-3.08	-4.90	0.14	2.35	-9.38
甘肃	0.60	广东	-2.78	-6.35	-1.14	1.62	-4.51
吉林	0.61	河北	-2.23	2.83	-0.31	-0.39	-11.61
湖南	1.05	山西	-2.14	-4.95	0.05	-0.24	-3.09
北京	1.07	广西	-1.55	0.65	0.61	-1.62	-6.34
重庆	1.46	黑龙江	-1.45	-0.60	-0.66	-1.65	-3.08
河南	1.65	新疆	-1.06	-2.17	3.65	0.18	-6.08
福建	1.68	重庆	-0.57	1.06	-1.41	-1.99	-0.20
浙江	1.91	上海	-0.28	0.69	-0.36	-1.23	-0.44
青海	2.01	河南	-0.15	2.59	0.53	-2.21	-2.14
新疆	2.47	陕西	0.82	4.97	-1.39	-3.24	2.19
宁夏	2.64	湖南	0.91	-0.95	10.67	-1.14	-5.94
广东	2.69	贵州	1.24	3.20	1.11	-3.45	3.35
贵州	3.81	内蒙古	1.73	8.75	0.16	0.10	-2.94
云南	4.01	山东	1.96	14.99	0.06	-2.52	-6.53
西藏	6.07	四川	2.29	7.63	-0.11	-1.55	2.38

表5　2014~2016年逐年增减省份均值分析

项目	增减情况（省份数）	△综合得分	△环境支撑	△资源支撑	△创新支撑	△产业支撑
2015年较2014年	下降平均值（12个）	-1.84	0.90	-0.32	-1.17	-7.17
	增加平均值（19个）	1.84	3.81	-0.38	0.10	2.63
2016年较2015年	下降平均值（25个）	-3.56	-4.98	-1.03	-0.67	-7.31
	增加平均值（6个）	1.49	6.43	1.75	-1.97	-1.25

公共文化服务外部支撑水平综合得分上升情况分析。2015 年公共文化服务外部支撑水平得分较 2014 年上升的省份包括西藏、云南、贵州、广东、宁夏、新疆和青海等 19 个省份（见表 4），这些省份 2015 年较 2014 年外部支撑水平综合得分增长平均值为 1.84，其中环境支撑增长均值最高，达 3.81，其次是产业支撑水平增长均值，为 2.63。2016 年，公共文化服务外部支撑水平得分增长省份包括四川、山东、内蒙古、贵州、湖南和陕西等 6 个省份，这些省份公共文化服务外部支撑水平得分增长的均值为 1.49，其中环境支撑水平得分均值增加 6.43，资源支撑水平得分均值增加 1.75，创新支撑和产业支撑水平得分均值依次降低 1.97 和 1.25。根据 2015 年和 2016 年公共文化服务外部支撑水平得分增长省份的数据，造成这些省份公共文化服务外部支撑水平得分增长的最主要原因是环境支撑水平得分的增长（见表 5）。

（二）公共文化服务环境支撑水平变动情况

公共文化服务环境支撑水平指标由人口净增长情况、人均 GDP、地方政府政策法规数量、社会团队规模、居民文化娱乐消费支出占消费性支出比重五个指标构成。从全国各省份环境支撑水平变动情况来看，2015 年全国环境支撑水平得分平均值较 2014 年上升了 2.81，其中有 9 个省份的环境支撑水平得分下降，降幅最大的是上海、陕西、北京和甘肃，依次下降 10.28、3.92、3.37、1.16；其余 22 个省份的环境支撑水平得分有所上升，增幅前三名依次是云南（14.37）、广东（12.45）、浙江（10.09）。2016 年全国公共文化服务环境支撑水平得分平均值较 2015 年下降 2.77，有 20 个省份环境支撑水平得分下降，其中宁夏、云南、江苏、甘肃和吉林等 5 省份的环境支撑水平得分降幅较大，较前一年依次下降了 15.91、15.82、13.73、11.95、10.47，其余 11 个省份环境支撑水平得分上升，上升幅度较大的依次是山东（14.99）、内蒙古（8.75）、安徽（8.68）和四川（7.63），广西、上海、重庆等省份环境支撑水平得分变动增幅较小（见表 6）。

表6 2014～2016年31个省份公共文化服务环境支撑水平得分变动情况

地区	2015年较2014年	地区	2016年较2015年
上海	-10.28	宁夏	-15.91
陕西	-3.92	云南	-15.82
北京	-3.37	江苏	-13.73
甘肃	-1.16	甘肃	-11.95
辽宁	-0.69	吉林	-10.47
重庆	-0.65	北京	-8.92
黑龙江	-0.54	辽宁	-8.20
贵州	-0.44	福建	-7.74
天津	-0.38	海南	-6.89
青海	1.07	广东	-6.35
宁夏	1.23	江西	-4.96
广西	1.24	山西	-4.95
四川	1.31	青海	-4.90
湖北	2.38	浙江	-4.85
江苏	2.49	天津	-4.40
山西	2.78	湖北	-4.21
河北	2.91	西藏	-4.04
安徽	3.39	新疆	-2.17
吉林	3.52	湖南	-0.95
江西	3.54	黑龙江	-0.60
湖南	3.63	广西	0.65
新疆	3.98	上海	0.69
海南	4.83	重庆	1.06
内蒙古	5.07	河南	2.59
河南	6.30	河北	2.83
山东	6.69	贵州	3.20
福建	7.39	陕西	4.97
西藏	7.80	四川	7.63
浙江	10.09	安徽	8.68
广东	12.45	内蒙古	8.75
云南	14.37	山东	14.99
平均值	2.81	平均值	-2.77

（三）公共文化服务资源支撑水平得分变动

公共文化服务资源支撑水平指标由每万人拥有文化资源量和普通高等学校在校学生人数两个指标构成。2014年全国公共文化服务资源支撑水平得分均值是30.29，2015年为29.93，较2014年下降了0.36。从2014年和2015年全国各省份的资源支撑水平变动情况来看，有21个省份的资源支撑水平得分下降，降幅前五名依次为湖北、江苏、陕西、辽宁和河北，降幅最大的湖北较上一年下降了1.83；其他10个省份的资源支撑水平得分上升，增长幅度排名前五的依次是海南、贵州、江西、青海和广西，最大增幅的海南较上一年提升了0.60。2016年全国公共文化服务资源支撑水平得分均值为29.43，较2015年下降了0.50。从2015年和2016年全国各省份的资源支撑水平得分变动情况来看（见表7），有19个省份的资源支撑水平下降，降幅最大的是安徽，下降了22，其余18个省份，例如西藏、重庆、青海、海南等的公共文化服务资源支撑水平得分均值下降幅度在0.03~1.41；其他12个省份的资源支撑水平得分上升，增幅较大的前五名依次是湖南（10.67）、新疆（3.65）、河南（1.11）、山东（0.72）和广西（0.61）。

表7　2014~2016年31个省份公共文化服务资源支撑水平得分变动情况

地区	2015年较2014年	地区	2016年较2015年
湖北	-1.83	安徽	-22.00
江苏	-1.63	西藏	-1.41
陕西	-1.17	重庆	-1.39
辽宁	-0.94	青海	-1.39
河北	-0.91	海南	-1.14
广东	-0.87	陕西	-1.02
西藏	-0.80	宁夏	-1.01
浙江	-0.76	浙江	-0.75
黑龙江	-0.74	福建	-0.68

地区	2015 年较 2014 年	地区	2016 年较 2015 年
福建	− 0.61	天津	− 0.66
北京	− 0.59	辽宁	− 0.49
天津	− 0.48	山西	− 0.44
甘肃	− 0.41	湖北	− 0.36
上海	− 0.40	甘肃	− 0.31
湖南	− 0.38	上海	− 0.24
吉林	− 0.37	黑龙江	− 0.13
四川	− 0.28	北京	− 0.11
重庆	− 0.26	内蒙古	− 0.10
安徽	− 0.22	吉林	− 0.03
河南	− 0.10	江苏	0.05
新疆	− 0.07	河北	0.06
内蒙古	0.04	广东	0.14
宁夏	0.06	云南	0.16
山东	0.07	江西	0.24
山西	0.18	四川	0.38
云南	0.21	贵州	0.53
广西	0.24	广西	0.61
青海	0.31	山东	0.72
江西	0.44	河南	1.11
贵州	0.56	新疆	3.65
海南	0.60	湖南	10.67
平均值	− 0.36	平均值	− 0.50

（四）公共文化服务创新支撑水平变动情况

公共文化服务创新支撑水平指标源于中国区域创新能力年度指数。2014年全国公共文化服务创新支撑水平得分均值是 28.75，2015 年为 28.41，较 2014 年下降了 0.34。从 2014 年和 2015 年全国各省份的创新支撑水平变动情况来看，有 17 个省份的创新支撑水平得分下降，降幅较大的是浙江、内蒙古、山西、辽宁、海南 5 省，浙江降幅最大，为 4.11；其余 14 个省份的创新支撑水平得分上升，增长较大的前五名依次是贵州（4.42）、四川（2.68）、北京（2.16）、陕西（2.15）和新疆（1.82）。2016年全国公共文化服务创新支撑水平得分均值是27.49，较2015年下降了0.92。从2015年和2016年全国各省份的创新支撑水平变动情况来看，江苏、贵州、陕西、海南、山东等21个省份的创新支撑水平得分下降，其中江苏该项指标降幅最大，下降了3.90；其他10个省份的创新支撑水平得分上升，增长较多的前五名依次是青海、广东、云南、宁夏、西藏，其中青海该项指标较上一年提升了2.35。

表8 2014～2016年31个省份公共文化服务创新支撑水平得分变动情况

地区	2015年较2014年	地区	2016年较2015年
浙江	−4.11	江苏	−3.90
内蒙古	−3.22	贵州	−3.45
山西	−2.44	陕西	−3.24
辽宁	−2.42	海南	−3.19
海南	−2.35	山东	−2.52
天津	−2.34	河南	−2.21
福建	−2.05	辽宁	−2.20
青海	−1.93	重庆	−1.99
江西	−1.49	安徽	−1.66
湖南	−1.24	黑龙江	−1.65
山东	−1.20	广西	−1.62
重庆	−0.95	四川	−1.55
广西	−0.81	福建	−1.43
江苏	−0.81	甘肃	−1.24
云南	−0.58	上海	−1.23
吉林	−0.42	湖南	−1.14
河北	−0.25	天津	−0.44
西藏	0.07	河北	−0.39
安徽	0.16	浙江	−0.28
甘肃	0.38	山西	−0.24

续表

地区	2015 年较 2014 年	地区	2016 年较 2015 年
上海	0.42	北京	-0.05
湖北	0.48	内蒙古	0.10
黑龙江	0.51	新疆	0.18
河南	0.54	江西	0.19
广东	0.92	湖北	0.28
宁夏	1.52	吉林	0.47
新疆	1.82	西藏	0.54
陕西	2.15	宁夏	0.64
北京	2.16	云南	0.71
四川	2.68	广东	1.62
贵州	4.42	青海	2.35
平均值	-0.34	平均值	-0.92

（五）公共文化服务产业支撑水平变动情况

公共文化服务产业支撑水平指标由文化及相关产业固定资产投资额和产业园与上市文化企业数共同构成。2014 年全国公共文化服务产业支撑水平得分均值是 44.22，2015 年为 43.49，较 2014 年下降了 0.73。从 2014 年和 2015 年全国各省份的产业支撑水平变动情况来看，有 18 个省份的产业支撑水平得分下降，降幅最大的是内蒙古，下降了 17.89，其次是辽宁下降了 15.73，江苏下降了 11.18；其他 13 个省份的产业支撑水平得分上升，增幅较大的前五名是西藏、贵州、青海、宁夏、重庆，西藏增幅最大，产业支撑水平得分较上一年提升了 16.97。2016 年全国公共文化服务产业支撑水平得分均值是 37.36，较 2015 年下降了 6.13。从 2015 年和 2016 年全国各省份的产业支撑水平变动情况来看，有 28 个省份的产业支撑水平得分下降，降幅较大的是西藏、辽宁、天津、河北和江西 5 个省份，降幅最大的西藏下降了 32.19，仅有贵州、四川、陕西三个省份该项指标较上一年有所提升，分别提升了 3.35、2.38、2.19。总的来看，2016 年全国公共文化服务产业支撑水平下降幅度比 2015 年下降幅度大，部分省份如西藏、内蒙古、上海、四川和陕西等省份该项指标在 2015 年、2016 年评测中波动较大。

表9　2014～2016 年 31 个省份公共文化服务产业支撑水平得分变动情况

地区	2015 年较 2014 年	地区	2016 年较 2015 年
内蒙古	− 17. 89	西藏	− 32. 19
辽宁	− 15. 73	辽宁	− 19. 28
江苏	− 11. 18	天津	− 14. 99
山东	− 8. 53	河北	− 11. 61
上海	− 7. 57	江西	− 11. 58
天津	− 6. 14	青海	− 9. 38
海南	− 4. 39	江苏	− 9. 11
陕西	− 3. 98	浙江	− 8. 14
江西	− 3. 75	海南	− 7. 95
四川	− 2. 99	湖北	− 7. 66
山西	− 2. 76	福建	− 6. 68
广东	− 2. 72	山东	− 6. 53
黑龙江	− 2. 48	广西	− 6. 34
安徽	− 1. 63	新疆	− 6. 08
广西	− 1. 60	湖南	− 5. 94
河北	− 1. 11	广东	− 4. 51
吉林	− 0. 66	北京	− 4. 43
河南	− 0. 63	安徽	− 3. 91
湖北	0. 66	云南	− 3. 72
云南	0. 71	山西	− 3. 09
浙江	1. 03	黑龙江	− 3. 08
福建	1. 11	吉林	− 3. 06
湖南	1. 75	内蒙古	− 2. 94
甘肃	3. 86	宁夏	− 2. 60
新疆	4. 16	河南	− 2. 14
北京	6. 86	甘肃	− 0. 50
重庆	7. 85	上海	− 0. 44
宁夏	8. 03	重庆	− 0. 20
青海	8. 39	陕西	2. 19
贵州	11. 57	四川	2. 38
西藏	16. 97	贵州	3. 35
平均值	− 0. 73	平均值	− 6. 13

四 分区域公共文化服务外部支撑水平评价

将我国 31 个省份划分为东部、中部和西部进行区域比较分析是较为普遍的做法，本文也依据这种地区划分来分析不同区域的省份在公共文化服务外部支撑水平上的异同。对比发现，东部地区的公共文化服务外部支撑水平得分相对较高，而中、西部欠发达地区的该指标水平相对较低。

（一）东、中、西部公共文化服务外部支撑水平比较

通过对 2014~2016 年我国东部、中部和西部地区公共文化服务外部支撑水平得分的对比分析，发现东部得分最高、中部其次、西部最低。从表 10 可看出，对比 2016 年和 2014 年，东部公共文化服务外部支撑水平得分下降了 4.42，中部地区下降了 2.26，西部地区下降了 0.40；东部地区环境支撑水平得分下降了 1.57，中部上升了 1.38，西部地区上升了 0.11；东部地区资源支撑水平得分下降 1.28，中部下降了 1.71，西部上升了 0.18；东部地区创新支撑水平得分下降了 2.20，中部和西部地区分别下降了 1.61 和 0.25；东部地区产业支撑水平得分下降了 13.00，中部和西部地区分别下降了 7.50 和 1.74。

可见在资源支撑上，东部和中部地区的指标略有下降，西部略有上升，整体上东、中、西部在环境支撑和资源支撑上变动较小。而在创新支撑和产业支撑上，东、中、西部都有所弱化，并且在这两项指标水平变动中，东部下降最为显著，其次是中部、西部。对比环境支撑、资源支撑、创新支撑和产业支撑四个指标变动情况，产业支撑指标变动幅度最为明显，其对公共文化服务外部支撑水平变动的影响最为显著，例如东部地区 2016 年的产业支撑水平得分较 2014 年下降了 13.00，对比其他指标的变动幅度而言波动更明显。

表10　2014～2016年分区域公共文化服务外部支撑水平得分及细化指标变动情况

2014 年	环境支撑	资源支撑	创新支撑	产业支撑	综合指标
东部平均	55. 21	33. 00	42. 10	62. 55	48. 22
中部平均	33. 66	30. 46	24. 61	43. 86	33. 34
西部平均	38. 88	28. 11	22. 18	30. 78	30. 41
2015 年	环境支撑	资源支撑	创新支撑	产业支撑	综合指标
东部均值	57. 92	32. 31	41. 06	57. 79	47. 38
中部均值	36. 94	30. 13	23. 96	42. 36	33. 63
西部均值	41. 37	27. 98	22. 64	33. 71	31. 87
2016 年	环境支撑	资源支撑	创新支撑	产业支撑	综合指标
东部均值	53. 64	31. 72	39. 90	49. 55	43. 80
中部均值	35. 04	28. 75	23. 00	36. 36	31. 08
西部均值	38. 99	28. 29	21. 93	29. 04	30. 01
2015～2014 年	环境支撑	资源支撑	创新支撑	产业支撑	综合指标
东部平均变动	2. 71	－ 0. 69	－ 1. 04	－ 4. 76	－ 0. 84
中部平均变动	3. 28	－ 0. 33	－ 0. 65	－ 1. 50	0. 29
西部平均变动	2. 49	－ 0. 13	0. 46	2. 93	1. 46
2016～2015 年	环境支撑	资源支撑	创新支撑	产业支撑	综合指标
东部平均变动	－ 4. 28	－ 0. 59	－ 1. 16	－ 8. 24	－ 3. 58
中部平均变动	－ 1. 90	－ 1. 38	－ 0. 96	－ 6. 00	－ 2. 55
西部平均变动	－ 2. 38	0. 31	－ 0. 71	－ 4. 67	－ 1. 86
2016～2014 年	环境支撑	资源支撑	创新支撑	产业支撑	综合指标
东部平均变动	－ 1. 57	－ 1. 28	－ 2. 20	－ 13. 00	－ 4. 42
中部平均变动	1. 38	－ 1. 71	－ 1. 61	－ 7. 50	－ 2. 26
西部平均变动	0. 11	0. 18	－ 0. 25	－ 1. 74	－ 0. 40

　　结合以上数据，再对比东、中、西部的四个指标雷达图可知（见图3），2014～2016年，东部地区各项指标均排名第一，西部地区除了环境支撑指标之外，另外三个指标均处于第三。具体来看，在环境支撑、创新支撑和产业支撑上，东部较中西部而言占有明显优势，在资源支撑上，东、中、西部之间的差距不大。

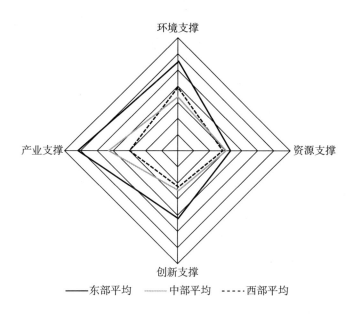

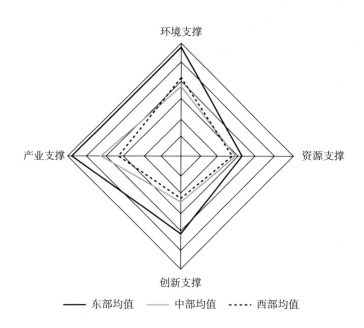

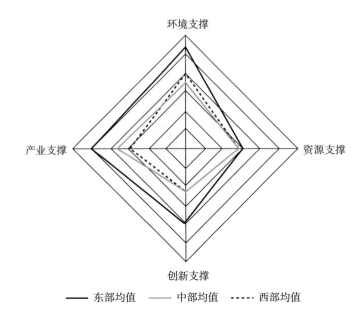

图3　2014年（上图）、2015年（中图）和2016年（下图）
东、中、西部发展对比

（二）东部地区公共文化服务外部支撑水平分析

从东部地区公共文化服务外部支撑水平得分来看，2016年有4个省份综合得分低于东部平均水平，约占东部地区9个省份的44.44%，包括福建、辽宁、上海、天津，说明东部地区各省份间公共文化服务外部支撑水平差异较大（见表11）。具体来看，江苏省连续三年综合指标均保持最高水平，2014～2016年三年综合得分依次为63.89、61.22、54.15，但其资源支撑、创新支撑和产业支撑水平以及综合得分在2014～2016年均表现出不同程度的下降情况。浙江、广东和北京在产业支撑水平上略占优势，使得综合得分排名紧跟江苏之后。而从指标最低水平看，辽宁省公共文化服务外部支撑水平得分连续三年排名东部后列，主要源于辽宁省环境支撑优势不突出，而资源支撑和创新支撑处于劣势，产业支撑水平甚至出现连年大幅下滑的现象，即由2014年的56.91下降至2016年的21.90，下降幅度为35.01，对其综合得分影响较大。

同时，天津、上海公共文化服务外部支撑水平排名靠后，连续三年均低于东部地区平均水平，从细分的二级指标来看，天津、上海两个直辖市的独占性资源量（世界遗产、国家非物质文化遗产、国家文物保护单位、国家历史文化名镇、历史文化名村等）和普通高等学校在校学生人数在全国排名靠后，导致天津和上海的资源支撑水平较其他东部省份而言处于明显的劣势，尤其上海的资源支撑劣势与其环境支撑优势相抵，以致其综合得分排名靠后。

表 11　东部地区公共文化服务外部支撑水平综合得分均值对比

指标	环境支撑			资源支撑			创新支撑			产业支撑			综合得分		
年份	2014	2015	2016	2014	2015	2016	2014	2015	2016	2014	2015	2016	2014	2015	2016
北京	70.30	66.94	58.02	31.09	30.50	30.37	50.45	52.61	52.56	57.35	64.22	59.79	52.34	53.41	49.86
福建	47.77	55.16	47.42	29.10	28.50	28.01	29.25	27.20	25.77	44.71	45.82	39.14	38.02	39.70	35.52
广东	44.75	57.20	50.85	44.42	43.55	42.42	52.70	53.62	55.24	67.31	64.58	60.07	51.88	54.57	51.79
江苏	69.49	71.99	58.26	46.32	44.69	43.68	58.01	57.20	53.30	82.14	70.95	61.85	63.89	61.22	54.15
辽宁	40.12	39.43	31.23	29.61	28.68	27.65	26.88	24.46	22.26	56.91	41.18	21.90	38.55	33.75	26.06
山东	38.87	45.56	60.55	46.53	46.60	46.66	37.49	36.29	33.77	64.34	55.81	49.28	46.84	46.34	48.30
上海	70.99	60.71	61.40	16.97	16.57	16.22	45.65	46.04	44.81	51.94	44.36	43.92	46.38	41.72	41.44
天津	59.24	58.86	54.46	17.27	16.79	16.35	36.49	34.15	33.71	59.12	52.98	37.99	43.05	40.81	35.74
浙江	55.35	65.44	60.59	35.67	34.91	34.16	42.05	37.94	37.66	79.94	80.19	72.05	53.02	54.92	51.35
平均值	55.21	57.92	53.64	33.00	32.31	31.72	42.10	41.06	39.90	62.55	57.79	49.55	48.22	47.38	43.80

（三）中部地区公共文化服务外部支撑水平分析

从中部地区公共文化服务外部支撑水平得分来看，2016 年有安徽、海南、黑龙江和吉林等 4 个省份综合得分低于中部平均水平，占中部地区 10 个省份的 40%，其中吉林、黑龙江和海南公共文化服务发展外部环境支撑水平得分连续三年低于中部平均水平（见表 12）。中部地区各省份综合得分变动较小，整体保持较为平缓的变化趋势，2014～2016 年中部公共文化服务外部支撑水平得分均值依次约为东部平均水平的 69.14%、70.98%、70.96%。从细分指标来看，2014～2016 年中部地区资源支撑、创新支撑和产业支撑平均水平均有下降，但下降幅度较小。从各省份综合得分来看，2014～2016年中部地区的河南、河北和湖北的公共文化服务外部支撑水平处在领先位置，而黑龙江、海南和吉林位列中部地区倒数前三，并且资源支撑水平是制约吉林、黑龙江和海南三省综合得分增长的重要因素，另外吉林的创新支撑水平和黑龙江的产业支撑水平均处于中部地区最低水平，进一步影响综合得分的增长。

表12　中部地区公共文化服务外部支撑水平综合得分均值对比

指标	环境支撑			资源支撑			创新支撑			产业支撑			综合得分		
年份	2014	2015	2016	2014	2015	2016	2014	2015	2016	2014	2015	2016	2014	2015	2016
安徽	31.74	35.13	43.80	30.93	30.71	8.71	29.86	30.02	28.36	42.98	41.34	37.44	33.86	34.36	29.51
海南	34.25	39.07	32.18	14.12	14.72	14.04	28.03	25.68	22.49	36.98	32.59	24.64	28.18	28.07	23.38
河北	32.06	34.97	37.80	35.56	34.65	34.34	21.14	20.89	20.50	50.65	49.54	37.92	35.18	35.40	33.17
河南	32.35	38.65	41.24	46.77	46.68	47.21	25.90	26.44	24.23	41.43	40.80	38.66	37.04	38.69	38.54
黑龙江	28.15	27.61	27.01	19.89	19.15	18.49	20.65	21.16	19.51	28.09	25.62	22.54	24.30	23.46	22.01
湖北	36.62	39.00	34.79	39.60	37.77	36.38	28.59	29.07	29.35	45.82	46.48	38.82	37.93	38.35	35.03
湖南	39.90	43.53	42.59	22.45	22.07	32.73	29.01	27.77	26.63	52.75	54.50	48.56	36.01	37.05	37.96
吉林	35.20	38.72	28.25	21.30	20.94	20.69	18.95	18.53	19.00	36.59	35.93	32.87	28.31	28.91	25.35
江西	31.73	35.27	30.31	29.00	29.49	29.68	23.34	21.85	22.04	63.25	59.50	47.93	36.89	36.73	32.66
山西	34.65	37.43	32.48	44.96	45.15	45.20	20.61	18.17	17.93	40.05	37.30	34.21	35.71	35.31	33.17
平均值	33.67	36.94	35.05	30.46	30.13	28.75	24.61	23.96	23.00	43.86	42.36	36.36	33.34	33.63	31.08

（四）西部地区公共文化服务外部支撑水平分析

从西部地区公共文化服务外部支撑水平得分均值对比来看，2016年西部地区有接近58.33%的省份综合得分低于西部平均水平，2014年、2015年、2016年西部地区公共文化服务外部支撑水平得分均值依次是东部地区均值的63.07%、67.24%、68.52%，凸显了西部地区在公共文化服务方面存在省际差距大和整体水平低两个特征（见表13）。以2016年数据为例，在环境支撑上，西部地区有7个省份得分低于西部地区均值，其中西藏环境支撑水平得分仅为29.24，排名倒数第一。在资源支撑上，西部地区的甘肃、广西、贵州、内蒙古、宁夏、新疆、云南和重庆等8省份的该项指标未达到西部平均值28.29，其中宁夏连续三年在资源支撑指标上得分最低，2016年宁夏资源支撑水平得分仅为15.22，是西部均值的53.80%；2014～2016年，西部地区各省份的资源支撑水平得分变化不大，说明文化资源挖掘和利用水平没得到有效提高。在创新支撑上，2016年西藏、青海和内蒙古排名倒数前三，得分均不足20，表现出明显劣势，此外西部地区创新支撑水平得分均值在2014～2016年依次为东部平均值的50.55%、55.14%、54.96%，说明东、西部创新支撑水平差距较大。在产业支撑上，2016年西部地区仅有甘肃、四川、陕西和重庆4个省份的该项指标水平高于西部地区平均水平，占比仅为33.33%，其中重庆的产业支撑水平最高、优势最突出；另外贵州在产业支撑水平上增幅较大、呈现持续增长趋势，内蒙古的产业支撑水平在三年间持续下降，下降幅度较大，而西藏在产业支撑水平上变动很大；总体上西部地区产业支撑水平很低，而且省份之间差距明显。

表13　西部地区公共文化服务外部支撑水平综合得分均值对比

指标	环境支撑			资源支撑			创新支撑			产业支撑			综合得分		
年份	2014	2015	2016	2014	2015	2016	2014	2015	2016	2014	2015	2016	2014	2015	2016
甘肃	42.96	41.81	29.86	23.03	22.62	22.52	21.68	22.06	20.82	25.82	29.69	29.19	28.84	29.44	25.78
广西	36.05	37.29	37.95	20.50	20.74	21.35	23.62	22.81	21.19	35.50	33.90	27.56	29.07	28.90	27.35
贵州	31.72	31.27	34.47	19.09	19.65	20.76	21.22	25.64	22.19	14.10	25.67	29.02	21.77	25.57	26.82
内蒙古	42.51	47.58	56.33	23.69	23.73	23.88	21.44	18.22	18.32	45.29	27.40	24.46	33.60	29.92	31.65
宁夏	49.16	50.39	34.48	15.19	15.25	15.22	18.52	20.04	20.68	20.78	28.81	26.21	26.51	29.15	24.32
青海	42.56	43.63	38.73	32.47	32.79	32.93	17.71	15.78	18.13	19.75	28.14	18.76	28.92	30.93	27.85
陕西	41.95	38.02	43.00	39.04	37.87	36.48	27.14	29.29	26.05	49.14	45.17	47.36	39.73	37.84	38.66
四川	38.30	39.61	47.24	38.02	37.74	37.63	26.39	29.07	27.52	34.08	31.09	33.47	34.62	34.75	37.05
西藏	25.48	33.28	29.24	59.73	58.93	59.65	17.09	17.16	17.70	30.03	47.00	14.81	33.96	40.03	31.38
新疆	37.25	41.24	39.07	18.66	18.58	22.24	18.04	19.86	20.04	21.38	24.34	18.25	23.95	26.42	25.37
云南	36.13	50.50	34.68	22.49	22.70	23.08	20.30	19.72	20.43	19.99	20.70	16.98	25.12	29.13	24.17
重庆	42.46	41.80	42.87	25.38	25.11	23.71	32.99	32.04	30.05	54.71	62.57	62.37	38.83	40.29	39.72
平均值	38.88	41.37	38.99	28.11	27.98	28.29	22.18	22.64	21.93	30.78	33.71	29.04	30.41	31.86	30.01

（五）公共文化服务外部支撑水平个案分析

我国 31 个省份的地理、经济、文化和社会发展水平存在较大差异，为更好地反映我国公共文化服务外部支撑水平的地域特征，本研究选择 2016 年公共文化服务外部支撑水平排名首位和末尾的两个省份进行对比分析。

黑龙江属于中国东北部，其 2016 年公共文化服务外部支撑水平得分为 22.01，为全国最低。从外部环境支撑水平二级指标来看，在环境支撑水平上，2016 年末黑龙江省常住人口 3799 万，2014～2016 年黑龙江省人口净流出比例为 0.94%，位列全国第一，并且黑龙江省居民人均文化娱乐消费支出占消费支出的比重仅为 3.71%，因而 2016 年黑龙江省的环境支撑水平得分仅为 27.01，远低于全国平均水平（41.97）。在资源支撑水平上，截至 2016 年，黑龙江省每万人拥有独占性文化资源（包括世界遗产、国家非物质文化遗产、国家文物保护单位、国家历史文化名镇、国家历史文化名村）数量仅为 0.0182 个，是全国最低水平，并且在校大学生数量居全国中等位置，这共同决定黑龙江省 2016 年的资源支撑水平得分为 18.49，相比全国均值的 29.43 仍有明显差距。在创新支撑水平上，2016 年区域创新能力指数显示，2016 年黑龙江省位列全国倒数，因而创新支撑水平也是黑龙江省的短板。在产业支撑水平上，2016 年黑龙江省每万人文化及相关产业固定资产投资仅为 1383.7 元，产业园数量与上市公司数量不占优势，这共同导致其产业支撑水平得分位居全国倒数。以上多种因素共同导致黑龙江省公共文化服务外部支撑水平最低。比较 2014～2015 年数据发现（见表14），黑龙江省公共文化服务外部支撑水平得分下降了 0.84，其中环境支撑下降 0.54，资源支撑下降 0.74，产业支撑下降了 2.47。对比 2015～2016 年数据发现，黑龙江省公共文化服务外部支撑水平进一步下降，各细分指标均呈下降状态。对比 2014 年和 2016 年数据，黑龙江省环境支撑、资源支撑、创新支撑、产业支撑依次下降 1.14、1.40、1.14、5.55，其中产业支撑水平下降对黑龙江省公共文化服务外部支撑水平影响最大。

表14　黑龙江省公共文化服务外部支撑水平得分及二级指标变动情况

年份	环境支撑	资源支撑	创新支撑	产业支撑	综合得分
2014	28.15	19.89	20.65	28.09	24.30
2015	27.61	19.15	21.16	25.62	23.46
2016	27.01	18.49	19.51	22.54	22.01
2015～2014	-0.54	-0.74	0.51	-2.47	-0.84
2016～2015	-0.6	-0.66	-1.65	-3.08	-1.45
2016～2014	-1.14	-1.40	-1.14	-5.55	-2.29

　　江苏省属于中国东部地区，连续三年公共文化服务外部支撑水平排名第一。在环境支撑水平上，江苏省优势明显：一是江苏省的人口吸引能力较强，2016年江苏省年末常住人口有7999万人口，2014～2016年江苏省在人口基数大的情况下仍旧实现人口净增长0.76%；二是江苏省社会力量发育程度高，数量规模居全国前十，2016年江苏省共有86021个社会团体、470443个民办非企业单位、516个基金会；三是江苏省人均GDP位居全国第四，江苏省人口规模约是GDP前三名地区人口总和的3倍；四是江苏省居民人均文化娱乐消费支出占消费支出的比重较高，2015年为6.16%，位居全国第三，2016年回落至4.28%，位居全国中等水平。在资源支撑水平上，江苏省具备优势：2016年江苏省普通高等学校在校学生规模达174.58万人，位居全国第四，并且江苏省拥有较丰富的独占性资源。在创新支撑水平上，江苏省名列前茅：2014～2016年江苏省区域创新支撑水平依次高达58.01、57.20、53.30，分别位居全国第一、第一和第二。在产业支撑水平上，2016年江苏省每万人文化及相关产业固定资产投资额3530.81元，处于全国领先水平，江苏省拥有的国家级产业园数量和上市文化企业数较多。以上各种优势都确保了江苏省公共文化服务外部支撑水平排名领先。对比2014年和2015年数据发现，江苏省公共文化服务外部支撑水平得分下降2.67，其中环境支撑水平得分上升2.50，资源支撑、创新支撑和产业支撑水平得分依次下降1.63、0.81、11.19。对比2015年和2016年数据发现，江苏省公共文化服务外部支撑水平综合得分下降7.07，而二级指标均有不

同幅度的下降，其中环境支撑水平下降幅度最大，下降了13.73。比较2014年和2016年数据发现，江苏省环境支撑、资源支撑、创新支撑和产业支撑水平依次下降了11.23、2.64、4.71、20.29，其中产业支撑水平得分下降幅度最大，对江苏省公共文化服务外部支撑水平影响较大。

表15　江苏省公共文化服务外部支撑水平得分及二级指标变动情况

年份	环境支撑	资源支撑	创新支撑	产业支撑	综合得分
2014	69.49	46.32	58.01	82.14	63.89
2015	71.99	44.69	57.20	70.95	61.22
2016	58.26	43.68	53.30	61.85	54.15
2015 ~ 2014	2.50	-1.63	-0.81	-11.19	-2.67
2016 ~ 2015	-13.73	-1.01	-3.90	-9.10	-7.07
2016 ~ 2014	-11.23	-2.64	-4.71	-20.29	-9.74

五　研究结论与建议

（一）研究结论

1. 公共文化服务外部支撑水平结构失衡，环境支撑和产业支撑对公共文化服务外部支撑水平的提升贡献度较大，资源支撑和创新支撑水平保障贡献度较小

2014 ~ 2016年，我国公共文化服务外部支撑水平得分均值依次为36.53、36.94和34.36，得分绝对值不高的原因主要在于各省份在公共文化服务发展指标上结构失衡，绝大多数省份在各个指标上都没有达到最优，参差不齐的分项指标得分制约了综合指标数值的提升。从2015 ~ 2016年公共文化服务外部支撑水平得分对比情况来看，对公共文化服务外部支撑水平得分影响作用从大到小依次是：环境支撑、产业支撑、资源支撑和创新支撑，以2016年数据为例，全国环境支撑平均水平为41.97，全国产业支撑平均水平是37.36，全国资源支撑平均水平为29.43，全国创新支撑平均水平为27.49，环境支撑水平得分是产业支撑水平的112.34%，同时是资源支撑水

平的 142.61%，也是创新支撑水平的 152.67%，可见全国公共文化服务外部支撑水平的二级指标得分差距较大。

2. 公共文化服务外部支撑水平与地方社会经济发展水平呈现正相关

从研究结果来看，江苏、广东、浙江、北京、山东、上海等地公共文化服务外部支撑水平得分排名靠前，而黑龙江、海南、云南、宁夏等地公共文化服务外部支撑水平得分排名靠后，这与地区经济发展水平的分布规律一致。从 2014～2016 年公共文化服务外部支撑水平二级指标构成来看，东部地区在产业支撑、创新支撑和环境支撑水平上都处于相对领先优势，中、西部地区环境支撑水平相比东部地区明显处于劣势，中部地区在产业支撑方面较西部地区有些优势。而东、中、西部地区在资源支撑水平上差距不大。可见，经济发达地区公共文化服务外部支撑水平相对较高，反之亦然，即公共文化服务发展与地方社会经济发展呈现一定程度的正相关。究其原因，不同地区的公共文化服务外部支撑水平与地方公共文化服务供求关系高度相关，公共文化服务供给充足有序，文化消费水平高的人群越集聚、社会团体组织活动越活跃，则地方的群众公共文化服务需求就越旺盛，这也符合马斯洛人类需求层次理论。地方社会经济发展水平越高，则对地方文化资源挖掘和开发水平越高，对文化创意人才的吸引集聚能力越高，越有利于地方公共文化服务供给水平的提升和文化产业的繁荣发展，居民的公共文化参与需求也因此得到大幅提升。另外，西部地区的公共文化服务在资源支撑水平上没有明显劣势，要进一步挖掘文化资源，推动公共文化服务外部支撑水平的提高，缩小与东、中部地区之间的差距。

（二）研究建议

1. 补齐区域文化创新能力短板，提升公共文化服务创新支撑水平，持续不断推出群众喜闻乐见的公共文化服务精品

研究发现，我国公共文化服务外部支撑水平综合得分较低，其中很重要的原因是我国创新支撑水平不高，对应水平得分分值规模很小且呈现逐年下降趋势：2014～2016 年，全国公共文化服务发展创新支撑水平得分均值分

别是28.75、28.41和27.49。因而我国迫切需要增强创新支撑水平，有效提升公共文化服务外部支撑水平，为公共文化服务发展提供保障。在本研究中，公共文化服务创新支撑水平以《中国区域创新指数报告》年度指数为衡量标准，区域创新指数的衡量指标又分为创新环境、创新投入、创新产出和创新效率等方面。因此，针对我国公共文化服务创新支撑水平整体处于低水平的情况，各省份应立足于《中国区域创新指数报告》反映的本省份创新发展规律及特征，针对性地补齐在创新环境、创新投入、创新产出和创新效率等方面的短板，在省域层面上逐步形成创新驱动全面均衡发展的局面，最终提升我国区域创新水平，即提升公共文化服务创新支撑水平。在公共文化服务领域，具体来看：首先，应深化文化体制改革，激发公共文化服务主体市场化竞争的创新动力，打造公共文化服务的创新环境；其次，应鼓励社会力量、社会资本参与公共文化服务体系建设，突破以文化单位为载体的政府部门主导的文化供给模式，以此加强公共文化服务的创新投入；再次，应持续完善公共文化服务行业管理体制，建立以人民群众需求为导向的需求回应模式，以此提升公共文化服务的创新产出；最后，应坚持创新驱动理念，不断完善公共文化服务发展配套政策体系，以此保证公共文化服务的创新效率。

2. 深入挖掘本地特色文化遗产资源，激发本地青年文化创新创意活力，增强公共文化服务内容供给创新潜力

研究发现，我国公共文化服务资源支撑水平得分对外部支撑水平得分的贡献也比较低，2014～2016年我国公共文化服务资源支撑水平得分分别是30.29、29.93和29.43，呈现逐年微弱下降的趋势，这说明我国的公共文化服务发展对文化资源挖掘与利用不足，不能适应消费升级时期人民群众对公共文化服务特色内容资源的要求。本研究中的公共文化服务资源支撑水平由本地独占性文化资源数量和普通高等学校在校大学生人数两个指标构成，其中文化资源数量反映了本地社会对文化资源的挖掘和利用水平，而多元文化背景下的普通高等学校在校大学生数量反映了本地多元文化的交流互动水平，富有创新活力的大学生对挖掘本地特色文化和利用特色文化有重要的推

动作用。因此，各地要鼓励在校大学生自由探索文化创新创业项目，以高校在校大学生的激情与创意深入挖掘本地特色文化资源，丰富公共文化服务特色内容的供给，释放本地文化资源的社会效益，进而提高资源支撑水平，提升公共文化服务外部支撑水平。

3. 培育壮大本地特色文化企业龙头，深入实施文化消费试点和文化旅游融合，推动文化事业与文化产业融合发展

根据数据分析可知，我国公共文化服务外部支撑水平得分受产业支撑水平的影响很大，说明文化产业发展能够很大程度上推动地区公共文化服务发展，因此可通过繁荣本地文化产业发展提升公共文化服务发展水平。各省份可以围绕文化产业集群发展水平、上市文化企业竞争力和本地文化产业固定资产投资水平这三个方面进一步提升本地文化产业竞争力，即产业支撑水平。具体来看，各地要给予文化企业适当的政策优待以提升当地文化产业投资力度，借势文化和旅游融合培育当地龙头文化企业，带动本地文化企业形成持续繁荣发展的产业集群，培育当地特色文化消费市场氛围。在此基础上，进一步深化落实文化和旅游部实施的文化消费试点工作，通过"政府引导＋市场主导"、"传统优势＋新兴融合"等手段加速当地独占性资源转化，将文化事业与文化产业打通，实现文化产业牵引公共文化服务快速发展。

B.6
基本公共文化服务均等化水平报告

张伟锋*

摘　要： 基于区域均等和结果均等的视角，根据公共文化资源配置的均等化程度构建基本公共文化服务均等化评估指标体系，并提出一种兼具专家打分法、综合指数法、基尼系数法的量化评估模型对2011~2016年我国基本公共文化服务均等化水平和2014~2016年各省份基本公共文化服务均等化水平进行实证研究。结果显示：公共文化资源配置存在严重的区域、省域、地市不均衡，已出现"中部塌陷"；公共文化财政投入失衡现象严重是制约公共文化服务均等化进程的主因；省域间基本公共文化服务差距缓慢增大，地市间差距有所减小。要促进基本公共文化服务均等化建设，应加大文化财政投入，建立均衡导向的财政投入机制；加强公共文化服务数字化建设，促进公共文化资源共建共享；建立兼顾"均等"和"效率"的基本公共文化服务绩效评估制度，将评估结果纳入政府绩效考核。

关键词： 公共文化服务　均等化水平　资源配置　基尼系数

公共文化服务是政府公共服务的基本组成部分，是以保障公民的基本文化权利为目的，由政府部门为主的公共部门向公民提供的公共文化产品与服

---

* 张伟锋，武汉大学国家文化发展研究院在读博士研究生。研究方向为公共文化政策、文化产业管理。

务的制度和系统的总称，其内容包括公共文化服务人才、资金、设施、产品，以及技术、制度、政策和理念等方面。近年以来，我国公共文化服务体系建设成效显著，覆盖城乡的公共文化服务设施网络基本建成，公共文化服务理念和方式不断创新，公共文化服务供给能力不断增强，但同时我国公共文化服务体系建设中还存在着一些亟待解决的问题。其中，一个突出问题就是我国公共文化资源配置在城乡、区域以及群体之间还存在很大程度的不合理和不均衡，基本公共文化服务均等化水平有待提高。因此，国家出台了一系列的政策来促进基本公共文化服务均等化。2011 年十七届六中全会提出"2020 年，努力实现基本公共文化服务均等化"的目标。党的十八届三中全会通过的《中共中央关于全面深化改革若干重大问题的决定》明确指出要促进基本公共文化服务标准化、均等化。中共中央办公厅、国务院办公厅于2015 年 1 月 12 日印发《关于加快构建现代公共文化服务体系的意见》（以下简称《意见》），对加快构建现代公共文化服务体系，推进基本公共文化服务标准化均等化，保障人民群众基本文化权益做了全面部署。与《意见》一同印发《国家基本公共文化服务指导标准（2015～2020 年)》，该标准的核心功能就在于通过制定基本服务项目、硬件设施和人员配备等一系列标准，使各级政府明确自身在公共文化服务领域的保障责任，形成一种制度化的约束，使区域内大致按统一标准提供服务和保障，逐步缩小公共文化服务的城乡差距、区域差距和群体差距，促进基本公共文化服务的均等化。2016年 12 月 25 日通过的《中华人民共和国公共文化服务保障法》中第八、九、三十五、三十六条明文规定要扶助老少边穷地区的公共文化服务、重点增加农村地区的公共文化产品的供给，为未成年人、老年人、残疾人和流动人口等特殊群体提供便利的公共文化服务，以促进公共文化服务协调均衡发展。

上述一系列政策法规文件向我们传达出一些信息：近年来，党和国家高度重视公共文化服务体系建设，促进基本公共文化服务均等化是现代公共文化服务体系建设的主要目标任务之一，然而基本公共文化服务均等化现状不如人意，党和国家也意识到解决这一问题的紧迫性。在此种背景下，针对基本公共文化服务均等化问题开展相关学术研究也就变得十分必要。纵观学界已有研究，可以发现国内有很多学者对基本公共文化服务均等化的内涵、现状、制度因素、实现路径等问题展开过相关研究，形成了多方面的研究成果。然而整体看来，普遍都是定性的规范分析，而通过模型定量地去测算我国基本公共文化服务均等化程度的研究很少，因此难以对公共文化服务问题提出相对量化的和有经验支持的研究结论，也就不能为政府决策和政策制定提供直接、可操作的建议。针对此种情况，本文结合《中国文化文物统计年鉴2012～2017》以及《中国统计年鉴2012～2017》的统计数据对全国2011～2016年基本公共文化服务的均等化状况进行实证分析，并且结合文化和旅游部相关部门提供的各地市的文化统计数据以及各省份统计年鉴数据对各省份2014～2016年基本公共文化服务均等化状况进行实证分析，找出存在的问题，分析具体原因，并给出合理化的对策建议。

一　文献分析

随着基本公共文化服务均等化这一概念的提出，国内很多学者进行了相关研究。由于本研究旨在通过实证模型对我国基本公共文化服务均等化进行量化研究，因此文献梳理部分主要围绕基本公共文化服务均等化的概念内涵、评估指标、评估方法三个方面进行阐述。

关于"基本公共文化服务均等化"内涵的探讨，张桂琳认为基本公共文化服务均等化的内涵可以从三个方面来理解：全体公民享有基本公共服务的机会应该均等；全体公民享有基本公共服务的结果应该大体相等；在提供大体均等的基本公共服务的过程中，尊重社会成员的自由选择权。[①] 胡税根和宋先龙认为基本公共文化服务均等化的内涵主要体现为机会均等和一定标准的均等化，同时该标准具有动态发展性，它不受公民的收入、地位、种族等因素影响，全体公民都应当公平普遍地享有最低标准的基本公共文

---

① 张桂琳：《论我国公共文化服务均等化的基本原则》，《中国政法大学学报》2009年第5期。

化服务。① 唐亚林和朱春指出公共文化服务均等化内涵一般包括两个方面：一方面均等化不是指绝对的平均主义和单纯的等额分配，而是在强调城乡、区域、居民之间对公共文化产品具有均等的享有机会的前提下，通过有效的制度安排，实现各地人民享有公共文化的基本权利和公共文化服务的帕累托改进；另一方面，均等化并不是抹杀人们的需求偏好，强制性地让人们接受同样、等量的公共文化产品，而是在尊重人们自由选择权和需求差异的基础上，满足人们的多种文化需求。② 吴为山认为公共文化服务均等化需要从以下几方面来认识：第一，制度设计给予的全体公民享有公共文化服务的权利均等；第二，财政投入给予的全体公民享有公共文化服务的财力均等；第三，政策实施给予的全体公民享有公共文化服务的机会均等；第四，资源配置给予的全体公民享有公共文化服务的效益均等；第五，人才培养给予全体公民享有公共文化服务的教育均等；第六，文化活动给予全体公民享有公共文化服务的平台均等。③ 陈立旭认为公共文化服务均等化是指无论地域、收入、民族、性别以及其他身份差异，全体公民都能获得与经济社会发展水平相适应、由政府和公共文化机构或其他社会组织提供的机会和结果大致均等的公共文化产品或服务，基本公共文化服务均等化则是指公共文化服务中最基础部分的均等化，是紧密联系文化民生、与公众切身文化利益密切相关部分的均等化，而不是所有公共文化服务的均等化。④ 虽然，学界对基本公共文化服务均等化的表述形式不一，但都包含了同一种思想，即基本公共文化服务均等化的内涵包含机会均等和结果大致均等两方面。机会均等体现在基本公共文化服务对象的普遍性和全体性上，凡中国公民无论地域、收入、民族、性别以及其他身份差异，都享有同样的基本公共文化服务权利；结果大致均等体现在基本公共文化产品和服务在供给数量上和质量上的均等性，这

① 胡税根、宋先龙：《我国西部地区基本公共文化服务均等化问题研究》，《天津行政学院学报》2011 年第 1 期。

② 唐亚林、朱春：《当代中国公共文化服务均等化的发展之道》，《学术界》2012 年第 5 期。

③ 《全国政协委员吴为山：推进公共文化服务均等化》［EB/OL］，2018－7－12，http：//www.wenming.cn/djw/tbch/dywe/201403/t20140306_1786744.shtml。

④ 陈立旭：《公共文化服务的均等化与效率》，《中共浙江省委党校学报》2015 年第 1 期。

种均等不是绝对的平均主义和简单的等额分配，而是相对均等，强调与经济社会发展水平相适应，允许存在可承受的合理范围内的差异。而机会均等由于缺乏相关统计数据无法进行定量分析，因此本文主要从结果均等的视角，根据各地区居民享有各项公共文化服务资源数量的均等化来刻画基本公共文化服务均等化。

在定量评估指标体系构建上，由于没有统一的基本公共文化服务均等化评估指标体系，因此不同学者采用不同的构建方式。陈彪[①]选取了10个关键指标，具体指标为人均文化与传媒支出、文化与传媒支出占政府支出比重、人均文化与传媒基建投资额、每千人文体娱人才数、每万人公共图书馆数量、人均公共图书馆藏书册数、每万人公共博物馆数量、每千人群艺馆/文化馆/文化站数量、每万人剧场/影院数量、每百户家庭电脑拥有量。高伟华[②]从设施和投入两方面构建指标体系，设施指标包括每万人两馆一站面积、图书馆人均藏书量、电视综合覆盖率、有线电视入户率、广播综合覆盖率，投入指标包括人均文体广播事业费、文化事业费占财政支出比重、人均文化事业费。顾金喜等[③]和宋先龙[④]都从投入产出的角度构建了基本公共文化服务均等化评估指标体系，二者的指标体系基本一致，其中投入维度包含公共文化财政支出占政府财政支出的比重、人均文化事业费、人均购书费；产出维度包含每万人公共图书馆数、人均拥有公共图书馆藏书册数、每万人文化馆数量、广播/电视人口覆盖率、艺术表演团体每团年均到农村演出场次。于萍[⑤]从设施规模、政府投入、人才建设、文化活动这四个维度出发构建了包含有25个二级指标的基本公共文化服务均等化指标体系，指标内容

---

① 陈彪：《浙江省基本公共文化服务均等化研究》，浙江大学硕士学位论文，2009年，第49页。

② 高伟华：《我国基本公共文化服务的地区差异分析》，《福建行政学院学报》2010年第2期。

③ 顾金喜、宋先龙、于萍：《基本公共文化服务均等化问题研究——以区域间对比为视角》，《中共杭州市委党校学报》2010年第5期。

④ 宋先龙：《我国西部地区基本公共文化服务均等化问题研究》，浙江大学硕士学位论文，2011，第36页。

⑤ 于萍：《四川省基本公共文化服务均等化问题研究》，浙江大学硕士学位论文，2011，第47页。

主要包含了各类文化机构的数量、文化事业费、从业人员数、文化演出等。王晓洁[1]和魏和清[2]都仅从政府财政投入角度对基本公共文化服务均等化进行定量分析，都以公共文化政府投入作为分析指标。靳大娟[3]从投入产出的角度构建基本公共文化服务均等化评估指标体系，投入指标包含人均文化事业财政支出和公共文化财政支出占政府支出比重，产出指标包含万人拥有公共图书馆数、人均拥有公共图书馆藏书、万人拥有文化馆（站）数、每乡镇平均表演场次、广播综合人口覆盖率、电视综合人口覆盖率、万人拥有文化事业从业人员数、万人拥有博物馆数量。王洛忠等[4]也是从投入产出两个维度构建基本公共文化服务发展指数指标体系，在投入维度下设置公共文化财政支出占政府财政支出比重、人均文化事业费和公共图书馆人均购书费三个指标；在产出维度下设置每万人公共图书馆数量、每万人群艺馆数量和公共图书馆人均藏书册三个指标。陈旭佳[5]以各类型公共文化机构为维度设计指标体系，包含公共博物馆均等化指标、公共图书馆均等化指标、公益艺术表演团体均等化指标、群众文化机构均等化指标，其中，各维度中又设具体评估指标，主要有机构数量、活动次数、参观人数等。虽然不同学者采用不同的指标体系对基本公共文化服务均等化水平进行量化，但是基本都是基于财政资金分配和文化资源分布的均等性这一角度进行构建，因此指标内容设计上大同小异，主要有文化服务人才、文化财政投入、文化设施、文化活动等。

在基本公共文化服务均等化水平测量方法上，目前学术界采用的方法主

① 王晓洁：《中国基本公共文化服务地区间均等化水平实证分析——基于1999年、2009年数据比较的考察》，《财政研究》2012年第3期。
② 魏和清：《"十一五"以来中国基本公共文化服务均等化差异的追踪分析》，《经济统计学（季刊）》2016年第1期。
③ 靳大娟：《重庆市基本公共文化服务均等化研究》，重庆大学硕士学位论文，2013，第16页。
④ 王洛忠、李帆：《我国基本公共文化服务：指标体系构建与地区差距测量》，《经济社会体制比较》2013年第1期。
⑤ 陈旭佳：《效果均等标准下基本公共文化服务均等化研究》，《当代经济管理》2016年第11期。

要有四种，一种是均等化系数法（陈彪[①]、顾金喜等[②]、宋先龙[③]和于萍[④]等），以最大化标准化处理后的指标数值作为各指标的均等化系数。第二种是差异系数法（高伟华[⑤]、靳大娟[⑥]等），差异系数为平均值与标准差的比值，反映出数据的离散程度。第三种是泰尔指数法（王晓洁[⑦]、魏和清[⑧]、陈旭佳等[⑨]），泰尔指数是基于信息论里面的熵概念来刻画财富分配差异程度。第四种是基尼系数法（魏和清[⑩]、王洛忠和李帆[⑪]等），基尼系数利用洛伦兹曲线来反映财富分配状况。在这些测量方法中，均等化系数实际上反映的是基本公共文化服务的整体发展水平，直接用来刻画均等化水平有不妥之处。差异系数、泰尔指数和基尼系数都是不平等测度的指标，其中差异系数相对简洁，但该差异系数没有上限，因此对于其取值的大小缺乏判断的标准；泰尔指数和基尼系数都是用来反映贫富差距的指标，相比较而言，基尼系数更为常用，并且国际上具有评判的标准。测量方法在具体使用上存在不当之处，比如部分研究测量地区间基本公共文化服务均等化

① 陈彪：《浙江省基本公共文化服务均等化研究》，浙江大学硕士学位论文，2009，第49~50页。
② 顾金喜、宋先龙、于萍：《基本公共文化服务均等化问题研究——以区域间对比为视角》，《中共杭州市委党校学报》2010年第5期。
③ 宋先龙：《我国西部地区基本公共文化服务均等化问题研究》，浙江大学硕士学位论文，2011，第37页。
④ 于萍：《四川省基本公共文化服务均等化问题研究》，浙江大学硕士学位论文，2011，第52页。
⑤ 高伟华：《我国基本公共文化服务的地区差异分析》，《福建行政学院学报》2010年第2期。
⑥ 靳大娟：《重庆市基本公共文化服务均等化研究》，重庆大学硕士学位论文，2013，第19页。
⑦ 王晓洁：《中国基本公共文化服务地区间均等化水平实证分析——基于1999年、2009年数据比较的考察》，《财政研究》2012年第3期。
⑧ 魏和清：《"十一五"以来中国基本公共文化服务均等化差异的追踪分析》，《经济统计学（季刊）》2016年第1期。
⑨ 陈旭佳：《效果均等标准下基本公共文化服务均等化研究》，《当代经济管理》2016年第11期。
⑩ 魏和清：《"十一五"以来中国基本公共文化服务均等化差异的追踪分析》，《经济统计学（季刊）》2016年第1期。
⑪ 王洛忠、李帆：《我国基本公共文化服务：指标体系构建与地区差距测量》，《经济社会体制比较》2013年第1期。

水平时，未考虑不同地区人口的差异，这样会导致结果不够准确。假设甲、乙两个地区，甲地区有1万人，乙地区只有1个人，那么即使甲乙两地区人均享有的基本公共文化服务差异很大，但由于两地人口差异巨大，从总体上看绝大多数人享有的基本公共文化服务差不多，也就是均等化程度很高。还有部分研究以各地区基本公共文化服务总体水平的差异来反映基本公共文化服务均等化水平，而没有考虑在不同类别公共文化服务内容上的差异，这样可能会导致得到不正确的结论。假设公共文化服务包含A、B两类公共文化服务内容，对于甲、乙两个地区，甲地A较为丰富，但B较少，乙地的情况刚好相反，这样甲、乙两地区的公共文化发展指数可能很接近，从而得到的结论是基本公共文化服务均等化程度很高，然而实际上A和B的均等化程度都很低。

二　评估模型

本文试图克服已有研究的不足，根据基本公共文化服务均等化的内涵以及指标数据的科学性、合理性、可操作性构建了基本公共文化服务均等化指标体系，并通过专家打分法获取指标权重，然后引入"公共文化资源指数"这一概念来衡量地区居民享有公共文化资源的数量，也即各地居民拥有"公共文化财富"的数量，最后通过计算基尼系数来客观反映基本公共文化服务的非均等化程度。

（一）基尼系数法的适用性分析

基尼系数是根据洛伦兹曲线提出，用来刻画财富分配均等程度或者说反映贫富差距程度的指标，具体定义如下：首先获取社会上每个人的财富数据，将其从小到大排序，计算它的累计函数，以人口累计百分比为横坐标，以对应的财富累计百分比为纵坐标，然后便可绘出图1所示的洛伦兹曲线（Lorenz curve），即为财富分配曲线，进而计算基尼系数。假设社会上人人财富均等，洛伦兹曲线为图中的45度直线，称平等直线（line of equality）；

如果社会上财富集中于一人手中，则为图中右端的纵轴，称绝对不平等直线
（line of perfect inequality），这是洛伦兹曲线的两种极端情况。设实际财富分
配曲线和财富分配平等曲线之间的面积为 A，与坐标轴围成的区域面积为
B，以 A 与 A + B 的比值表示不平等程度，这个数值被称为基尼系数。事实
上，A + B 的面积为 1/2，因此基尼系数的大小等于 1 - 2B。依此定义，在
人人财富均等情况下，基尼系数为 0；在财富一人独占的情况下，基尼系数
为 1。财富分配越是趋向平等，洛伦兹曲线的弧度越小，基尼系数也越小，
反之，财富分配越是趋向不平等，洛伦兹曲线的弧度越大，那么基尼系数也
越大。

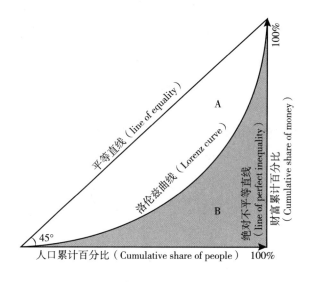

图1 基尼系数洛伦兹曲线

　　基尼系数是刻画财富分配均等程度的指标，这里的财富主要是指金钱，
也可以理解为"物质财富"。政府提供基本公共文化服务的主要目的是保障
人民的基本文化权益，满足人民基本的精神文化需求。人民所享有政府提供
的各项基本公共文化服务可视为人民所拥有的"公共文化财富"，或者说是
"精神财富"。基本公共文化服务均等化情况，也就是公共文化财富分配差
距情况。以可量化的公共文化资源作为公共文化财富，然后类比基尼系数的

概念，即可绘出公共文化财富分配洛伦兹曲线，进而计算出对应的基尼系数，用以刻画基本公共文化服务的差距。

基尼系数是比例数值，并且具有上下限，0 为下限，表示绝对均等状态，1 为上界，表示完全不均等状态。国际上对基尼系数有评判的标准，低于 0.2 表示非常均等，0.2 ~ 0.3 之间表示比较均等，0.3 ~ 0.4 表示相对合理，0.4 ~ 0.5 表示差距较大，超过 0.5 表示差距悬殊，0.4 为警戒线。基尼系数原本是刻画居民贫富差距的，这一评判标准不一定适用于公共文化服务资源分配的情况，但具有重要的参考意义。一般说来，由于基本公共文化服务是由政府免费提供的，政府会很大程度地考虑公平性，而财富分配主要由市场竞争机制所决定，因此居民享有公共文化资源的差距要比财富分配差距小，公共文化资源分配的基尼系数应小于财富分配的基尼系数。

（二）公共文化资源分配基尼系数的计算

在实际计算基尼系数时，洛伦兹曲线的函数表达式无法求得，即无法得到基尼系数的精确值，因此一般采用数学近似的方法求得。计算基尼系数时，以地区为单位将总人口进行分组，将同一个地区内的居民所拥有的"公共文化财富"看成相等的，即该地区人均公共文化资源量，进而可以将不规则的洛伦兹曲线转化为规则的折线，然后通过数学运算计算出基尼系数。

对于某项公共文化资源 X，其基尼系数的具体计算步骤如下：①根据各地区按照地区内居民人均所享有公共文化资源从少到多排序，如表 1 所示：$X_1/P_1 < X_2/P_2 < \cdots < X_{31}/P_{31}$；②然后按照表 1 所示计算出人口累计百分比和公共文化资源累计百分比；③以人口累计百分比为横轴，公共文化资源累计百分比为纵轴，在坐标图中画出二者的散点图并连成折线，此折线即为洛伦兹曲线的近似图；④求解折线与坐标轴横轴围成的区域面积 S，$1-2S$ 即基尼系数。

表1 公共文化基尼系数计算原理

排序后的地区编号		1	2	……	31
人均公共文化资源		X_1/P_1	X_2/P_2		X_{31}/P_{31}
人口 P	数量	P_1	P_2	……	P_{31}
	百分比	$P_1 \big/ \sum\limits_{i=1}^{31} P_i$	$P_2 \big/ \sum\limits_{i=1}^{31} P_i$	……	$P_{31} \big/ \sum\limits_{i=1}^{31} P_i$
	累计百分比	$P_1 \big/ \sum\limits_{i=1}^{31} P_i$	$(P_1+P_2) \big/ \sum\limits_{i=1}^{31} P_i$	……	1
公共文化资源 X	地区总量	X_1	X_2		X_{31}
	百分比	$X_1 \big/ \sum\limits_{i=1}^{31} X_i$	$X_2 \big/ \sum\limits_{i=1}^{31} X_i$	……	$X_{31} \big/ \sum\limits_{i=1}^{31} X_i$
	累计百分比	$X_1 \big/ \sum\limits_{i=1}^{31} X_i$	$(X_1+X_2) \big/ \sum\limits_{i=1}^{31} X_i$	……	1

上述计算方式是采取手工计算，计算量相对较大，因此在具体计算时利用统计软件 R 中的 ineq 程序包编写程序，只需导入各地区人口数以及人均公共文化资源量，即可计算出基尼系数。

（三）指标体系构建

对基本公共文化服务均等化程度进行量化研究，首先要设计一套科学合理的评估指标体系，指标体系的科学性和有效性直接影响着评估的成败。评估指标体系的构建是一项复杂的系统工程，选择指标的时候，本文重点把握以下原则：（1）科学性原则，即指标体系的建立，必须能够客观充分地反映基本公共文化服务均等化的现实情况；（2）可比性原则，即指标的选取与设计既要体现基本公共文化服务建设内容的共同点，有利于全国不同地区的横向比较，又要考虑基本公共文化服务的发展情况，有利于历史性的纵向比较；（3）操作性原则，即指标的选取与设计要与数据的可取得性相结合，指标内容应尽量简单明了。

本文刻画基本公共文化服务均等化程度的依据是各地区居民享有各项公共文化资源的均等性。根据科学性、可比性、可操作性等原则，以四馆一站

（公共图书馆、博物馆、美术馆、文化馆和文化站）以及艺术表演团体[①]和艺术表演场馆为提供公共文化资源的机构代表。公共文化资源主要包含四个类别：公共文化服务人才、公共文化财政投入、公共文化服务设施、公共文化服务产品。其中公共文化服务人才用各类公共文化机构从业人员数刻画，公共文化财政投入用文化文物事业费衡量，公共文化服务设施用各类公共文化机构面积反映，公共文化服务产品包含公共图书、陈列展览、文艺演出以及群众文化机构提供的文化服务等。

不同地区由于经济、文化、社会环境存在差异，居民的文化需求也会有差异，因此公共文化服务均等化不等同于无差异化。对于同属一个类别的文化资源，只需要在总体上达到均等，而不要求各项文化资源都达到均等；而对于不同类别的文化资源，理论上最好是都达到均等。因此本文通过考察四个不同类别公共文化资源均等化程度综合反映公共文化服务均等化程度，其中前三个类别（人、财、设施面积）内容对于不同类型的公共文化机构量纲是一致的，可直接通过数学运算进行加总，而不同公共文化机构的公共文化服务产品（如藏书、陈列展览、文艺演出等）则不属于同一维度，必须逐项列出。但在实际计算时，根据基尼系数的计算原理可知，基尼系数的取值大小与指标量纲的选取无关，从而可对不同维度的公共文化产品指标进行无量纲化处理，然后通过综合指数法进行指数合成。为保持统一性，本文对所有指标都进行无量纲化处理。

综合上述分析，课题组经过多次讨论最终确立基本公共文化服务均等化评估指标体系及权重如表2所示。其中指标权重采用专家打分法[②]确定；指标数据来源于《中国文化文物统计年鉴》以及文化和旅游部提供的文化统计数据，另外测算过程中用到的各地区年末常住人口数来源于《中国统计年鉴》和各省份统计年鉴。

---

① 考虑到文艺院团转企改制的原因，此处选择文化部门所属执行事业会计制度的艺术表演团体和艺术表演场馆。

② 课题组邀请文化系统实践专家20名和公共文化服务领域的专家学者10名对指标体系进行赋权打分，经过检验筛选后进行算术平均，得到指标权重。

表2　基本公共文化服务均等化评估指标体系及权重

一级指标	权重(%)	二级指标	权重(%)	备注
公共文化服务人才	20.84	每万人拥有文化机构从业人员数	100	包括公共图书馆、博物馆、美术馆、文化馆、文化站以及艺术表演团体(事业)和艺术表演场馆(事业)的从业人员
公共文化财政投入	23.61	人均文化文物事业费	100	国家用于发展社会文化、文物事业的经费支出
公共文化服务设施	25.83	人均文化机构面积	100	包括公共图书馆、博物馆、美术馆、文化馆、文化站以及艺术表演团体(事业)和艺术表演场馆(事业)的实际用房面积
公共文化服务产品	29.72	人均公共图书册数	25.78	包括公共图书馆、文化馆和文化站藏书量
		每万人享有陈列展览个数	24.67	包括博物馆的基本陈列和临时展览、美术馆的展览
		每万人享有群众文化机构文化服务次数	24.67	包含文化馆和文化站的文艺活动、培训班、展览、讲座
		每万人享有文艺演出次数	24.88	包括艺术表演团体(事业)国内演出以及艺术表演场馆(事业)和文化馆馆办文艺团体的文艺演出

（四）评估模型步骤

要推动我国基本公共文化服务均等化发展，必须对基本公共文化服务均等化的现状进行科学的定量评估，但目前学术界对基本公共文化服务均等化的研究大多采用描述性对比分析的方法，而对基本公共文化服务均等化程度进行定量测算的研究却很少。量化均等化水平除了要构建一套合理的指标体系外，还需要使用一种合理的量化模型方法。

基于文献分析，本文拟采用基尼系数法对我国基本公共文化服务均等化水平进行定量评估。首先通过专家打分法获取指标的权重；其次通过综合指数法获取各类别（人、财、物、产品）公共文化资源指数；再次通过基尼系数法计算各类别公共文化资源的基尼系数，并通过数学运算将基尼系数转化为百分制作为均等化得分，直观地刻画各类别公共文化资源分配的均等化水平；最后对各类别公共文化资源均等化得分加权求和得到基本公共文化服务均等化得分，反映基本公共文化服务均等化水平。本文提出的"公共文化资源指数"表示地区人均文化资源与全国人均文化资源的比值，如此一来一方面消除了指标间的量纲差异，进而可以对不同维度的指标进行数学运算，分析不同类别公共文化资源的均等化程度；另一方面通过变换可知该比值也表示地区文化资源份额与地区人口份额的比值，可以反映地区公共文化资源量相对自身的人口数量的占有程度①，进而可对不同地区公共文化资源的占有程度进行比较分析。测算模型具体步骤为：

①通过专家打分法可获取各指标的权重；

②通过无量纲化测算各项公共文化资源指标（即二级指标）指数：

$$公共文化资源指数 = \frac{地区人均公共文化资源}{全国人均公共文化资源} = \frac{地区公共文化资源份额}{地区人口份额};$$

③采用加权求和方式计算各类别公共文化资源（即一级指标）指数；

④利用统计学软件 R 计算各类别公共文化资源基尼系数，并以 100 * (1 - 各类别公共文化资源基尼系数) 作为各类别公共文化资源的均等化水平得分，分值在 0 ~ 100 之间，分值越高，则表示均等化程度越高；

⑤采用加权求和计算基本公共文化服务均等化水平：

$$基本公共文化服务均等化水平 = \sum 对应权重 * 各类别公共文化资源均等化水平。$$

另外，若各类别公共文化资源指数进行加权求和则可得到各地区公共文化资源综合指数，即：

$$公共文化资源综合指数 = \sum 对应权重 * 各类别公共文化资源指数。$$

用以刻画该地区所占有的公共文化资源整体水平，从而可进一步对不同地区公共文化资源占有程度进行比较分析。

在本文的测算模型方法中，如果以全国 31 个省（自治区或直辖市）为测算单位，则可以得到全国基本公共文化服务均等化水平，进而分析全国基

---

① 如果比值大于 1，表示地区的公共文化资源量相对于人口而言较富足；比值小于 1，则表示公共文化资源量相对于人口而言较贫乏。

本公共文化服务均等化情况；若以各个省份内部地级市为测算单位，可对该省份基本公共文化服务均等化水平进行测算，进而可以分析比较各省份的基本公共文化服务均等化程度。在下文中笔者将对全国以及各省份公共文化服务均等化情况进行实证分析。

三 全国基本公共文化服务均等化情况

本节内容旨在基于省域之间公共文化资源的差距对我国基本公共文化服务的均等化程度进行量化分析，因此不仅要对全国基本公共文化服务均等化情况进行分析，还要对各省份公共文化资源配置情况进行比较分析。

（一）基本公共文化服务均等化结果

图 2 为 2011～2016 年全国基本公共文化服务均等化水平及各类别公共文化资源均等化水平变化趋势图，下方数据表为其对应的均等化水平得分，保留两位小数。

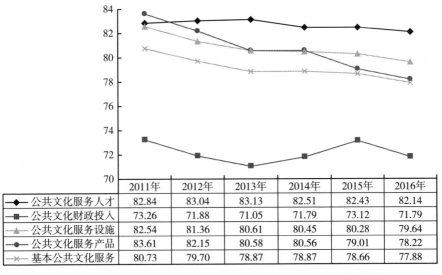

	2011年	2012年	2013年	2014年	2015年	2016年
◆公共文化服务人才	82.84	83.04	83.13	82.51	82.43	82.14
■公共文化财政投入	73.26	71.88	71.05	71.79	73.12	71.79
▲公共文化服务设施	82.54	81.36	80.61	80.45	80.28	79.64
●公共文化服务产品	83.61	82.15	80.58	80.56	79.01	78.22
✕基本公共文化服务	80.73	79.70	78.87	78.87	78.66	77.88

图2　2011～2016 年基本公共文化服务均等化水平及各类别公共文化
资源均等化水平变化趋势

1. 基本公共文化服务均等化程度不高，主因在于公共文化财政投入非均等程度较为严重

图 2 显示，2011～2016 年这六年中，仅 2011 年基本公共文化服务均等化水平得分高于 80 分，其余年份都低于 80 分，反映出基本公共文化服务均等化程度不高。从各类别公共文化资源均等化水平得分来看，公共文化服务人才均等化水平得分一直保持在 80 以上，并且一直高于 82 分；公共文化服务设施均等化水平分值 2016 年略低于 80 分，其余年份都高于 80 分，表明我国基本公共文化服务在文化机构从业人员配备和文化设施建设上达到了较高程度的均等化；公共文化服务产品均等化水平得分从 2011 年 83.61 分逐年下降到 2016 年的 78.22 分，表明我国公共文化服务在公共文化产品供给上，从高均等状态进入低均等状态；公共文化财政投入均等化水平得分一直维持在较低位置，在 72 分附近波动，远低于 80，且明显低于其他类别公共文化资源均等化水平得分，表明我国公共文化服务在公共文化财政投入上，失衡程度较为严重，这也是导致基本公共文化均等化程度不高的主因。

2. 基本公共文化服务均等化程度呈下降趋势，主因在于公共文化产品供给非均等程度不断加剧

图 2 显示，2011～2016 年全国基本公共文化服务均等化水平呈缓慢下降趋势，得分从 80.73 分下降到 77.88 分，表明 2011～2016 年间我国基本公共文化服务均等化程度呈下降趋势。从各类别公共文化资源均等化水平变化趋势来看，公共文化财政投入均等化水平呈现波动趋势，公共文化服务人才均等化水平呈现小幅下降趋势，而公共文化设施均等化水平与公共文化服务产品均等化水平则呈现较大幅度的下降趋势，尤其是公共文化服务产品均等化水平，得分从 2011 年为 83.61 分，逐年下降到 2016 年的 78.22 分，表明我国基本公共文化服务在公共文化产品供给上非均等程度不断加大，这是导致基本公共文化服务均等化程度下降的主要原因。

（二）公共文化资源配置情况

前文根据公共文化资源在地区间配置的均等程度分别对 2011～2016 年

公共文化服务均等化情况进行了分析，本部分将对各地区以及各区域①公共文化资源配置情况进行具体分析。

1. 公共文化资源数量较多的都是东部和西部地区，而中部地区普遍较少

图 3 为 2016 年各地区公共文化资源综合指数展示，对应数值保留两位小数标记于图中。图中结果显示，排在前十名的地区都是东部和西部地区，其中东部占三个，分别是上海、北京、浙江；西部占七个，分别是西藏、新疆、内蒙古、陕西、宁夏、青海和甘肃。东部这三个地区主要是因为经济发展水平高、人均 GDP 排名位居全国前列，从而有较为充足的财力保障公共文化服务的供给。西部地区中，西藏、宁夏和青海主要是因为人口较少，从而人均享有各项文化资源相对都较为丰富；基于地域特色，新疆群众文化机构和文艺院团发展较优，在从业人员和文化产品供给上具有明显优势；内蒙古由于经济发展水平较高，并且具有地域特色，文艺院团发展较优；陕西和甘肃都是文物大省，其博物馆事业发展在全国处于领先位置，尤其是陕西省，如 2016 年全国博物馆从业人员数为 93431，而陕西一个省就达到 8947 人，接近全国的 1/10。而中部地区基本都排名靠后，仅有两个省份达到了全国平均水平，分别是山西（1.19）和吉林（1.00）；位居倒数十的地区当中，有六个是中部地区，分别是安徽、河北、湖南、河南、江西、海南，并且这些地区公共文化资源指数均低于 0.8，如安徽仅为 0.56。中部地区由于中央补助比例低、配套资金难以落实、人口多等因素，因此在资金、设施等方面都落后于西部地区，造成了中部地区公共文化资源明显不足。

2. 区域间公共文化资源配置差距明显，其中东部配置数量最多，西部较多，中部"塌陷"现象已呈现

图 4 为 2011～2016 年各区域公共文化资源综合指数变化趋势，保留两

---

① 本文区域划分依据文化部、财政部国家公共文化服务体系示范区创建标准。东部地区包括：北京、天津、辽宁、上海、江苏、浙江、福建、山东、广东；中部地区包括：河北、山西、吉林、黑龙江、安徽、江西、河南、湖北、湖南、海南；西部地区包括：内蒙古、广西、重庆、四川、贵州、云南、西藏、陕西、甘肃、青海、宁夏、新疆。

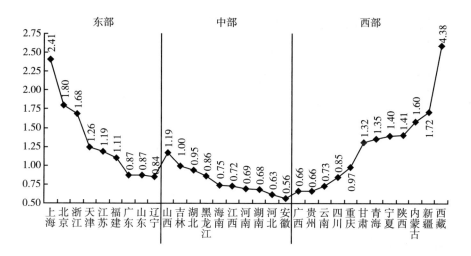

图3 2016年各地区公共文化资源综合指数展示

注：为展示可视化效果，将西藏的散点（值为4.38）往下移动。

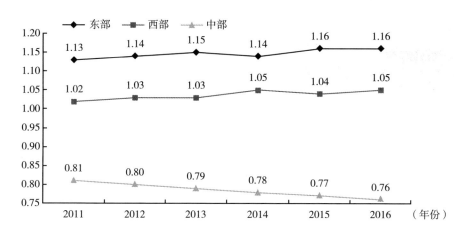

图4 2011~2016年各区域公共文化资源综合指数变化趋势

注：此处"区域公共文化资源指数"为区域内所有地区公共文化资源指数的加权平均值（以人口为权重），而不是简单的算术平均值，因此与前文中公共文化资源指数含义一致，下同。

位小数显示。图中结果显示，东部公共文化资源指数最高，西部次之，中部最低且与东部和西部差距明显。其中2016年东部指数达到1.16，西部指数为1.05，中部指数仅为0.76，表明东部地区居民所享有的公共文化资源最多，西部较多，而中部明显较少。从 2011～2016 年各区域公共文化资源指数变化趋势来看，东部基本稳定在 1.15 附近；西部呈现增长趋势，从 2011 年的 1.02 增长到 2016 年的 1.05；而中部则明显下降，从 2011 年的 0.81 逐年下降至 2016 年的 0.76，因此与东部和西部的差距愈发明显，已呈现中部"塌陷"现象。

3. 区域间公共文化财政投入和公共文化产品供给差距明显，并且公共文化产品供给差距逐年增大

图 5 为 2011～2016 年各区域公共文化财政投入指数与公共文化服务产

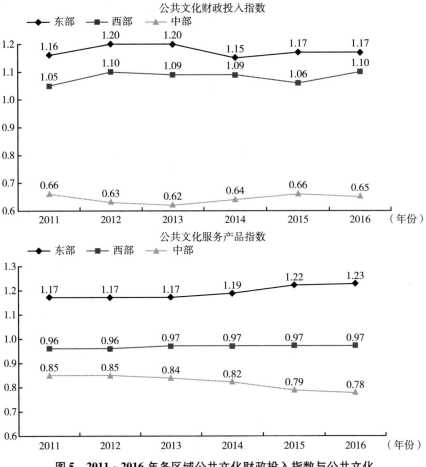

图 5　2011～2016 年各区域公共文化财政投入指数与公共文化服务产品指数变化趋势

品指数变化趋势图，对应数值保留两位小数标记于图中。图中结果显示，在公共文化财政投入上，东部和西部指数都大于1，而中部明显小于1，且与东、西部差距明显，其中2016年东部和西部公共文化财政投入指数分别为1.17和1.10，而中部仅为0.65，表明区域间公共文化财政投入差距明显，中部处于明显劣势，与东部和西部之间已出现较大差距；在公共文化服务产品供给上，东部指数明显大于1，西部略小于1，而中部明显小于1，其中2016年东部指数为1.23，西部指数为0.97，而中部指数仅为0.78，表明东部在公共文化产品供给上具有明显优势，而中部处于明显劣势，中部与东部之间已出现较大差距。另外，值得注意的是，在公共文化服务产品供给方面，东部指数呈现上升趋势，而中部指数呈现明显下降趋势，并且2012～2016年间逐年下降，从2012年的0.85下降到2016年的0.78，表明区域间公共文化服务产品供给差距越来越大，东部在公共文化服务产品供给上优势愈加明显，而中部则愈显不足。

四 各省份基本公共文化服务均等化情况

上文是基于省域间公共文化资源配置的差距程度分析了全国基本公共文化服务均等化情况，但是如何分析比较各省份内部的均等化情况？此时，我们需要将测算单位从省份换成地级市，根据各省份内部地级市之间公共文化资源配置的差距程度来分析。在此有几个问题值得注意，一是由于各省份省本级的各项公共文化资源基本都在省会城市，因此将其纳入省会城市中；二是对于北京、上海、天津、重庆四个直辖市，由于位于主城区的几个区县地理位置相对很近，基本可共享公共文化资源，因此具体计算时，将主城区公共文化资源合并为"省会城市"处理；三是有些省份（如河北、河南、湖北、新疆、海南）设立了省直辖县级行政区划，计算时将其与各省份其他地级市并列计算。

（一）31个省份的基本公共文化服务均等化水平得分

为对不同省份基本公共文化服务均等化情况进行全面比较分析，不仅基

187

于 2016 年 31 个省份基本公共文化服务均等化得分进行横向分析，并且针对
2014～2016 年全国各省份基本公共文化服务均等化得分进行纵向分析。

1. 绝大多数省份基本公共文化服务均等化程度不高，东部和中部省份高于
西部省份

表 3 为 2016 年各省份基本公共文化服务均等化水平得分，表中结果显
示，仅有上海（89.84）、浙江（82.69）、江西（80.18）和陕西（80.13）
四个省份均等化水平达到 80 分，低于 75 分的有 13 个，其中海南（66.43）、
新疆（65.68）和天津（63.78）更是低于 70 分，表明 31 个省份当中，绝
大多数省份基本公共文化服务均等化程度不高。分区域来看，排在前面的省
份大多是东部和中部省份，西部省份普遍排名较为靠后，其中前十名当中有
5 个中部省份和 4 个东部省份，西部省份仅占 1 个；后十名的省份当中有 6
个西部省份，东部和中部各 2 个。2016 年全国 31 个省份均等化水平得分平
均值为 75.62，东部和中部省份公共文化服务均等化水平得分平均值都高于
全国平均值，分别为 77.08、76.10；西部省份公共文化服务均等化水平得
分平均值为 74.13，明显低于东部和中部。说明西部省份的均等化程度要明
显低于东部和中部省份。

表 3　2016 年 31 个省份基本公共文化服务均等化水平得分

地区	公共文化服务人才	公共文化财政投入	公共文化服务设施	公共文化服务产品	基本公共文化服务	排名
上海	90.65	89.81	91.82	87.57	89.84	1
浙江	86.59	73.49	89.90	81.00	82.69	2
江西	81.72	68.36	82.99	86.07	80.18	3
陕西	81.42	64.15	85.15	87.57	80.13	4
黑龙江	87.86	69.43	79.47	82.56	79.77	5
河南	89.96	67.03	79.75	81.90	79.52	6
河北	83.00	67.37	83.54	81.66	79.05	7
山西	83.66	71.51	82.94	77.21	78.69	8
北京	82.34	82.05	71.24	78.18	78.17	9
山东	83.10	66.50	78.99	80.25	77.27	10
辽宁	89.10	64.95	78.92	77.26	77.25	11

地区	公共文化服务人才	公共文化财政投入	公共文化服务设施	公共文化服务产品	基本公共文化服务	排名
江苏	82.95	62.96	85.91	75.68	76.83	12
云南	80.42	71.74	78.65	75.47	76.44	13
重庆	81.39	63.80	79.97	78.63	76.05	14
吉林	69.21	76.98	82.86	74.08	76.02	15
青海	74.98	77.11	66.90	83.68	75.98	16
贵州	84.60	65.67	82.02	71.48	75.56	17
湖南	82.71	63.74	78.73	77.10	75.53	18
宁夏	89.79	58.81	73.42	80.13	75.38	19
湖北	87.52	60.95	89.19	64.33	74.79	20
福建	75.77	66.67	80.85	74.16	74.45	21
四川	78.72	71.02	78.46	67.66	73.55	22
广东	81.86	54.59	81.48	75.60	73.46	23
甘肃	86.88	63.92	75.27	69.41	73.27	24
西藏	92.73	50.15	79.14	72.58	73.18	25
广西	75.00	67.05	77.84	72.37	73.07	26
内蒙古	77.26	66.88	69.59	71.86	71.22	27
安徽	74.42	61.23	70.85	76.48	70.99	28
海南	67.92	62.82	66.37	68.29	66.43	29
新疆	70.55	65.69	64.93	62.91	65.68	30
天津	58.71	58.36	67.77	68.18	63.78	31
全国均值	81.06	66.93	78.55	76.17	75.62	—
东部均值	81.23	68.82	80.76	77.54	77.08	—
中部均值	80.80	66.94	79.67	76.97	76.10	—
西部均值	81.15	65.50	75.94	74.48	74.13	—

2. 公共文化财政投入的非均等程度较为严重，公共文化服务人才均等化情况较为良好

从表3中各类别公共文化资源均等化情况来看，除上海和北京外，其他省份文化财政投入均等化水平得分都较低，全国公共文化财政投入均等化水平得分平均值仅为66.93；而在公共文化服务人才上，各省份的均等化水平得分普遍都较高，全国公共文化服务人才均等化水平得分平均值达到81.06。这反映出省域内部公共文化服务人才的均等化程度都达到较优的状

态，而制约基本公共文化服务均等化目标实现的主要因素是公共文化财政投入的非均等性。

3. 多数省份基本公共文化服务均等化程度提高，其中西部省份提高较为明显

表4为2014～2016年全国31个省份基本公共文化服务均等化水平得分，表中结果显示，31个省份当中，有19个有所上升，其中陕西和西藏均等化水平得分上升较为明显，陕西从76.74分上升为80.13分，全国排名从12位跃居第4位；西藏从66.32分上升为73.18分，由于基础较差，全国排名仅上升四位。2016年陕西各地市之间的公共文化财政投入和公共文化服务设施均等化程度较2014年有明显提高。西藏各地市在各类别公共文化资源上均等化程度都有所提高，主要是在公共文化服务人才和公共文化财政投入方面。从各区域来看，2016年全国31个省份基本公共文化服务均等化水平得分均值较2014年略有上升，从75.15分上升为75.62分，其中东部省份得分均值略有上升，从76.83分上升为77.08分；中部略有下降，从76.31分下降为76.10分；西部省份上升相对明显，从72.93分上升为74.13分。

表4　2014～2016年31个省份基本公共文化服务均等化水平得分

地区	2014	排名	2015	排名	2016	排名	得分变化	位置差
上海	89.66	1	89.34	1	89.84	1	0.18	0
浙江	81.43	2	81.32	2	82.69	2	1.26	0
江西	79.47	5	79.76	5	80.18	3	0.72	2
陕西	76.74	12	80.49	4	80.13	4	3.40	8
黑龙江	80.38	3	79.26	6	79.77	5	-0.61	-2
河南	77.99	8	78.30	9	79.52	6	1.53	2
河北	78.39	6	77.28	13	79.05	7	0.66	-1
山西	77.89	9	78.29	10	78.69	8	0.80	1
北京	79.96	4	80.70	3	78.17	9	-1.79	-5
山东	76.91	11	78.48	7	77.27	10	0.36	1
辽宁	76.59	13	76.64	14	77.25	11	0.66	2
江苏	77.15	10	77.37	12	76.83	12	-0.32	-2

地区	2014	排名	2015	排名	2016	排名	得分变化	位置差
云南	74.43	20	75.68	16	76.44	13	2.02	7
重庆	74.45	18	74.87	19	76.05	14	1.60	4
吉林	78.21	7	78.42	8	76.02	15	-2.20	-8
青海	73.31	23	75.20	17	75.98	16	2.68	7
贵州	73.60	22	72.85	23	75.56	17	1.97	5
湖南	76.27	14	77.49	11	75.53	18	-0.74	-4
宁夏	76.24	15	75.18	18	75.38	19	-0.87	-4
湖北	73.93	21	73.27	22	74.79	20	0.86	1
福建	74.45	19	75.83	15	74.45	21	0.00	-2
四川	75.13	16	74.52	20	73.55	22	-1.58	-6
广东	73.00	24	72.79	24	73.46	23	0.47	1
甘肃	74.74	17	73.51	21	73.27	24	-1.47	-7
西藏	66.32	29	70.46	28	73.18	25	6.86	4
广西	72.63	25	72.59	25	73.07	26	0.45	-1
内蒙古	71.69	26	72.29	26	71.22	27	-0.47	-1
安徽	71.33	27	71.13	27	70.99	28	-0.33	-1
海南	69.20	28	69.09	29	66.43	29	-2.77	-1
新疆	65.96	30	67.45	30	65.68	30	-0.28	0
天津	62.36	31	61.92	31	63.78	31	1.42	0
全国均值	75.15	—	75.54	—	75.62	—	0.47	—
东部均值	76.83	—	77.15	—	77.08	—	0.25	—
中部均值	76.31	—	76.23	—	76.10	—	-0.21	—
西部均值	72.93	—	73.76	—	74.13	—	1.19	—

（二）公共文化资源占有水平与基本公共文化服务均等化水平

公共文化资源丰富并不意味着基本公共文化服务均等化水平高，公共文化资源贫乏也不意味着基本公共文化服务均等化水平低。有的省份虽然公共文化资源丰富，但资源分配均等化程度较低；有的省份公共文化资源贫乏，但资源分配均等化程度较高；这两种状态都不理想，最佳状态是要达到资源丰富并且均等。

1. 公共文化资源数量与基本公共文化服务均等化程度之间不具有正相关性

表 5 为 2016 年 31 个省份公共文化资源占有水平与基本公共文化服务均等化水平结果对比。表 5 显示，公共文化资源数量的多少与基本公共文化服务均等化程度之间存在着不确定性关系，公共文化资源丰富并不意味着基本公共文化服务均等化水平高，比如西藏、新疆、内蒙古人均公共文化资源占有量都较高，分别是全国人均的 4.38、1.72、1.60 倍，排名分别位于第 1、4、6 位，但基本公共文化服务均等化水平得分都较低，分别为 73.18 分、65.68 分、71.22 分，排名分别位于第 25、30、27 位；公共文化资源贫乏也不意味着基本公共文化服务均等化水平低，比如江西、河南和河北人均公共文化资源占有量都较低，分别为全国人均的 0.72、0.69、0.63 倍，排名分别位于 25、26、30 位，但基本公共文化服务均等化水平得分都较高，分别为 80.18 分、79.52 分、79.05 分，排名分别位于第 3、6、7 位。通过对公共文化资源综合指数与基本公共文化服务均等化水平进行 person 相关性检验，以及对二者的排名进行 Kendall 秩相关检验，发现二者之间并不具有正相关性。

表 5　2016 年 31 个省份公共文化资源占有水平与基本公共文化服务均等化水平

地区	公共文化资源综合指数	排名	基本公共文化服务均等化水平	排名
西藏	4.38	1	73.18	25
上海	2.41	2	89.84	1
北京	1.80	3	78.17	9
新疆	1.72	4	65.68	30
浙江	1.68	5	82.69	2
内蒙古	1.60	6	71.22	27
陕西	1.41	7	80.13	4
宁夏	1.40	8	75.38	19
青海	1.35	9	75.98	16
甘肃	1.32	10	73.27	24
天津	1.26	11	63.78	31
山西	1.19	12	78.69	8
江苏	1.19	13	76.83	12

地区	公共文化资源综合指数	排名	基本公共文化服务均等化水平	排名
福建	1.11	14	74.45	21
吉林	1.00	15	76.02	15
重庆	0.97	16	76.05	14
湖北	0.95	17	74.79	20
广东	0.87	18	73.46	23
山东	0.87	19	77.27	10
黑龙江	0.86	20	79.77	5
四川	0.85	21	73.55	22
辽宁	0.84	22	77.25	11
海南	0.75	23	66.43	29
云南	0.73	24	76.44	13
江西	0.72	25	80.18	3
河南	0.69	26	79.52	6
湖南	0.68	27	75.53	18
贵州	0.66	28	75.56	17
广西	0.66	29	73.07	26
河北	0.63	30	79.05	7
安徽	0.56	31	70.99	28

2. 东部和中部省份的均等化程度相对较高，但均等化质量差异较大

在坐标图上分别画出各省份公共文化资源综合指数与各省份均等化得分的散点图，并将2016年31个省份的均等化得分的平均值"75.62"和全国公共文化资源综合指数"1"作为截断点做出四象限矩阵图，如图6所示。另外，由于西藏和上海的公共文化资源指数（分别为4.38、2.41）相对于其余省份过大，并且上海均等化得分89.84也远高于其余省份，为保证矩阵图可视化效果，将二者散点位置经过一定平移后展示在矩阵图边界上。根据上海和西藏两地数据可知，上海位于第一象限内，西藏位于第四象限内。

矩阵图第一象限表示高资源高均等区域，即公共文化资源丰富且均

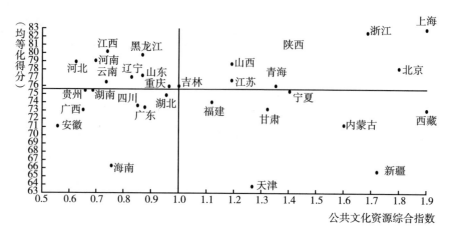

图6　2016年31个省份的公共文化资源综合指数与基本公共文化服务均等化水平得分矩阵

等化程度高，共有7个省份，分别是上海、浙江、北京、陕西、山西、江苏和青海；第二象限表示低资源高均等区域，即公共文化资源贫乏但均等化程度高，共有9个省份，分别是江西、黑龙江、河南、河北、辽宁、山东、云南、重庆和吉林①；第三象限表示低资源低均等区域，即公共文化资源贫乏且均等化程度低，共有8个省份，分别是贵州、湖南、湖北、广西、四川、广东、安徽和海南；第四象限表示高资源低均等区域，即公共文化资源丰富但均等化程度低，共有7个省份，分别是福建、宁夏、甘肃、内蒙古、西藏、新疆和天津。对于基本公共文化服务均等化程度高的省份，即位于第一和第二象限的省份，共有16个省份，主要是东部和中部省份，各有6个，其中位于第一象限的省份公共文化资源丰富，多数是东部省份，如上海、浙江、北京、江苏，这是一种高质量的均等化状态；而第二象限的省份公共文化资源贫乏，主要是中部省份，如江西、黑龙江、河南、河北，这是一种低质量的均等化状态。

① 考虑到吉林省位于坐标轴纵轴上，是因为其公共文化资源综合指数为1，刚达到全国平均水平，因此置于第二象限更为妥当。

五　结论与建议

（一）结论

1. 公共文化资源存在严重的区域、省域、地市不均衡，已出现"中部塌陷"现象

2016 年，从各区域公共文化资源综合指数来看，东部达到 1.16，西部为 1.05，中部仅为 0.76，表明东部地区居民所享有的公共文化资源最多，西部较多，而中部明显较少。从 2011~2016 年各区域公共文化资源指数变化趋势来看，东部基本稳定在 1.15 附近；西部呈现增长趋势，从 2011 年的 1.02 增长到 2016 年的 1.05；而中部则明显下降，从 2011 年的 0.81 逐年下降至 2016 年的 0.76，因此与东部和西部的差距愈发明显，已呈现"中部塌陷"现象。

从 2016 年各省份公共文化资源综合指数来看，排在前十名的地区都是东部和西部省份，其中东部占 3 个，分别是上海（2.41）、北京（1.80）、浙江（1.68）；西部占 7 个，分别是西藏（4.38）、新疆（1.72）、内蒙古（1.60）、陕西（1.41）、宁夏（1.40）、青海（1.35）和甘肃（1.32）。而中部地区基本都排名靠后，仅有两个省份达到了全国平均水平，分别是山西（1.19）和吉林（1.00）；位居倒数十名的地区当中，有 6 个是中部省份，分别是安徽、河北、湖南、河南、江西、海南，并且这些地区公共文化资源指数均低于 0.8，有的甚至低于 0.6，如安徽仅为 0.56。可见省域间公共文化资源差距明显，中部省份明显不足。

从 2016 年全国 31 个省份基本公共文化服务均等化水平得分来看，仅有上海（89.84）、浙江（82.69）、江西（80.18）和陕西（80.13）4 个省份均等化得分达到 80 分，低于 75 分的有 13 个，其中海南（66.43）、新疆（65.68）和天津（63.78）更是低于 70 分，全国 31 个省份均等化水平得分平均值为 75.62，可见绝大多数省份基本公共文化服务均等化程度不高，反映出省域内部地市间基本公共文化服务差距较大。

2. 基本公共文化服务均等化的主要制约因素是公共文化财政投入不均衡

2016 年全国基本公共文化服务均等化水平得分为 77.88，而公共文化服务人才、公共文化服务设施和公共文化服务产品三者的均等化水平得分均高于 77.88，分别为 82.14、79.64、78.22，公共文化财政投入均等化水平得分为 71.79，明显低于 77.88，反映出省域间公共文化财政投入差距大是导致整体差距大的主要因素。从 2016 年各省份基本公共文化服务均等化水平得分来看，全国 31 个省份基本公共文化服务均等化水平得分平均值为 75.62，公共文化服务人才、公共文化服务设施和公共文化服务产品三者的均等化得分均值都高于 75.62，分别为 81.06、78.55、76.17，而公共文化财政投入均等化得分均值仅为 66.93，明显低于 75.62。可见，不管是省域之间还是省域内部地市之间，公共文化财政投入不均衡都严重制约着基本公共文化服务均等化水平。

3. 东部和中部省份的均等化程度相对较高，但均等化质量差异较大

从 2016 年各省份基本公共文化服务均等化得分来看，排在前面的省份大多是东部和中部省份，西部省份普遍排名较为靠后，其中前十名当中有 5 个中部省份和 4 个东部省份，西部省份仅占 1 个；后十名的省份当中有 6 个西部省份，东部和中部各两个。从各区域来看，2016 年东部和中部省份公共文化服务均等化水平得分平均值分别为 77.08、76.10，都高于全国平均值 75.62；而西部省份公共文化服务均等化得分平均值分别为 74.13，明显低于东部和中部，表明东部和中部省份的均等化程度相对较高。

对于基本公共文化服务均等化程度相对较高的东部省份和中部省份，东部省份公共文化资源具有明显优势，如上海、浙江、北京、江苏等省份，不仅公共文化资源丰富，而且省域内地市之间的均等化程度较高，这是一种高质量的均等化状态，而中部省份，如江西、黑龙江、河南、河北等省份，虽然省域内地市之间均等化程度较高，但公共文化资源明显匮乏，这是一种低质量的均等化状态。

4. 省域间基本公共文化服务差距缓慢增大，地市间差距有所减小

基于省域间公共文化资源差距分析全国基本公共文化服务均等化程度，

结果显示 2011~2016 年全国基本公共文化服务均等化水平呈缓慢下降趋势，得分从 2011 年的 80.73 分下降为 2016 年的 77.88 分，表明 2011~2016 年我国省域间基本公共文化服务差距在增大。基于地市间公共文化资源差距分析各省份基本公共文化服务均等化程度，结果显示 2014~2016 年间，多数省份基本公共文化服务均等化得分有所提高，全国 31 个省份基本公共文化服务均等化水平得分平均值从 2014 年的 75.15 分上升为 2016 年的 75.62 分，表明 2014~2016 年间，地市间基本公共文化服务差距有所减小。

（二）建议

1. 加大文化财政投入，建立均衡导向的财政投入机制

由前文分析可知，相比公共文化服务人才、公共文化服务设施和公共文化服务产品，公共文化财政投入非均衡程度最为严重，已成为影响基本公共文化服务均等化的主要因素。除了文化财政投入的不均衡外，投入总量不足也是导致基本公共文化服务不均衡的一个重要因素。充足的文化经费是搞好公共文化服务的基础，如果政府有足够多的资金用于公共文化服务，那么就可以用较多的资金来平衡这种非均衡性。长期以来，由于实施非均衡发展战略，文化领域的发展长期让位于经济、教育和科技等领域，导致公共文化基础差、底子薄。2016 年，全国文化事业费（不含基本建设财政拨款和行政运行费）770.69 亿元，比上年增加 87.72 亿元，增长 12.8%；全国人均文化事业费 55.74 元，比上年增加 6.06 元，增长 12.3%。总体来看，财政不断加大文化投入，全国文化事业费增幅高于同期财政支出增幅，但是占财政总支出的比重仍然偏低，近年来一直维持在 0.4% 左右，与发达国家用于公共文化支出的比重（1%）比还有较大差距。这就导致了文化事业费不够用，于是就难以保证基本公共文化服务的均等化。因此，各级政府要在财力允许范围内，继续加大公共文化领域的投入。另外，要建立起以促进基本公共文化服务均等化为导向的财政投入结构，比如完善转移支付制度，推进省域、地市间公共文化服务的财政资金和资源的互补互助进程，使中央及各级财政投入向经济欠发达地区和边远山区倾斜，逐步缩小地区之间基本公共文

化服务发展水平的差距。还要注意到，目前我国基本公共文化服务发展水平总体呈现东部地区最高、西部地区次之、中部地区较低的态势，国家需要从总体上对资金、资源、扶持政策做出适当调整，改变"中部塌陷"状况，促进基本公共文化服务的均等化发展。

2. 加强公共文化服务数字化建设，促进公共文化资源共建共享

我国基层（尤其是边远、贫困地区）公共文化服务设施覆盖范围有限，并且流动文化设备配备不足，公共文化数字化建设进程又相对滞后，服务方式创新也不够，导致基层文化设施的利用效率不高，公共文化资源供给不足。这也印证了前文的结论：我国省域内部地市间基本公共文化服务均等化水平仍然不高，尤其是西部省份的均等化水平明显低于东部和中部省份。实践证明，在新的社会环境和技术条件下，以传统的服务资源与服务方式，要实现公共文化服务的均衡发展是很困难的。[1] 在当今信息化时代，随着电脑、智能手机的普及，推进公共文化数字化建设为公共文化服务均衡发展提供了契机。一方面，加强公共文化服务数字化平台建设，充分利用互联网技术，构建标准统一、互联互通的公共数字文化服务网络，提供"互联网＋公共文化服务"，形成面向移动终端、贯通线上线下的服务新格局，使社会公众更加方便、快捷地获取公共文化服务。另一方面，加强数字文化资源建设，建立丰富的数字资源库，包括电子书、公开课、知识讲座、文艺培训等，并充分利用移动互联网的优势和特点，促进数字资源的共建与共享，实现公共文化资源在城乡之间、区域之间和群体之间的"零距离"配置。[2]

3. 建立兼顾"均等"和"效率"的基本公共文化服务绩效评估制度，将评估结果纳入政府绩效考核

实现基本公共文化服务的均等化、保障人民群众基本文化权益是国家现

---

[1] 肖希明、完颜邓邓：《以公共数字文化资源整合促进基本公共文化服务均等化》，《图书馆》2015 年第 11 期。

[2] 于国国、张伟锋：《我国基本公共文化服务发展水平区域差距研究》，《艺术百家》2018 年第 2 期。

代公共文化服务体系建设的总体目标，经济投入是落实基本公共文化服务均等化责任的财政保障，但责任的落实效果则有赖于一套科学的绩效评估体系。在旧有的以经济发展为导向的政绩考核思维主导下，地方政府"重经济、轻文化"的现象并没有从根本上转变过来，长期以来公共文化服务没有得到各级地方政府应有的重视。另外，文化领域管理方式较为粗放，绩效评估制度尚未建立健全。以上问题造成财政资金的整体使用效益不高，公共资源配置效率低，存在冗余浪费、分配不均衡的问题，严重影响了公共文化服务的高效持续发展。因此，需要建构科学的公共文化服务绩效评估制度，绩效评估要兼顾均等化评估和效率评估，并将考评结果纳入各级政府的政绩考核范围，形成一种硬约束。具体而言，首先建立一套科学的绩效评估指标体系，指标体系要充分体现均等化目标，对于没有官方统计数据的指标，比如城乡居民、老少边穷地区、弱势群体所享有的公共文化服务情况，应逐步纳入文化统计信息采集系统进行数据采集，保证评估结果的科学性和全面性；其次，文化发展领域的考评体系不能停留在内部自评，应引入第三方评估机构进行评估，确保评估结果公平公正；最后，以法律法规的形式出台绩效评估相关政策文件，并组织专门的培训学习，引起各级政府的高度重视，强化各级政府推进基本公共文化服务均等化的责任与认识，提升政府公共文化服务供给能力和服务质量。

B.7
北京市公共文化服务发展指数报告

刘子琰 *

摘　要：　本报告对北京市公共文化服务资源供给水平、成果享有水平、
　　　　　效率水平、外部支撑水平和均等化水平五个指数进行测算，
　　　　　分析了北京市公共文化服务发展水平在 2014～2016 年的变动
　　　　　趋势，以及在全国和东部地区的区域竞争力，并进一步提出
　　　　　发展问题和对策建议。

关键词：　北京市　公共文化服务　发展指数

　　北京市是我国的首都，也是全国的政治、文化中心，其公共文化建设在全国具有标杆性的引领作用。近年来北京市委、市政府高度重视公共文化服

* 刘子琰，武汉大学国家文化发展研究院硕士研究生，研究方向为公共文化服务及文化政策。

务建设，将建设现代公共文化服务体系纳入全市改革发展大局中，大胆实践、积极探索，并取得了显著成效。北京市相继出台了《"人文北京"行动计划（2010～2012）》、《关于发挥文化中心作用加快建设中国特色社会主义先进文化之都的意见》，将"率先建成高水平、全覆盖的公共文化服务体系，建成一批国家级标志性公共文化设施，实现公共文化服务均等化，公共文化服务的信息化、现代化水平显著提高"作为发展目标。2012 年，北京市第十一次党代会提出了全市"公共文化设施和服务质量达到世界先进水平"的要求。2014 年，北京市委明确提出"构建现代公共文化服务体系"的发展任务。2016 年在北京市"十三五"规划纲要中，突出强调了要完善北京市公共文化服务体系，实现以文化人，保障市民基本文化权益，建设国际一流的和谐宜居之都。

政策引导方面，北京市在全国率先推出了"1 + 3"公共文化政策，《关于进一步加强基层公共文化建设的意见》（京政发〔2015〕28 号）和同期印发的《首都公共文化服务示范区创建方案》、《北京市基层公共文化设施建设标准》、《北京市基层公共文化设施服务规范》的实施，有力促进了首都公共文化服务水平的整体提升，公共文化服务体系建设取得显著成效[1]。设施建设方面，北京市已经形成四级公共文化服务网络。基础文化设施网络体系基本建成，设施覆盖率达 98.35%。目前，全市共有四级文化设施 6743 个，包括 144 个街道综合文化中心、182 个乡镇综合文化中心、2721 个社区综合文化室、3652 个村文化室，全部实现免费开放[2]。全市共建成 300 个数字文化社区，把 300 万册电子书、万种期刊、万集讲座输入社区文化室。首都图书馆通过有线电视信息网络提供 40 万册数字图书、160 余种期刊，更新共享工程网站资源 380 部。文化产品与服务方面，打造出品质优良的首都文化品

---

① 北京市文化和旅游局：《北京市率全国之先制定"1 + 3"公共文化政策》［EB/OL］，［2018 - 7 - 12］，http：//whlyj. beijing. gov. cn/xwzx/xwyl/436951. htm。

② 北京市文化和旅游局：《北京如何让现代公共文化服务体系率先成为全国文化中心的新亮点?》［EB/OL］，［2018 - 7 - 12］，https：//news. china. com/domestic/945/20160511/22892825_ all. html。

牌。北京市农村地区的星火工程，城市地区的周末大舞台，周末场演出计划，高雅艺术进校园等品牌活动丰富了群众文化活动，推动文化惠民工程深入人心。北京市还重点推出北京国际戏剧舞蹈演出季、北京国际音乐节、北京新年音乐会等一批国家级文化活动品牌，大幅提升首都品牌文化活动影响力。

一 2014~2016年北京市公共文化服务发展指数变动情况

如表1所示，2014~2016年北京市公共文化服务发展指数由60.00增加至61.86，呈现上升趋势，三年排名保持在第4位。在各维度中，公共文化服务资源供给水平得分由81.03增加至87.51，上升6.48，排名保持在第2位；公共文化服务成果享有水平得分由55.95增加至58.71，上升2.76，排名由第11位上升至第10位；公共文化服务效率水平得分由0.69减少至0.67，下降0.02，排名由第30位下降至第31位；公共文化服务外部支撑水平得分由52.34减少至49.86，下降2.48，排名由第3位下降至第4位；公共文化服务均等化水平得分由79.96减少至78.17，下降1.79，排名从第4位下降至第9位，下降5位。

表1 2014~2016年北京市公共文化服务发展指数变动情况

		2014年	排名	2015年	排名	2016年	排名	得分变化	排名变化
发展指数		60.00	4	62.42	4	61.86	4	1.86	0
各维度得分	公共文化服务资源供给水平	81.03	2	84.82	2	87.51	2	6.48	0
	公共文化服务成果享有水平	55.95	11	58.99	15	58.71	10	2.76	1
	公共文化服务效率水平	0.69	30	0.70	30	0.67	31	-0.02	-1
	公共文化服务外部支撑水平	52.34	3	53.41	4	49.86	4	-2.48	-1
	文化服务均等化水平	79.96	4	80.70	3	78.17	9	-1.79	-5

二 北京市公共文化发展的区域竞争力分析

（一）北京市在全国的竞争力分析

如表 2 所示，2014～2016 年公共文化服务发展指数全国平均值分别为
51.63、53.22、52.70。2014 年上海市的公共文化服务发展指数最高，为
71.79；2015～2016 年浙江省的公共文化服务发展指数最高，分别为 70.71、
71.16。三年中，北京市公共文化服务发展指数依次为 60.00、61.81、
61.85，排名均为第 4 位。北京市公共文化服务发展指数整体上处于全国前
列，与全国最高水平差距较小，高于全国平均值，发展指数有所上升，排名
较为稳定。

表 2 2014～2016 年北京市公共文化服务发展指数情况

年份	北京指数	北京排名	最高省份	最高指数	全国均值
2014	60.00	4	上海	71.79	51.63
2015	61.81	4	浙江	70.71	53.22
2016	61.85	4	浙江	71.16	52.70

如表 3 所示，2014～2016 年公共文化服务资源供给水平得分全国平均
值分别为 50.45、51.06、51.30。2014～2016 年西藏自治区的公共文化服务
资源供给水平最高，得分分别为 91.74、89.14、87.52。2014～2016 年北京
市公共文化服务资源供给水平得分由 81.03 增加到 87.51，排名保持在第 2
位。北京市公共文化服务资源供给水平得分整体上处于全国领先位置，远高
于全国平均值。

从具体指标来看，2014～2016 年，北京市人力资源得分由 95.37 增加到
100.00，排名由第 2 位上升到第 1 位；北京市物力资源得分由 55.65 增加到
65.29，排名由第 5 位下降到第 8 位；北京市财政资金得分由 90.00 增加到
95.42，排名由第 2 位上升到第 1 位。可见，北京市人力资源和财政资金水平在

全国占据绝对优势地位，并且优势逐年上升，共同助力于提升北京市公共文化服务资源供给水平。而物力资源水平相对优势有所降低，处于下行轨道上。

表3 2014～2016年北京市公共文化服务资源供给水平

年份＼得分排名	北京得分	北京排名	最高省份	最高得分	全国均值
2014	81.03	2	西藏	91.74	50.45
2015	82.79	2	西藏	89.14	51.06
2016	87.51	2	西藏	87.52	51.30

如表4所示，2014～2016年公共文化服务成果享有水平得分全国平均值分别为55.76、59.17、57.64。2014年公共文化服务成果享有水平最高的为上海市，2015～2016年公共文化服务成果享有水平最高的为浙江省，得分分别为69.65、77.75、74.43；北京市公共文化服务成果享有水平得分依次为55.95、58.99、58.71，排名分别为第11位、第15位和第10位。北京市公共文化服务成果享有水平得分排名有所上升，但整体水平相对落后。

从具体指标来看，2014～2016年，北京市文化参与得分由38.41增加到41.53，排名由第22位上升到第17位；北京市广播电视服务得分保持在100.00，排名保持在第1位；北京市体育服务得分由27.81增加到33.06，2014～2015年排名由第25位上升到第8位，2016年回落到第22位；北京市优秀作品得分由14.54增加到32.06，排名由第13位上升到第5位；北京市文化成果享有群众满意度得分由93.62减少到85.44，排名由第3位下降到第13位。可见，北京市广播电视服务享有水平在全国占据绝对优势地位，文化参与、体育服务享有水平和优秀作品享有水平处于上升趋势，群众满意度处于下降趋势。

表4 2014～2016年北京市公共文化服务成果享有水平

年份＼得分排名	北京得分	北京排名	最高省份	最高得分	全国均值
2014	55.95	11	上海	69.65	55.76
2015	58.99	15	浙江	77.75	59.17
2016	58.71	10	浙江	74.43	57.64

如表 5 所示，2014～2016 年公共文化服务效率水平得分全国平均值分别为 1.14、1.19、1.16。2014～2015 年公共文化服务效率水平最高的为江苏省，2016 年公共文化服务效率水平最高的为黑龙江省，得分分别为 1.39、1.36、1.46；北京市公共文化服务效率水平得分依次为 0.69、0.70、0.67，排名分别为第 30 位、第 30 位和第 31 位。北京市公共文化服务效率水平得分排名有所下降，得分远低于全国平均值，公共文化服务效率低。

从具体指标来看，2014～2016 年，北京市公共文化服务资源供给水平得分由 81.03 增加到 87.51，排名由第 2 位上升到第 1 位；北京市公共文化服务成果享有水平得分由 55.95 增加到 58.71，排名由第 11 位下降到第 10 位。可见，北京市公共文化服务资源供给水平居于全国前列，但公共文化服务成果享有水平相对落后，公共文化服务效率较低。

表5　2014～2016 年北京市公共文化服务效率水平

得分排名 年份	北京得分	北京排名	最高省份	最高得分	全国均值
2014	0.69	30	江苏	1.39	1.14
2015	0.70	30	江苏	1.36	1.19
2016	0.67	31	黑龙江	1.46	1.16

如表 6 所示，2014～2016 年公共文化服务外部支撑水平得分全国平均值分别为 36.53、36.94、34.36。2014～2016 年公共文化服务外部支撑水平最高的均为江苏省，得分分别为 63.89、61.22、54.15；北京市公共文化服务外部支撑水平得分依次为 52.34、53.41、49.86，排名分别为第 3 位、第 4 位和第 4 位。北京市公共文化服务外部支撑水平得分排名有所下降，得分高于全国平均值，公共文化服务外部支撑水平较高。

从具体指标来看，2014～2016 年，北京市环境支撑得分由 70.30 减少到 58.02，排名由第 2 位下降到第 5 位；北京市资源支撑得分由 31.09 减少到 30.37，排名由第 13 位下降到第 14 位；北京市创新支撑得分由 50.45 增加到 52.56，排名保持在第 3 位；北京市产业支撑得分由 57.35 增加到

59.79，排名由第 7 位上升到第 5 位。可见，北京市创新支撑和产业支撑水平有所提升，环境支撑和资源支撑水平有所下降。

表6　2014～2016 年北京市公共文化服务外部支撑水平

年份\得分排名	北京得分	北京排名	最高省份	最高得分	全国均值
2014	52.34	3	江苏	63.89	36.53
2015	53.41	4	江苏	61.22	36.94
2016	49.86	4	江苏	54.15	34.36

如表 7 所示，2014～2016 年公共文化服务均等化水平得分全国平均值分别为 75.15、75.54、75.62。2014～2016 年公共文化服务均等化水平最高的均为上海市，得分分别为 89.66、89.34、89.84；北京市公共文化服务均等化水平得分依次为 79.96、80.70、78.17，排名分别为第 4 位、第 3 位和第 9 位。北京市公共文化服务均等化水平得分排名下降明显，但得分高于全国平均值，均等化水平相对较高。

从具体指标来看，2014～2016 年，北京市文化服务人才均等化得分由81.68 减少到 58.02，排名由第 16 位上升到第 5 位；北京市文化财政投入均等化得分由 81.12 减少到 30.37，排名由第 2 位下降到第 14 位；北京市文化服务设施均等化得分由 81.67 减少到 52.56，排名由第 8 位上升到第 3 位；北京市文化服务产品均等化得分由 76.34 减少到 59.79，排名由第 18 位上升到第 5 位。可见，北京市文化服务人才、文化服务设施和文化服务产品均等化水平有所提高，文化财政投入均等化水平下降显著。

表7　2014～2016 年北京市公共文化服务均等化水平

年份\得分排名	北京得分	北京排名	最高省份	最高得分	全国均值
2014	79.96	4	上海	89.66	75.15
2015	80.70	3	上海	89.34	75.54
2016	78.17	9	上海	89.84	75.62

（二）北京市在东部地区的区域竞争力分析

如表 8 所示，2014～2016 年东部地区公共文化服务发展指数平均值分别为 57.67、59.42、58.67，北京市公共文化服务发展指数三年均高于东部地区平均值，排名保持在第 4 位。2014 年，北京市公共文化服务发展指数与排名第 1 位的上海市相差 11.79；2015 年，北京市公共文化服务发展指数与排名第 1 位的浙江省相差 8.29；2016 年，北京市公共文化服务发展指数与排名第 1 位的浙江省相差 9.30。可见三年间北京市公共文化服务发展指数得分在东部地区的排名保持不变，在缩小与最高值省份的差距。

表 8　2014～2016 年东部地区公共文化服务发展指数情况

地区	2014 年	排名	2015 年	排名	2016 年	排名
北京	60.00	4	62.42	4	61.86	4
天津	43.81	9	44.05	9	44.33	9
辽宁	48.68	8	51.39	8	48.16	8
上海	71.79	1	69.47	2	70.40	2
江苏	66.78	2	68.40	3	65.89	3
浙江	65.24	3	70.71	1	71.16	1
福建	54.88	6	57.09	6	53.06	7
山东	55.60	5	58.38	5	58.64	5
广东	52.24	7	52.89	7	54.56	6
均值	57.67	—	59.42	—	58.67	—

如表 9 所示，2014～2016 年东部地区公共文化服务资源供给水平得分平均值分别为 53.71、56.53、55.67，北京市公共文化服务资源供给水平得分三年均高于东部地区平均值，排名保持在区域第 1 位。2014 年高出第 2 位上海市 19.51，2015 年高出第 2 位浙江省 13.49，2016 年高出第 2 位浙江省 18.53。可见三年间北京市公共文化服务资源供给水平得分在东部地区排名首位，领先于区域内其他省份，相对优势显著。

表9 2014~2016年东部地区公共文化服务资源供给水平

地区	2014年	排名	2015年	排名	2016年	排名
北京	81.03	1	84.82	1	87.51	1
天津	46.67	7	46.80	7	46.85	6
辽宁	47.15	6	49.50	6	46.68	7
上海	61.52	2	64.00	3	61.81	3
江苏	49.59	4	55.33	4	51.77	4
浙江	60.57	3	71.33	2	68.98	2
福建	48.44	5	49.89	5	47.92	5
山东	45.50	8	44.35	8	44.44	9
广东	42.94	9	42.76	9	45.04	8
均值	53.71	—	56.53	—	55.67	—

如表10所示，2014~2016年东部地区公共文化服务成果享有水平得分平均值分别为59.52、63.96、61.71，北京市公共文化服务成果享有水平得分三年均低于东部地区平均值，排名分别为第6位、第6位和第5位。2014年，北京市公共文化服务成果享有水平得分与排名第1位的上海市相差13.70；2015年，北京市公共文化服务成果享有水平得分与排名第1位的浙江省相差18.76；2016年，北京市公共文化服务成果享有水平得分与排名第1位的浙江省相差15.72。可见北京市公共文化服务成果享有水平在区域排名相对落后，但排名有所上升。

表10 2014~2016年东部地区公共文化服务成果享有水平

地区	2014年	排名	2015年	排名	2016年	排名
北京	55.95	6	58.99	6	58.71	5
天津	55.31	7	58.46	7	57.07	7
辽宁	48.44	9	56.66	8	52.22	9
上海	69.65	1	70.09	3	68.37	3
江苏	68.88	2	75.44	2	71.33	2
浙江	66.40	3	77.75	1	74.43	1
福建	62.58	4	65.63	4	59.90	4
山东	56.10	5	59.57	5	58.67	6
广东	52.35	8	53.03	9	54.72	8
均值	59.52	—	63.96	—	61.71	—

如表 11 所示，2014～2016 年东部地区公共文化服务效率水平得分平均值分别为 1.14、1.17、1.15，北京市公共文化服务效率水平得分三年均低于东部地区平均值，三年来在东部地区的排名均为第 9 位。2014～2016 年，北京市公共文化服务效率水平得分与排名第 1 位的江苏省分别相差 0.70、0.66、0.71。可见三年间北京市公共文化服务效率水平较低，与区域第 1 名省份的差距在拉大。

表 11 2014～2016 年东部地区公共文化服务效率水平

地区	2014 年	排名	2015 年	排名	2016 年	排名
北京	0.69	9	0.70	9	0.67	9
天津	1.18	5	1.25	4	1.22	4
辽宁	1.03	8	1.14	6	1.12	6
上海	1.13	6	1.10	7	1.11	7
江苏	1.39	1	1.36	1	1.38	1
浙江	1.10	7	1.09	8	1.08	8
福建	1.29	2	1.32	3	1.25	3
山东	1.23	3	1.34	2	1.32	2
广东	1.22	4	1.24	5	1.21	5
均值	1.14	—	1.17	—	1.15	—

如表 12 所示，2014～2016 年东部地区公共文化服务外部支撑水平得分平均值分别为 48.22、47.38、43.80，北京市公共文化服务外部支撑水平得分三年均高于东部地区平均值，排名分别为第 3 位、第 4 位和第 4 位。2014～2016 年，北京市公共文化服务外部支撑水平得分与排名第 1 位的江苏省分别相差 11.55、7.81、4.29。可见北京市公共文化服务外部支撑水平在东部居于中等偏上位置，与区域最高值省份的差距逐渐缩小，公共文化服务外部支撑水平有所提升。

如表 13 所示，2014～2016 年东部地区公共文化服务均等化水平得分平均值分别为 76.83、77.15、77.08，北京市公共文化服务均等化水平得分三年均高于东部地区平均值，排名均为第 3 位。2014～2016 年，北京市公共

表 12　2014～2016 年东部地区公共文化服务外部支撑水平

地区	2014 年	排名	2015 年	排名	2016 年	排名
北京	52. 34	3	53. 41	4	49. 86	4
天津	43. 05	7	40. 81	7	35. 74	7
辽宁	38. 55	8	33. 75	9	26. 06	9
上海	46. 38	6	41. 72	6	41. 44	6
江苏	63. 89	1	61. 22	1	54. 15	1
浙江	53. 02	2	54. 92	2	51. 35	3
福建	38. 02	9	39. 70	8	35. 52	8
山东	46. 84	5	46. 34	5	48. 30	5
广东	51. 88	4	54. 57	3	51. 79	2
均值	48. 22	——	47. 38	——	43. 80	——

文化服务均等化水平得分与排名第 1 位的上海市分别相差 9.70、8.64、11.67。可见北京市公共文化服务均等化水平在东部具有一定优势，但与区域最高值省份的差距呈现逐渐拉大的趋势，均等化水平仍需进一步提升。

表 13　2014～2016 年东部地区公共文化服务均等化水平

地区	2014 年	排名	2015 年	排名	2016 年	排名
北京	79. 96	3	80. 70	3	78. 17	3
天津	62. 36	9	61. 92	9	63. 78	9
辽宁	76. 59	6	76. 64	6	77. 25	5
上海	89. 66	1	89. 34	1	89. 84	1
江苏	77. 15	5	77. 37	5	76. 83	6
浙江	81. 43	2	81. 32	2	82. 69	2
福建	74. 45	7	75. 83	7	74. 45	7
山东	76. 91	4	78. 48	4	77. 27	4
广东	73. 00	8	72. 79	8	73. 46	8
均值	76. 83	——	77. 15	——	77. 08	——

三 北京市公共文化服务发展的评价与建议

（一）评价

综合以上分析可知，2014～2016 年北京市公共文化服务发展指数在全国居于前列，在东部地区仍优势显著。其中，公共文化服务资源供给水平、公共文化服务外部支撑水平和公共文化服务均等化水平相对优势显著，公共文化服务成果享有水平得分和文化服务效率水平得分处于劣势地位。北京市作为全国政治、经济和文化中心，具备人力资源、财政资金和资源供给的绝对优势，具有环境支撑、创新支撑和产业支撑的多方动力。但受到文化参与、体育服务和文化服务群众满意度较低的制约，文化享有水平得分劣势显著，进而使得公共文化服务效率水平相对落后。因此，充分利用文化资源优势，补齐文化享有水平短板，提升文化服务效率，成为北京市公共文化服务能力提升的重要路径。

（二）建议

第一，北京市应注重文化资源精准投入，提升公共文化服务效率水平。由前文分析可知，2014～2016 年北京市公共文化服务资源供给水平三年保持在全国第 2 位、东部地区第 1 位，优势显著。但 2014～2016 年北京市公共文化服务成果享有水平由全国第 11 位上升至第 10 位，由东部地区第 6 位上升至第 5 位，排位虽有上升，但整体水平与资源配置严重不相匹配。因此，北京市应结合"1＋3"公共文化政策，建立第三方绩效评价机制，形成对增量投入的管理和约束，根据绩效评估结果对公共文化资源投入进行增减，避免公共文化资源的冗余浪费；东城区、朝阳区、海淀区等有关区已率先启动了政府向社会购买公共文化服务工作，应充分发挥试点作用，由点及面落实政府向社会力量购买公共文化服务的制度，借助财政资助制度创新突破公共资源行业内循环，充分实现文化资源供给和外部支撑优势向文化服务

效率优势的转化，丰富公共文化服务内容，实现供给的市场化与社会化，提高供给效率，达到帕累托最优状态；应借助信息技术建立反馈机制，借助大数据收集和分析目标群体服务需求反馈，实现供给端与需求端的靶向型对接，为公众提供精准的公共文化服务。第二，从全国来看，2014～2016年北京市公共文化服务均等化水平由第4位下降至第9位，排名大幅下降。因此，实现北京市区域公共文化服务均等化发展，应提升北京市公共文化服务效能。结合《北京市基层公共文化设施建设标准》《北京市基层公共文化设施服务规范》，推动城乡、区域公共文化服务一体化。全面整合和合理配置本市公共文化服务人才资源、财政投入资源、设施资源和服务产品资源，将公共文化服务体系延伸到乡镇（行政村）综合文化中心（室），实现全市公共文化资源有效流动、一体化运营，打通基层公共文化服务的"最后一公里"，保证全市群众共享公共文化服务发展成果。

B.8
江苏省公共文化服务发展指数报告

寇 垠 韦雨才*

摘 要： 本报告从公共文化服务资源供给水平、成果享有水平、效率水平、外部支撑水平和均等化水平五个方面展开，对江苏省公共文化服务发展水平进行全面分析，通过将其与东部地区和全国进行比较，评价江苏省公共文化服务发展的特征、竞争力和存在的问题，进而提出相应的对策建议。

关键词： 江苏省 公共文化服务 发展指数

江苏省是东部地区经济较为发达的省份，也是文化旅游资源较为丰富的省份。党的十八大后，习近平同志首站视察江苏省并发表重要讲话，要求江苏省紧紧围绕"两个率先"光荣使命，协调推进"四个全面"，努力建设经济强、百姓富、环境美、社会文明程度高的新江苏[1]，在文化建设等五个方面迈上新台阶，并强调"做好各项工作，必须有强大的价值引导力、文化凝聚力、精神推动力的支撑"[2]，这体现了以习近平同志为核心的党中央对

---

* 寇垠，武汉大学国家文化发展研究院副研究员，研究方向为公共文化服务与社会创新；韦雨才，武汉大学国家文化发展研究院硕士研究生，研究方向为公共文化服务、文化产业。

[1] 《认真学习贯彻习近平总书记视察江苏重要讲话精神 建设经济强百姓富环境美社会文明程度高的新江苏》[EB/OL]，[2014 – 12 – 25]，http：//news. sina. com. cn/c/2014 – 12 – 25/071931325600. shtml。

[2] 新华网：《"平语"近人——习近平谈社会主义核心价值观》[EB/OL]，[2016 – 12 – 08]，http：//www. xinhuanet. com/politics/2016 – 12/08/c_ 129395314. htm。

江苏省各项工作特别是文化工作的重视。近年来，江苏省深入贯彻《关于加快构建现代公共文化服务体系的意见》，全面部署省内现代公共文化服务体系建设，2015～2017 年，江苏省以超过 20 亿元财政投入支持公共文化服务体系建设，目前全省已基本建成覆盖城乡的公共文化服务体系，公共文化服务设施网络覆盖率达到 95%①。2015～2017 年，省以上财政累计安排专项经费超过 13.4 亿元，支持全省公共博物馆、纪念馆、爱国主义教育基地、公共图书馆、美术馆、文化馆（站）等公共文化设施实行免费开放②。同时，积极推进基本公共文化服务标准化、均等化建设。2015～2017 年累计安排公共文化服务体系建设专项资金 7.66 亿元，每年为经济薄弱地区农村低保户提供免费或低收费有线电视服务，为经济薄弱地区乡镇文化站免费赠送图书和戏曲演出③，为农家书屋更新纸质出版物、新建电子农家书屋，努力实现农家书屋与县级图书馆通借通还，全面建成基层公共文化电子阅览室。

一　2014～2016年江苏省公共文化服务
发展指数变动情况

2014～2016 年，江苏省公共文化服务发展指数由 66.78 上升到 68.40，再下降到 65.89，呈现波动变动趋势，江苏省该指数三年全国排名分别是第 2、第 3 和第 3。从 2014 年和 2016 年的公共文化服务资源供给水平、公共文化服务成果享有水平、公共文化服务效率水平、公共文化服务外部支撑水平和公共文化服务均等化水平各维度的得分变动情况来看，江苏省公共文化服务资源供给水平得分排名上升 3 位，公共文化服务成果享有水平得分排名保持不变，公共文化服务效率水平得分排名下降 2 位，公共文化服务外部支撑

---

① 江苏省财政厅办公室：《我省基本建成覆盖城乡的公共文化服务体系》［EB/OL］，［2018 - 7 - 12］，http：//www. jiangsu. gov. cn/art/2018/7/12/art_ 60085_ 7740747. html。

② 江苏省财政厅办公室：《我省基本建成覆盖城乡的公共文化服务体系》［EB/OL］，［2018 - 7 - 12］，http：//www. jiangsu. gov. cn/art/2018/7/12/art_ 60085_ 7740747. html。

③ 江苏省财政厅办公室：《我省基本建成覆盖城乡的公共文化服务体系》［EB/OL］，［2018 - 7 - 12］，http：//www. jiangsu. gov. cn/art/2018/7/12/art_ 60085_ 7740747. html。

水平得分排名保持不变，公共文化服务均等化水平得分排名下降2位。具体来看，江苏省公共文化服务资源供给水平得分从2014年的49.59上升到2016年51.77，得分上升2.18，排名从全国第13位升至第10位；公共文化服务成果享有水平得分由68.88上升到71.33，得分上升2.45，排名保持在全国第2位；公共文化服务效率水平得分由1.39下降到1.38，得分下降0.01，排名由全国第1位下降至第3位；外部支撑水平得分由63.89下降至54.15，得分下降9.74，排名保持在全国第1位；公共文化服务均等化水平得分由77.15下降至76.83，得分下降0.32，排名由全国第10位下降至第12位。可见，江苏省公共文化服务发展指数各维度水平得分有提升，也有下降，但波动幅度不大，相比全国平均水平而言处于较高水平（见表1）。

表1　2014～2016年江苏省公共文化服务发展指数及二级指标得分全国排名变动

指数 年份 排名	2014年	排名	2015年	排名	2016年	排名	2016年较2014年得分变化	2016年较2014年排名变化
公共文化服务发展指数	66.78	2	68.40	3	65.89	3	-0.89	-1
各维度得分　公共文化服务资源供给水平	49.59	13	55.33	6	51.77	10	2.18	3
公共文化服务成果享有水平	68.88	2	75.44	2	71.33	2	2.45	0
公共文化服务效率水平	1.39	1	1.36	1	1.38	3	-0.01	-2
公共文化服务外部支撑水平	63.89	1	61.22	1	54.15	1	-9.74	0
公共文化服务均等化水平	77.15	10	77.37	12	76.83	12	-0.32	-2

（一）公共文化服务资源供给水平得分变动分析

公共文化服务资源供给水平由人力资源投入、物力资源投入和财政资金投入这3个二级指标共同构成，由表2数据可知，2016年江苏省人力资源投入水平得分较 2014 年下降 8.11，对应得分全国排名下降 1 位；2016 年江苏省物力资源投入水平得分增加 14.80，对应得分全国排名上升 5 位；2016 年江苏省财政资金投入水平得分较 2014 年增加 0.33，但对应得分全国排名却下降 8 位；可见，江苏省 2014～2016 年在物力资源投入和财政资金投入得分排名上变动较大，这 2 个二级指标是影响江苏省公共文化服务资源供给水平排名变动的主要原因。

表 2　2014～2016 年江苏省公共文化服务资源供给水平二级指标
得分及全国排名变动

指标排名\年份	公共文化服务资源供给水平二级指标得分			排名		
	人力资源	物力资源	财政资金	人力资源	物力资源	财政资金
2014	35.41	50.72	60.35	15	11	7
2015	31.81	73.52	59.82	15	3	13
2016	27.30	65.52	60.68	16	6	15
2014～2016 年变动	-8.11	14.80	0.33	-1	5	-8

（二）公共文化服务成果享有水平得分变动分析

公共文化服务成果享有水平由文化参与、广播电视服务、体育服务、优秀作品、群众满意度这 5 个二级指标共同构成，由表 3 数据可知，较 2014 年而言，2016 年江苏省文化参与水平得分上升 1.97，对应得分全国排名却下降 1 位；广播电视服务水平得分上升 0.07，对应得分全国排名上升 3 位；体育服务水平得分下降 6.26，对应得分全国排名下降 1 位；优秀作品水平得分上升 11.13，对应得分全国排名上升 2 位；群众满意度水平得分上升 2.86，对应得分全国排名却下降 4 位。其中江苏省体育服务水平得分和优秀作品水平得分较文化参与水平得分、广播电视服务水平得分和群众满意度水平得分变动幅度更大，但全国排名变动主要是广播电视服务得分和群众满意度得分的变动大，共同维持了江苏省 2016 年公共文化服务成果享有水平得分全国排名不变。

表3　2014～2016 年江苏省公共文化服务成果享有水平二级指标
得分及全国排名变动

年份 指标 排名	公共文化服务成果享有水平二级指标得分					排名				
	文化参与	广播电视服务	体育服务	优秀作品	群众满意度	文化参与	广播电视服务	体育服务	优秀作品	群众满意度
2014	52.93	99.93	100.0	25.26	83.02	3	4	1	5	7
2015	57.77	100.0	100.0	45.15	89.67	4	1	1	2	7
2016	54.90	100.0	93.74	36.39	85.88	4	1	2	3	11
2014～2016 年变动	1.97	0.07	-6.26	11.13	2.86	-1	3	-1	2	-4

（三）公共文化服务效率水平得分变动分析

公共文化服务效率水平测算方法即"产出/投入"，将文化资源供给视为投入，文化成果享有视为产出，从表4可以看出，江苏省公共文化服务效率水平在全国一直保持领先，在2016年的全国排名稍有变动，降为全国第3。

表4　2014～2016 年江苏省公共文化服务效率水平得分及全国排名变动

年份 指标 排名	公共文化服务资源供给水平	排名	公共文化服务成果享有水平	排名	公共文化服务效率水平	排名
2014	49.59	13	68.88	2	1.39	1
2015	55.33	6	75.44	2	1.36	1
2016	51.76	10	71.33	2	1.38	3
2014～2016 年变动	2.17	3	2.45	0	-0.01	-2

（四）公共文化服务外部支撑水平得分变动分析

外部支撑水平由环境支撑水平、资源支撑水平、创新支撑水平和产业支撑水平共同构成。江苏省外部支撑水平得分连续三年排名全国第1（见表1），但从表5可看出，江苏省外部支撑水平二级指标得分整体呈现下降趋势，较2014年而言，2016年江苏环境支撑水平、资源支撑水平、创新支撑水平和产业支撑水平得分分别下降11.23、2.64、4.71、20.29，其中环境支撑水平得分和产业支撑水平得分下降幅度较大（见表5）。

表5　2014~2016年江苏省公共文化服务外部支撑水平二级指标
得分及全国排名变动

年份 \ 指标 \ 排名	外部支撑水平二级指标得分				排名			
	环境支撑	资源支撑	创新支撑	产业支撑	环境支撑	资源支撑	创新支撑	产业支撑
2014	69.49	46.32	58.01	82.14	3	4	1	1
2015	71.99	44.69	57.20	70.95	1	5	1	2
2016	58.26	43.68	53.30	61.85	4	5	2	3
2014~2016年变动	-11.23	-2.64	-4.71	-20.29	-1	-1	-1	-2

（五）公共文化服务均等化水平得分变动分析

公共文化服务均等化水平由文化服务人才、文化财政投入、文化服务设施、文化服务产品4个二级指标共同决定。相比于2014年，2016年江苏省文化服务人才和文化服务设施水平得分分别增长0.15和1.19，但文化财政投入和文化服务产品水平得分分别下降1.82和0.76（见表6），最终导致江苏省公共文化服务均等化水平得分下降了0.32，全国排名下降2位，位列全国第12位（见表1）。

表6　2014~2016年江苏省公共文化服务均等化水平二级指标
得分及全国排名变动

年份 \ 指标 \ 排名	公共文化服务均等化水平二级指标得分				排名			
	文化服务人才	文化财政投入	文化服务设施	文化服务产品	文化服务人才	文化财政投入	文化服务设施	文化服务产品
2014	82.80	64.78	84.72	76.44	15	13	3	17
2015	83.14	65.30	85.13	76.17	15	18	3	15
2016	82.95	62.96	85.91	75.68	14	24	4	17
2014~2016年变动	0.15	-1.82	1.19	-0.76	1	-11	-1	0

二 江苏省公共文化服务发展区域竞争力分析

（一）江苏省公共文化服务发展在全国范围的竞争力分析

根据表 7 的数据，2014~2016 年，全国公共文化服务发展指数平均值分别为 51.63、53.22、52.70，公共文化服务发展指数得分最高的省份分别是上海、浙江、浙江，而江苏省发展指数得分三年间分别为 66.78、68.40、65.89，排名分别是第 2、第 3 和第 3。江苏省公共文化服务发展指数整体上在全国处于领先地位，与全国最高水平比差距较小，超出全国平均值的 25% 以上。从各分项维度来看，江苏省公共文化服务成果享有水平、公共文化服务效率水平和外部支撑水平连续三年位列全国前三，对应水平得分均远高于全国平均水平，其中外部支撑水平得分连续三年排全国第 1，具有绝对优势。而 2014~2016 年，江苏省公共文化服务资源供给水平和公共文化服务均等化水平位列全国中上水平，除 2014 年江苏省公共文化服务资源供给水平稍低于全国平均值外，其余水平得分三年间略高于全国平均值。综合来看，江苏省各项指标竞争力较大，共同保证了江苏省公共文化服务发展指数能够保持在全国前 3。

表 7　2014~2016 年江苏省公共文化服务发展指数及各维度水平得分与全国对比

指标	项目	2014 年	2015 年	2016 年
公共文化服务 发展指数	江苏（全国排名）	66.78（2）	68.40（3）	65.89（3）
	全国最高值（省份）	71.79（上海）	70.71（浙江）	71.16（浙江）
	全国平均值	51.63	53.22	52.70
公共文化服务 资源供给水平	江苏（全国排名）	49.59（13）	55.33（6）	51.77（10）
	全国最高值（省份）	91.74（西藏）	89.14（西藏）	87.52（西藏）
	全国平均值	50.45	51.06	51.30
公共文化服务 成果享有水平	江苏（全国排名）	68.88（2）	75.44（2）	71.33（2）
	全国最高值（省份）	69.65（上海）	77.75（浙江）	74.43（浙江）
	全国平均值	55.76	59.17	57.64
公共文化服务 效率水平	江苏（全国排名）	1.39（1）	1.36（1）	1.38（3）
	全国最高值（省份）	1.39（江苏）	1.36（江苏）	1.46（黑龙江）
	全国平均值	1.14	1.19	1.16

续表

指标	项目	2014 年	2015 年	2016 年
公共文化服务 外部支撑水平	江苏(全国排名)	63.89(1)	61.22(1)	54.15(1)
	全国最高值(省份)	63.89(江苏)	61.22(江苏)	54.15(江苏)
	全国平均值	36.53	36.94	34.36
公共文化服务 均等化水平	江苏(全国排名)	77.15(10)	77.37(12)	76.83(12)
	全国最高值(省份)	89.66(上海)	89.34(上海)	89.84(上海)
	全国平均值	75.15	75.54	75.62

(二)江苏省公共文化服务发展在东部的竞争力分析

江苏省公共文化服务发展指数在东部排名靠前。如表 8 显示,2014 ～ 2016 年东部地区公共文化服务发展指数平均值分别为 57.67、59.42、58.67,2014 ～ 2016 年江苏省公共文化服务发展指数依次是东部地区平均值的 115.80% 、115.11% 和 112.31% ,可见东部地区公共文化服务发展指数平均值与江苏省的指数差距逐渐缩小,意味着江苏省公共文化服务发展指数优势逐渐淡化。

表 8　2014 ～ 2016 年东部地区公共文化服务发展指数情况

省份	2014 年	东部排名	2015 年	东部排名	2016 年	东部排名
北京	60.00	4	62.42	4	61.86	4
福建	54.88	6	57.09	6	53.06	7
广东	52.24	7	52.89	7	54.56	6
江苏	66.78	2	68.40	3	65.89	3
辽宁	48.68	8	51.39	8	48.16	8
山东	55.60	5	58.38	5	58.64	5
上海	71.79	1	69.47	2	70.40	2
天津	43.81	9	44.05	9	44.33	9
浙江	65.24	3	70.71	1	71.16	1
东部均值	57.67	—	59.42	—	58.67	—

1. 江苏省公共文化服务资源供给水平竞争力分析

如表 9 所示，2014～2016 年东部地区公共文化服务资源供给水平得分平均值分别为 53.71、56.53、55.67，江苏省公共文化服务资源供给水平得分三年均低于东部地区平均值，排名维持在东部地区第 4 位，处于较为靠前位置，但与排名位列前三的北京、浙江和上海的得分比有较大差距：2014年，东部排名第 4 位的江苏省公共文化服务资源供给水平得分与排名第 3 位的浙江相差 10.98，2015 年、2016 年与排名第 3 位的上海分别相差 8.67 和10.04。另外，江苏省公共文化服务资源供给水平得分与排名在其后的福建、辽宁和天津等省份的差距很小。总体来看，江苏省公共文化服务资源供给水平在东部地区优势不明显。

表9　2014～2016 年东部地区公共文化服务资源供给水平得分情况

省份	2014 年	东部排名	2015 年	东部排名	2016 年	东部排名
北京	81.03	1	84.82	1	87.51	1
福建	48.44	5	49.89	5	47.92	5
广东	42.94	9	42.76	9	45.04	8
江苏	49.59	4	55.33	4	51.77	4
辽宁	47.15	6	49.50	6	46.68	7
山东	45.50	8	44.35	8	44.44	9
上海	61.52	2	64.00	3	61.81	3
天津	46.67	7	46.80	7	46.85	6
浙江	60.57	3	71.33	2	68.98	2
东部均值	53.71	—	56.53	—	55.67	—

2. 江苏省公共文化服务成果享有水平竞争力分析

由表 10 的数据可知，2014～2016 年江苏省公共文化服务成果享有水平得分高于东部地区平均值，且位列第 2 名，与第 1 名的上海或者浙江差距不大，较东部其他省份也有一定优势，总体看来，江苏省公共文化服务成果享有水平在东部地区仍旧具备相对优势。

表10　2014～2016年东部地区公共文化服务成果享有水平得分情况

省份	2014 年	排名	2015 年	排名	2016 年	排名
北京	55. 95	6	58. 99	6	58. 71	5
福建	62. 58	4	65. 63	4	59. 90	4
广东	52. 35	8	53. 03	9	54. 72	8
江苏	68. 88	2	75. 44	2	71. 33	2
辽宁	48. 44	9	56. 66	8	52. 22	9
山东	56. 10	5	59. 57	5	58. 67	6
上海	69. 65	1	70. 09	3	68. 37	3
天津	55. 31	7	58. 46	7	57. 07	7
浙江	66. 40	3	77. 75	1	74. 43	1
东部均值	59. 52	—	63. 96	—	61. 71	—

3. 江苏省公共文化服务效率水平竞争力分析

由于公共文化服务效率水平得分是根据"产出/投入"的方式测算，根据表9和表10可知，江苏省公共文化服务资源供给水平处于东部地区的中间水平，而江苏省公共文化服务成果享有水平又在东部地区占绝对优势，因而根据"公共文化服务成果享有水平得分/公共文化服务资源供给水平得分"测算，不难理解江苏省公共文化服务效率水平得分较高，如表11所示，江苏省公共文化服务效率水平连续三年排名东部地区第1，在东部地区有较强的竞争力。

表11　2014～2016年东部地区公共文化服务效率水平得分情况

省份	2014 年	东部排名	2015 年	东部排名	2016 年	东部排名
北京	0. 69	9	0. 70	9	0. 67	9
福建	1. 29	2	1. 32	3	1. 25	3
广东	1. 22	4	1. 24	5	1. 21	5
江苏	1. 39	1	1. 36	1	1. 38	1
辽宁	1. 03	8	1. 14	6	1. 12	6
山东	1. 23	3	1. 34	2	1. 32	2
上海	1. 13	6	1. 10	7	1. 11	7
天津	1. 18	5	1. 25	4	1. 22	4
浙江	1. 10	7	1. 09	8	1. 08	8
东部均值	1. 14	—	1. 17	—	1. 15	—

4. 江苏省公共文化服务外部支撑水平竞争力分析

如表 12 所示，2014～2016 年东部地区公共文化服务外部支撑水平得分平均值分别为 48.22、47.38、43.80，江苏省外部支撑水平得分这三年均远高于东部地区平均值，并在东部地区排名第 1。2014～2016 年比东部均值分别高出 15.67、13.84、10.35，但江苏省外部支撑水平得分连续下降，可见江苏省在外部支撑水平上的竞争力较强、优势明显，但这种优势逐渐缩小。

表 12　2014～2016 年东部地区公共文化服务外部支撑水平得分情况

省份	2014 年	东部排名	2015 年	东部排名	2016 年	东部排名
北京	52.34	3	53.41	4	49.86	4
福建	38.02	9	39.70	8	35.52	8
广东	51.88	4	54.57	3	51.79	2
江苏	63.89	1	61.22	1	54.15	1
辽宁	38.55	8	33.75	9	26.06	9
山东	46.84	5	46.34	5	48.30	5
上海	46.38	6	41.72	6	41.44	6
天津	43.05	7	40.81	7	35.74	7
浙江	53.02	2	54.92	2	51.35	3
东部均值	48.22	—	47.38	—	43.80	—

5. 江苏省公共文化服务均等化水平竞争力分析

如表 13 所示，2014～2016 年东部地区公共文化服务均等化水平得分平均值分别为 76.83、77.15、77.08，江苏省公共文化服务均等化水平得分前两年均高于东部地区平均值，分别排名第 4、第 5，但 2016 年得分低于东部平均值，排名第 6。2014～2016 年江苏省公共文化服务均等化水平得分与连续三年排名第 1 位的上海比依次相差 12.51、11.97 和 13.01。可见，江苏省公共文化服务均等化水平在东部地区的排名持续下降，竞争力逐渐下降。

表13 2014~2016年东部地区公共文化服务均等化水平得分情况

省份	2014年	排名	2015年	排名	2016年	排名
北京	79.96	3	80.70	3	78.17	3
福建	74.45	7	75.83	7	74.45	7
广东	73.00	8	72.79	8	73.46	8
江苏	77.15	4	77.37	5	76.83	6
辽宁	76.59	6	76.64	6	77.25	5
山东	76.91	5	78.48	4	77.27	4
上海	89.66	1	89.34	1	89.84	1
天津	62.36	9	61.92	9	63.78	9
浙江	81.43	2	81.32	2	82.69	2
东部均值	76.83	—	77.15	—	77.08	—

三 提升江苏省公共文化服务发展水平的建议

相比2014年，2016年江苏省公共文化服务发展指数得分及排名略微下降，但在全国31个省份中仍处于领先地位。就东部地区而言，江苏省公共文化服务发展指数暂时领先，但其区域竞争力正逐渐弱化，优势逐渐减少，源于江苏省公共文化服务资源供给水平和公共文化服务均等化水平竞争力较东部其他省份而言呈现弱化趋势。针对江苏省公共文化服务发展指数及其呈现的结构性特征可知，江苏省公共文化服务资源供给水平和公共文化服务均等化水平排名居中，与其公共文化服务成果享有水平、公共文化服务效率水平以及外部支撑水平有一定差距。因此，江苏省要重点加强文化资源供给和文化服务均等化建设，持续提升公共文化服务成果享有水平、公共文化服务效率水平以及外部支撑水平，进一步促进江苏省公共文化服务发展，具体建议如下。

（一）合理规划公共文化服务"人、财、物"投入，补齐公共文化服务资源供给和均等化短板

如表1所示，2016年江苏省公共文化服务资源供给水平和公共文化服

务均等化水平分别排在全国第 10 名和第 12 名，均处于全国中上水平；但相对于东部地区其他省份而言，江苏省公共文化服务资源供给水平和公共文化服务均等化水平排名居中，且与排名在其之前的省份差距明显，与排名在其之后的省份差距不断缩小，可见江苏省公共文化服务资源供给水平和均等化水平是削弱江苏省公共文化服务发展优势的关键因素，因而势必重视补齐这两个短板。而从细分指标来看，江苏省在公共文化服务建设中的人力资源投入和财政资金投入排名不断下跌，尤其是 2016 年江苏省公共文化服务财政资金投入水平全国排名较 2014 年下降了 8 位（见表 2）①，这是造成江苏省公共文化服务资源供给水平排名无法跻身全国前列的原因；而且公共文化财政投入 2016 年排名较 2014 年全国排名下降 11 位②，是制约江苏省公共文化服务均等化水平排名上升的主要因素。

在公共文化服务资源供给上，江苏省文化部门应持续贯彻落实《江苏省财政厅　江苏省文化厅关于印发〈江苏省非物质文化遗产保护专项资金使用管理办法〉的通知》（苏财规〔2012〕25 号）、《江苏省省级现代服务业（文化）发展专项资金使用管理办法》（苏财规〔2016〕4 号）和《江苏省财政厅　江苏省文化厅关于印发〈江苏省基层公共文化服务能力建设专项补助资金使用管理办法〉通知》（苏财规〔2017〕15 号）等文件精神，以规范使用财政资源优化公共文化服务人力资源、物力资源投入模式，加强文化服务人才队伍建设，改善文化服务设施条件，从而提高江苏省公共文化服务资源供给水平。

在公共文化服务均等化建设上，一是着重提升人均文化文物事业费，即提升公共文化财政投入；二是推进公共文化服务主体多元化，吸引更多社会

---

① 衡量公共文化服务资源供给水平的细分指标之一的"财政资金投入"包括：人均文化财政总支出（元）、文化财政总支出增长率（%）、财政投入占比（%）、政府购买支出占比（%）。

② 衡量公共文化服务均等化水平细分指标之一的"公共文化财政投入"指的是国家用于发展社会文化、文物事业的"人均文化文物事业费"；故此处的"公共文化财政投入"与上文的公共文化服务资源供给水平二级指标中的"财政资金投入"有所区分，特此说明。

力量参与公共文化服务体系建设①，以提升文化机构从业人数，即提升文化服务人才指标水平；三是鼓励社会力量合作运营公共文化服务设施，提高人均文化机构面积，即促进文化服务设施指标提升；四是打通公共文化服务的末端服务网络，做到重心下沉、资源下放、服务下移，实现公共文化服务的多元化路径与模式，以此保证文化产品质量与文化服务效率。由此，才能有力地推进江苏省公共文化服务均等化发展。

（二）立足优势互补，以外部支撑水平优势提升文化成果享有水平和文化服务效率水平

根据表 1 可知，江苏省公共文化服务成果享有水平、外部支撑水平和效率水平在 2014～2016 年均位列全国前三，具有明显优势。首先，就江苏省自身而言，其公共文化服务外部支撑水平得分连年下降，下降幅度较大，其优势逐渐弱化，因而江苏省应首先明确政府、企业、个人和社会组织等各类主体在公共文化服务体系建设中的职能定位和参与性质，以此提升其环境支撑水平；其次，通过加强对江苏省文化资源的整理、挖掘、保护和利用开发工作，培育江苏省特色文化品牌以提高其资源支撑水平；再次，要进一步提升本地居民文化自信和文化活动参与度，激发社会力量在配置公共文化服务资源和提升公共文化服务效能上的创新引领作用，以此提升江苏省创新支撑水平；最后，借助文化产业的创新服务内容与方式，发挥文化产业对公共文化服务的牵引支撑作用②，精准提升公共文化服务外部支撑水平。

在稳步提升公共文化服务外部支撑水平的前提下，江苏省应重视公共文化产品或服务的供给质量、数量和结构③，保障其公共文化服务成果享有水平的稳步提升，进而提高文化服务效率，推动江苏省公共文化服务发展。具体来看，江苏省要建立健全地方公共文化服务体系，要充分利用江

---

① 王冬梅：《创新公共文化服务体系建设思路与模式》，《中外文化交流》2014 年第 2 期。
② 李炎：《公共文化与文化产业互动的区隔与融合》，《学术论坛》2018 年第 1 期。
③ 黄威：《公共文化服务供给侧结构性改革研究》，《学习与探索》2017 年第 6 期。

苏省公共文化服务外部支撑水平的竞争优势。通过构建公共文化服务需求征询机制，确保公共文化供需有效对接，提高公共文化服务投入的精准性[1]，创新公共文化服务的资源运营体制机制，激发公共文化服务资源的存量效率效应，实现江苏省公共文化服务成果享有水平、公共文化服务效率水平的提高。

---

[1] 吴漫：《论公共文化服务需求反馈机制的构建》，《淮北师范大学学报》（哲学社会科学版）2013 年第 51 期。

B.9
湖北省公共文化服务发展指数报告

张伟锋*

摘　要： 本报告基于公共文化服务资源供给水平、成果享有水平、效率水平、外部支撑水平和均等化水平五个维度对湖北省公共文化服务发展水平进行实证分析。研究发现，湖北省公共文化服务发展水平整体较低，在全国处于中等偏下位置，在中部仍处于中等偏下位置。其发展短板在于公共文化服务资源供给不足和均等化程度较低，不仅存在投入不足的问题，投入不均衡现象也较为严重。要有效促进湖北省公共文化服务发展，必须加大文化财政投入，提高公共文化服务资源供给水平；优化财政投入结构，促进公共文化服务均衡发展；建立绩效评估制度，提高公共文化服务的有效产出。

关键词： 湖北省　公共文化服务　发展水平

　　湖北省是长江流域经济带与中部地区共同最重要的省份之一，省会武汉是中部地区唯一的副省级城市。作为旅游文化、科技教育资源发达的省份，湖北省委、省政府高度重视文化建设，协调推进文化事业和文化产业发展，努力实现文化小康，提升文化在全省经济社会发展大局中的贡献度。湖北省文化厅党组提出了奋力建设与湖北省经济发展相适应的文化强省、全力实现

---

* 张伟锋，武汉大学国家文化发展研究院在读博士研究生。研究方向为公共文化政策，文化产业管理。

与率先全面建成小康社会相衔接的文化小康两大战略目标任务，并在 2016 年全省市县文化局长培训班上进行了专题研讨并做出了安排部署，紧紧围绕文化强省建设，围绕中心、服务大局，奋力拼搏、创新实干，在推动文化改革发展各项工作中取得新的进展和成效。

2016 年全省 17 个市（州）和 45 个县（市、区）出台贯彻落实《关于加快构建现代公共文化服务体系的实施意见》（鄂办发〔2015〕62 号文件）精神的配套政策文件，大多数市县将公共文化服务体系建设纳入本地领导班子和领导干部政绩考核体系，34 个县（市、区）配备了乡镇综合文化站事业编制人员。基层"四馆三场"项目顺利实施，支持开工建设 6 个市级"三馆"、24 个县级文化场馆和 4085 个村级文化广场，为 851 个村级综合文化服务中心示范点配备文化器材，全省文化（群艺）馆上等级率达到 84%。全省公共文化服务机构和从业人员规模与本省文化事业发展比例较为协调，据统计，2016 年纳入统计范围的全省各类文化（文物）部门机构共 2274 个，从业人员 26513 人，其中公共图书馆、文化（群艺）馆、博物馆、综合文化站、美术馆等公共文化服务机构总数为 1708 个，从业人员 10876 人。在文化投入方面，增长较快，2016 年，湖北省文化事业费 29.04 亿元，比上年增加 5.48 亿元，增长 23.26%，全国排名第 8 位，与上年持平；全省人均文化事业费 49.35 元，比上年增加 9.08 元，增长 22.55%，全国排名 19 位，比上年提升 2 位。在投入不断加大的情况下，人均拥有公共文化资源大幅上涨，公共文化服务活动日益丰富。如 2016 年每万人拥有公共图书馆建筑面积 118.95 平方米，比上年增加 27.05 平方米，增长 29.43%；2016 年全省群众文化机构组织群众文艺活动 37893 场，比上年增加 14914 场，增长 64.9%。

一　2014～2016 年湖北省公共文化服务发展指数变动情况

2014～2016 年湖北省公共文化服务发展指数略有上升，从 49.32 上升为 51.28，排名上升 1 位，从第 19 名上升到第 18 名。从公共文化服务资源供给水平、公共文化服务成果享有水平、公共文化服务效率水平、公共文化服务外部支撑水平、公共文化服务均等化水平五个维度来看，湖北省只有公共文化服务外部支撑水平有所下降，排名下降2位，从全国第12名下降到第14名；公共文化服务资源供给水平略有上升，排名上升1位，从全国第21名上升至第20名；公共文化服务成果享有水平有所上升，排名上升4位，从全国第22名上升至第18名；公共文化服务效率水平上升较为明显，排名上升6位，从全国第16名上升至第10名；公共文化服务均等化水平略有上升，排名上升1位，从全国第21名升至第20名。可见，湖北省公共文化服务发展的短板在于公共文化服务资源供给水平和公共文化服务均等化水平较低，而其公共文化服务发展指数上升的原因主要在于公共文化服务成果享有水平和公共文化服务效率水平有所上升。

表1　2014~2016年湖北省公共文化服务发展指数变动情况

年份与排名		2014年	排名	2015年	排名	2016年	排名	排名变化
公共文化服务发展指数		49.32	19	50.01	22	51.28	18	1
各维度水平	公共文化服务资源供给水平	44.41	21	43.14	23	45.26	20	1
	公共文化服务成果享有水平	52.36	22	54.64	24	55.83	18	4
	公共文化服务效率水平	1.18	16	1.27	11	1.23	10	6
	公共文化服务外部支撑水平	37.93	12	38.35	12	35.03	14	-2
	公共文化服务均等化水平	73.93	21	73.27	22	74.79	20	1

二　湖北省公共文化服务发展区域竞争力分析

（一）湖北省在全国的竞争力分析

2014~2016年公共文化服务发展指数全国平均值分别为51.63、53.22、

52.70。这三年发展指数最高的省份分别是上海、浙江、浙江，指数分别为
71.79、70.71、71.16。湖北省公共文化服务发展指数依次为49.32、50.01
和51.28，排名分别为第19、第22和第18。整体上湖北省公共文化服务发
展在全国处于中等偏下位置，与全国最高水平差距较大，略低于全国平均
值，但近三年发展指数有所上升，排名上升1位。

表2　2014～2016年湖北公共文化服务发展指数与全国情况的对比

指数	地区	2014年	2015年	2016年
公共文化服务 发展指数	湖北（全国排名）	49.32（19）	50.01（22）	51.28（18）
	全国最高值（省份）	71.79（上海）	70.71（浙江）	71.16（浙江）
	全国平均值	51.63	53.22	52.70
公共文化服务 资源供给水平	湖北（全国排名）	44.41（21）	43.14（23）	45.26（20）
	全国最高值（省份）	91.74（西藏）	89.14（西藏）	87.52（北京）
	全国平均值	50.45	51.06	51.30
公共文化服务 成果享有水平	湖北（全国排名）	52.36（22）	54.64（24）	55.83（18）
	全国最高值（省份）	69.65（上海）	77.75（浙江）	74.43（浙江）
	全国平均值	55.76	59.17	57.64
公共文化服务 效率水平	湖北（全国排名）	1.18（16）	1.27（11）	1.23（10）
	全国最高值（省份）	1.39（江苏）	1.36（江苏）	1.46（黑龙江）
	全国平均值	1.14	1.19	1.16
公共文化服务 外部支撑水平	湖北（全国排名）	37.93（12）	38.35（12）	36.03（14）
	全国最高值（省份）	63.89（江苏）	61.22（江苏）	54.15（江苏）
	全国平均值	36.53	36.94	34.36
公共文化服务 均等化水平	湖北（全国排名）	73.93（21）	73.27（22）	74.79（20）
	全国最高值（省份）	89.66（上海）	89.34（上海）	89.84（上海）
	全国平均值	75.15	75.54	75.62

以下从各分维度来看。

1. 公共文化服务资源供给水平

2014～2016年公共文化服务资源供给水平全国平均值分别为50.45、
51.06、51.30。这三年公共文化服务资源供给水平最高的省份分别为西
藏、西藏、北京，得分分别为91.74、89.14、87.52。湖北省公共文化
服务资源供给水平得分依次为44.41、43.14和45.26，排名分别为第

21、第 23 和第 20。整体上湖北省公共文化服务资源供给水平处于全国中等偏下位置，2014～2016 年都低于全国平均水平。从各类别公共文化服务资源供给水平来看，2014～2016 年湖北省公共文化服务人力资源供给水平得分分别为 35.21、31.35、25.68，排名分别为第 16、第 16 和第 20；物力资源供给水平得分分别为 46.49、47.57、55.05，排名分别为第 22、第 24 和第 14；财力资源供给水平得分分别为 50.29、49.24、53.38，排名分别为第 25、第 28 和第 24。可见湖北省在投入方面的主要短板在财力资源投入上，这也是中部地区普遍存在的问题；在物力资源投入上明显提高，主要表现在文体设施面积增长较快；在人力资源投入上有所下降，主要表现在艺术表演团体从业人员数和广播电视行业从业人员数有所下降。

2. 公共文化服务成果享有水平

2014～2016 年公共文化服务成果享有水平全国平均值分别为 55.76、59.17、57.64。这三年公共文化服务成果享有水平最高的省份分别是上海、上海、浙江，得分分别为 69.65、77.75、74.43。湖北省公共文化服务成果享有水平得分依次为 52.36、54.64 和 55.83，排名分别为第 22、第 24 和第 18。整体上湖北省公共文化服务成果享有水平处于全国中等偏下位置，2014～2016 年都低于全国平均水平。从各类别公共文化服务成果享有水平来看，2014～2016 年湖北省文化参与水平得分分别为 40.21、41.40、39.44，排名分别为第 16、第 23 和第 21；广播电视服务水平得分分别为 98.89、99.02、99.23，排名分别为第 9、第 10 和第 8；体育服务水平分别为 35.76、38.21、36.11，排名分别为第 21、第 19 和第 20；优秀作品水平得分分别为 17.00、22.65、16.81，排名分别为第 12、第 13 和第 12；群众满意度水平得分分别为 71.02、73.48、86.19，排名分别为第 25、第 25 和第 8。可见湖北省文化参与水平和体育服务水平较低，主要表现在各类公共文化机构参与率不足和体育社会组织发育状况不佳；广播电视服务水平和优秀作品水平较高，主要表现在广播电视综合人口覆盖率较高和艺术表演团体原创剧目、艺术创作作品获奖数较多；群众满意度水平在 2016 年大幅提高，这也是公共文化服务成果享有水平提高的主要原因。

3. 公共文化服务效率水平

2014～2016 年公共文化服务效率水平全国平均值分别为 1.14、1.19、1.16。这三年公共文化服务效率水平最高的省份分别是江苏、江苏、黑龙江，效率值分别为 1.39、1.36、1.46。湖北省公共文化服务效率水平依次为 1.18、1.27 和 1.23，排名分别为第 16、第 11 和第 10。整体上湖北省公共文化服务效率水平处于全国中等偏上位置，2014～2016 年都高于全国平均水平。从投入产出来看，由前文分析可知，湖北省公共文化服务资源供给水平得分依次为 44.41、43.14 和 45.26，排名分别为第 21、第 23 和第 20；公共文化服务成果享有水平得分依次为 52.36、54.64 和 55.83，排名分别为第 22、第 24 和第 18。可见湖北省公共文化服务投入水平和产出水平都有所提高，但产出水平提高的幅度明显大于投入水平，这就推动了文化服务效率水平的提高。

4. 公共文化服务外部支撑水平

2014～2016 年公共文化服务外部支撑水平全国平均值分别为 36.53、36.94、34.36。这三年公共文化服务外部支撑水平最高的省份皆是江苏，得分分别为 63.89、61.22、54.15；湖北省公共文化服务外部支撑水平得分依次为 37.93、38.35 和 36.03，排名分别为第 12、第 12 和第 14。整体上湖北省公共文化服务外部支撑水平在全国处于中等偏上位置，高于全国平均值，但与全国最高水平差距较大，且 2016 年得分有所下降，排名比 2014 年下降 2 位。从各类别公共文化服务外部支撑水平来看，2014～2016 年湖北省环境支撑水平得分分别为 36.32、39.00、34.79，排名分别为第 19、第 19 和第 20；资源支撑水平得分分别为 39.60、37.77、36.38，排名分别为第 7、第 8 和第 9；创新支撑水平分别为 28.59、29.07、28.35，排名分别为第 12、第 11 和第 9；产业支撑水平得分分别为 45.82、46.48、38.82，排名分别为第 14、第 12 和第 12。可见近三年湖北资源支撑水平较高，主要体现在湖北省在校大学生数量众多；而环境支撑水平有所不足，主要体现在人口增速不快以及社会力量发育程度不足；创新支撑水平和产业支撑水平都处于中等偏上位置，并且近三年也有所提高，排名分别上升3位和2位。

5. 公共文化服务均等化水平

2014～2016年公共文化服务均等化水平全国平均值分别为75.15、75.54、75.62。这三年均等化水平最高的省份皆是上海，得分分别为89.66、89.34、89.84；湖北省公共文化服务均等化水平得分依次为73.93、73.27和74.79，排名分别为第21、第22和第20。整体上湖北省公共文化服务均等化水平在全国处于中等偏下位置，与全国最高水平差距较大，且低于全国平均值，但2016年有所上升，相较于上一年排名上升2位。从各类别公共文化资源均等化水平来看，2014～2016年湖北省文化服务人才均等化水平得分分别为86.56、85.66、87.52；排名分别为第8、第7和第8；文化财政投入均等化水平得分分别为56.79、56.81、60.95，排名分别为第28、第29和第27；文化服务设施均等化水平得分分别为84.32、84.42、89.19，排名分别为第4、第4和第3；文化服务产品的均等化水平得分分别为69.67、67.97、64.33，排名分别为第25、第29、和第30。可以看出湖北省公共文化服务均等化水平较低的原因主要是文化财政投入和文化服务产品均等化水平低，近三年中文化财政投入均等化水平略有提高，而文化服务产品均等化水平逐年降低。

（二）湖北省在中部地区的竞争力分析

2014～2016年中部地区十省份公共文化服务发展指数平均值分别为49.96、50.83和50.63。这三年中部地区公共文化服务发展指数最高的省份分别是河南、江西、江西，分别为53.88、55.30、54.25；湖北省公共文化服务发展指数依次为49.32、50.01和51.28，排名分别为第7、第7和第6。整体上湖北省公共文化服务发展在中部地区处于中等偏下位置，与中部地区最高水平有一定差距，接近于中部地区平均值，但近三年有所上升，排名上升1位。

表3　2014～2016年湖北省公共文化服务发展指数与中部地区省份的对比

指数	地区	2014年	2015年	2016年
公共文化服务 发展指数	湖北(区域排名)	49.32(7)	50.01(7)	51.28(6)
	中部最高值(省份)	53.88(河南)	55.30(江西)	54.25(江西)
	中部平均值	49.96	50.83	50.63
公共文化服务 资源供给水平	湖北(区域排名)	44.41(5)	43.14(6)	45.26(5)
	中部最高值(省份)	50.86(山西)	51.44(山西)	50.22(山西)
	中部平均值	44.95	45.31	45.22
公共文化服务 成果享有水平	湖北(区域排名)	52.36(5)	54.64(7)	55.83(4)
	中部最高值(省份)	55.29(河南)	59.00(山西)	59.55(黑龙江)
	中部平均值	52.65	55.16	54.90
公共文化服务 效率水平	湖北(区域排名)	1.18(6)	1.27(4)	1.23(4)
	中部最高值(省份)	1.30(河南)	1.34(江西)	1.46(黑龙江)
	中部平均值	1.18	1.22	1.22
公共文化服务 外部支撑水平	湖北(区域排名)	37.93(1)	38.35(2)	36.03(3)
	中部最高值(省份)	37.93(湖北)	38.69(河南)	38.54(河南)
	中部平均值	33.34	33.63	31.08
公共文化服务 均等化水平	湖北(区域排名)	73.93(8)	73.27(8)	74.79(8)
	中部最高值(省份)	80.38(黑龙江)	79.76(江西)	80.18(江西)
	中部平均值	76.31	76.23	76.10

以下从各维度来看。

1. 公共文化服务资源供给水平

2014～2016年中部地区十省份公共文化服务资源供给水平得分平均值分别为44.95、45.31和45.22。这三年中部地区公共文化服务资源供给水平最高的省份皆是山西，得分分别为50.86、51.44、50.22；湖北省公共文化服务资源供给水平得分依次为44.41、43.14和45.26，排名分别为第5、第6和第5。整体上湖北省公共文化服务资源供给水平在中部地区处于中间位置，与中部地区最高水平有一定差距，接近于中部地区平均值，近三年排名基本稳定。

2. 公共文化服务成果享有水平

2014～2016年中部地区十省份公共文化服务成果享有水平得分平均值分

别为 52.65、55.16 和 54.90。这三年中部地区公共文化服务成果享有水平最高的省份分别是河南、山西、黑龙江，得分分别为 55.29、59.00、59.55；湖北省公共文化服务成果享有水平得分依次为 52.36、54.64 和 55.83，排名分别为第 5、第 7 和第 4。整体上湖北省公共文化服务成果享有水平在中部处于中间位置，与中部最高水平有一定差距，接近于中部平均值，近三年排名有所波动。

3. 公共文化服务效率水平

2014～2016 年中部地区十省份公共文化服务效率水平得分平均值分别为 1.18、1.22 和 1.22。这三年中部地区公共文化服务效率水平得分最高的省份分别是河南、江西、黑龙江，效率值分别为 1.30、1.34、1.46；湖北省公共文化服务效率水平依次为 1.18、1.27 和 1.23，排名分别为第 6、第 4 和第 4。整体上湖北省公共文化服务效率水平在中部地区处于中等偏上位置，与中部地区最高水平有一定差距，略高于中部地区平均值，近三年排名有所上升，排名上升 2 位。

4. 公共文化服务外部支撑水平

2014～2016 年中部地区十省份公共文化服务外部支撑水平得分平均值分别为 33.34、33.63 和 31.08。这三年公共文化服务外部支撑水平最高的省份分别是湖北、河南、河南，得分分别为 37.93、38.69、38.54；湖北省公共文化服务外部支撑水平得分依次为 37.93、38.35 和 36.03，得分排名分别为第 1、第 2 和第 3。整体上湖北省公共文化服务外部支撑水平在中部地区处于前列，相对于中部地区其他省份具有明显优势，但近三年优势有所弱化，排名下降 2 位。

5. 公共文化服务均等化水平

2014～2016 年中部地区十省份公共文化服务均等化水平平均值分别为 76.31、76.23 和 76.10。这三年中部地区公共文化服务均等化水平最高的省份分别是黑龙江、江西、江西，得分分别为 80.38、79.76、80.18；湖北省公共文化服务均等化水平得分依次为 73.93、73.27 和 74.79，三年排名皆为第 8。整体上湖北省公共文化服务均等化水平较低，在中部地区中处于偏后位置，近三年排名基本稳定。

三 湖北公共文化服务发展指数的评价与建议

综合上述分析可知，湖北省公共文化服务发展水平在全国处于中等偏下位置，在中部地区中也处于中等偏下位置，其发展短板在于公共文化服务资源供给水平和均等化水平较低，不仅存在投入不足的问题，投入不均衡现象也较为严重，地市之间差距明显。其中武汉市文化财政投入远高于其他地区，武汉市和宜昌市文化服务产品供给数量也具有明显优势，而荆门、孝感、随州、仙桃等地在文化财政投入和文化服务产品供给上都存在明显不足。另外，湖北省公共文化服务效率水平和外部支撑水平相对较高，主要表现在广播电视综合人口覆盖率较高和艺术表演团体原创剧目、艺术创作作品获奖数较多，群众满意度水平也大幅提升，提升了文化成果享有水平，并且湖北省内在校大学生数量众多，为公共文化服务发展提供了强有力的人才支撑。针对上述问题，提出以下对策建议。

（一）加大文化财政投入，提高公共文化服务资源供给水平

统计数据表明，2014～2016年湖北省人均GDP分别为47145元、50654元和55665元，在全国排名分别为第13、第13和第11；而这三年湖北省人均文化事业费分别为28.89元、40.27元和49.35元，在全国排名分别为第25、第21和第19。虽然这三年湖北省人均文化事业费有明显的增长，但相对其经济发展水平来说仍然存在不足。资金投入的不足将难以保障充足的公共文化服务人力资源、物力资源等方面的供给，这在一定程度上影响了湖北省公共文化服务的发展。

（二）优化财政投入结构，促进公共文化服务均衡发展

武汉作为湖北省的省会城市，不管是在经济发展还是在其他方面，基本形成"一家独大"的局面，以2016年GDP数据为例，湖北省GDP为33839.49亿元，其中武汉GDP为11912.61亿元，占35.2%。而武汉2016

年年末常住人口数为 1076.62 万人，占全省的 18.29%，这表明相对于人口份额来说，武汉 GDP 份额近乎 2 倍。如此强大的经济实力也造成了武汉文化财政投入远远高于其余地市州，2016 年武汉文化财政投入指数达 2.65，表明相对于人口份额，文化文物事业费份额达到 2.65 倍，而孝感、荆州、黄冈、咸宁、随州和仙桃等地的文化财政投入指数不足 0.5。财政投入的严重不均衡，导致在人力投入、设施投入以及产品供给上都呈现程度不一的非均衡现象。因此应实施均衡发展策略，优化财政投入结构，加大横向转移支付力度，加大对公共文化服务发展不足地市的财政补助力度，加强公共文化服务产品的有效供给，补足湖北省公共文化服务均等化水平短板。

（三）建立绩效评估制度，提高公共文化服务有效产出

文化领域长期存在管理粗放、约束不足的顽疾，从而导致不断投入的文化财政资金难以带动有效产出的明显增加。由前文分析可知，2014~2016 年湖北省不仅存在投入不足的问题，各项产出的排名也出现不同程度的下降趋势，因此必须加强文化领域的绩效考核工作，对文化财政资金采用绩效管理方式，根据绩效目标的实现程度对财政资金进行有效增减，形成压力机制，同时弥补激励不足，激活公共文化存量资源，提高公共文化服务有效产出，促进公共文化服务效率水平的提升，进而推动湖北省公共文化服务发展。

B.10
山西省公共文化服务发展指数报告

陈逸芳[*]

摘　要： 本报告从公共文化服务资源供给水平、公共文化服务成果享有水平、公共文化服务效率水平、公共文化服务外部支撑水平和公共文化服务均等化水平五个方面展开，对山西省公共文化服务发展水平进行全面分析，通过将其与中部地区和全国的比较，评价山西省公共文化服务发展的特征、竞争力和存在的问题，进而提出相应的对策建议。

关键词： 山西省　公共文化服务　发展指数

　　山西省地处华北，是中部地区最北端的省份，是具有深厚历史底蕴的重要省份。习近平同志曾多次亲临山西视察并就党的建设与文化工作做出重要指示，"要融通党的优良传统、中华优秀传统文化、革命文化、社会主义先进文化，建设正气充盈的党内政治文化，努力实现党内政治生态风清气正。"近年来，山西省文化系统深入学习贯彻习近平总书记系列重要讲话精神，自觉、主动服从服务于省委、省政府"一个指引、两手硬"重大战略思路，坚持以人民为中心的工作导向，以建设文化强省为目标，积极深化文化体制改革，大力推进全省文化、文物事业繁荣和文化产业发展。

　　在现代公共文化服务体系建设方面，山西省近年来不断加强相关政策法

---

　　* 陈逸芳，武汉大学国家文化发展研究院硕士研究生，研究方向为公共文化服务、文化产业。

规的制定，相继出台了《关于提高公共文化服务水平的若干意见》《山西省"十三五"时期贫困地区公共文化服务体系建设规范实施意见》等文件，引导推动山西省公共文化服务体系不断完善，服务效率不断提高。近年来，山西省公共文化设施网络基本形成，公共文化事业经费逐年增长，基层文化队伍不断壮大，文化惠民服务常态化、多样化、品牌化，极大地丰富了山西省人民群众的文化生活，提高了群众的生活质量。① 在文化产业发展方面，山西省以加强顶层设计和完善政策措施为重点，加快推进文化产业发展。通过制定《关于大力推进文化旅游业和文化创意产业发展的工作方案》《关于推进演艺、非遗进景区的指导意见》《关于创建山西省文化旅游大县的指导意见》等文件，加快文化与旅游融合发展。通过搭建展示平台，推动项目合作，山西省组织近百家文化企业、投资公司进行投融资路演，参加国家级国际性文化产业博览会，推介项目超过 200 个。近年来，山西省文化产业增速明显，2015 年实现增加值 268.65 亿元，占 GDP 的比重为 2.10%；截至 2016 年底，山西省国家级和省级文化产业示范基地分别达到 9 家和 41 家，国家认定的动漫企业达 11 家。在非物质文化遗产保护传承方面，山西省加快推进晋中文化生态保护区建设，国家级非遗代表性传承人抢救记录试点工作进展顺利。通过不断加强建设，山西省国家、省、市、县四级保护体系进一步完善，有 116 项非遗入选国家名录，保护单位 168 个，代表性传承人 106 名；公布省级非遗 403 项，保护单位 723 个，传承人 815 名。对外文化交流方面，山西文化加快"走出去"步伐，2016 年全年共开展对外文化交流 20 余个，参与人员 300 余人次。在"一带一路"倡议的推动下，山西省加快推进"山西品牌丝路行"，赴匈牙利、捷克、波兰和哈萨克斯坦、格鲁吉亚、白俄罗斯等地开展文化交流合作，山西文化影响力得到进一步提升。另外，山西省还积极组织艺术团体赴加拿大、葡萄牙、瑞士及中国台湾、中国香港等地参加"中华风韵"、"欢乐春节"等活动，深受当地观众和华人、华侨好评。

---

① 孙蕊、樊佳琦：《山西省公共文化服务体系建设成果丰硕》，《中国文化报》2015 年 6 月 21 日第 5 版。

一 2014～2016年山西省公共文化服务发展指数变动情况

2014～2016年山西省公共文化服务发展指数有所上升,从51.07上升为53.71,排名上升三位,从第13位升至第10位。从2016年山西省公共文化服务资源供给水平、公共文化服务成果享有水平、公共文化服务效率水平、公共文化服务外部支撑水平、公共文化服务均等化水平五个维度来看,只有公共文化服务资源供给水平下降了三位,排名第12位;公共文化服务成果享有水平和公共文化服务效率水平均上升七位,排名分别为第13位、第19位;公共文化服务外部支撑水平和公共文化服务均等化水平排名均上升一位,排名分别为第15位和第8位。山西省公共文化服务发展的短板在于公共文化服务效率水平,但近年来该指标得到了明显的提升。

表1 2014～2016年山西省公共文化服务发展指数变动情况

	指数	2014年	排名	2015年	排名	2016年	排名	排名变化
	公共文化服务发展指数	51.07	13	53.87	10	53.71	10	3
各维度指数	公共文化服务资源供给水平	50.86	9	52.32	11	50.16	12	-3
	公共文化服务成果享有水平	52.85	20	59.00	14	57.24	13	7
	公共文化服务效率水平	1.04	26	1.13	23	1.14	19	7
	公共文化服务外部支撑水平	35.71	16	35.31	17	33.17	15	1
	公共文化服务均等化水平	77.89	9	78.29	10	78.69	8	1

二 山西省公共文化服务发展区域竞争力分析

(一)山西省公共文化服务发展在全国的竞争力分析

2014～2016年公共文化服务发展指数全国平均值分别为51.63、53.10、

52.68。这三年公共文化服务发展指数最高的省份分别是上海、浙江、浙江，指数分别为71.79、70.52、71.14；山西省公共文化服务发展指数依次为51.07、53.87、53.71，排名分别为第13位、第10位和第10位。尽管与公共文化服务发展指数排名全国最高值省份仍存在不小差距，但山西省公共文化服务发展水平整体上在全国处于中等偏上位置，近三年的公共文化服务发展指数排名上升3位，且2015年、2016年的公共文化服务发展指数排名均跻身全国前10位。从各维度来看，公共文化服务成果享有水平、公共文化服务外部支撑水平在2014～2016年三年间均低于全国平均值；公共文化服务均等化水平在2014～2016年三年间均高于全国平均值；公共文化服务资源供给水平在2014年和2015年高于全国平均值，2016年供给水平有所下降从而低于全国平均值；公共文化服务效率水平在2014年和2016年低于全国平均水平，而2015年则略高于全国平均水平。

表2　2014～2016年山西省公共文化服务发展指数与全国情况的对比

指数	地区	2014 年	2015 年	2016 年
公共文化服务 发展指数	山西(全国排名)	51.07(13)	53.87(10)	53.71(10)
	全国最高值(省份)	71.79(上海)	70.52(浙江)	71.14(浙江)
	全国平均值	51.63	53.10	52.68
公共文化服务 资源供给水平	山西(全国排名)	50.86(9)	52.32(11)	50.16(12)
	全国最高值(省份)	91.74(西藏)	91.22(西藏)	87.51(北京)
	全国平均值	50.45	51.62	51.23
公共文化服务 成果享有水平	山西(全国排名)	52.85(20)	59.00(14)	57.24(13)
	全国最高值(省份)	69.65(上海)	77.75(浙江)	74.43(浙江)
	全国平均值	55.76	59.17	57.64
公共文化服务 效率水平	山西(全国排名)	1.04(26)	1.23(23)	1.14(19)
	全国最高值(省份)	1.39(江苏)	1.35(江苏)	1.47(黑龙江)
	全国平均值	1.14	1.18	1.16
公共文化服务 外部支撑水平	山西(全国排名)	35.71(16)	35.31(17)	33.17(15)
	全国最高值(省份)	63.89(江苏)	61.22(江苏)	54.15(江苏)
	全国平均值	36.53	36.94	34.36
公共文化服务 均等化水平	山西(全国排名)	77.89(9)	78.29(10)	78.69(8)
	全国最高值(省份)	89.66(上海)	89.34(上海)	89.84(上海)
	全国平均值	75.15	75.54	75.62

2014～2016年山西省公共文化服务资源供给水平分别为50.86、52.32和50.16，在全国的排名依次为第9位、第11位和第12位。西藏、西藏、北京分别是2014年、2015年和2016年公共文化服务资源供给水平的最高值省份，得分依次为91.74、91.22、87.51，可见，山西省公共文化服务资源供给水平与全国最高值省份的差距还非常大。与全国平均值相比，2014年和2015年山西省公共文化服务资源供给水平还略高于平均值，到2016年则略低于全国平均值。从山西省近几年公共文化服务资源的供给情况来看，人力资源投入的下降较为明显，但在全国的排名保持第7位不变；物力资源和财政资金的投入有所上升，但在全国的排名则有所下降，尤其是物力资源的排名从第10名降到第18名，说明山西省投入的增长比例低于同期全国投入的增长比例，由此导致了山西省公共文化服务资源供给水平排名的下降。

2014～2016年全国公共文化服务成果享有水平的平均值分别为55.76、59.17、57.64，上海、浙江、浙江分别是2014年、2015年和2016年公共文化服务成果享有水平的最高值省份，得分依次为69.65、77.75、74.43。2014～2016年山西省公共文化服务成果享有水平得分依次为52.85、59.00和57.24，在全国的排名分别为第20位、第14位和第13位。近年来山西省公共文化服务成果享有水平有所提升，2014年在全国处于中等偏下位置，到2015年和2016年则位于全国中等偏上位置，但三年来公共文化服务成果享有水平的数值均低于全国平均值，差距有所缩小。从公共文化服务成果享有水平的各个测度指标来看，山西省的文化参与度较低，2014年和2016年均位于全国第25名；广播电视服务、体育服务、优秀作品和群众满意度等指标近年来则均有所提升。其中，广播电视服务的排名从第15名提升到第12名；群众满意度的排名从第14名提升到第10名；而体育服务和优秀作品的排名提升幅度较大，分别从第17名上升到第9名及从第19名上升到第10名，由此带来了山西省公共文化服务成果享有水平在全国排名的提升。

2014～2016年公共文化服务效率水平全国平均值分别为1.14、1.18、1.16，这三年公共文化服务效率水平得分最高的省份分别为江苏、江苏、黑龙江，得分分别为1.39、1.35、1.47。近三年山西省公共文化服务效率水平依次为 1.04、1.23、1.14，全国排名分别为第 26 位、第 23 位和第 19 位。与全国平均值相比，2014 年和 2016 年山西公共文化服务效率水平低于全国平均值，2015 年高于全国平均值，整体上在全国处于中等偏下位置，但近三年排名有所上升。由于公共文化服务效率水平等于公共文化服务资源供给水平与公共文化服务成果享有水平的比值，而山西省近三年公共文化服务资源供给水平的数值有所下降，公共文化服务成果享有水平的数值总体上升，因而带来了公共文化服务效率水平的提升。

2014～2016 年公共文化服务外部支撑水平得分全国平均值分别为36.53、36.94、34.36，这三年外部支撑水平最高的省份均为江苏，数值分别为 63.89、61.22、54.15，山西省公共文化服务外部支撑水平依次为35.71、35.31 和 33.17，全国排名分别为第 16、第 17 和第 15。山西公共文化服务外部支撑水平在近三年有所下降，但排名略有上升，整体上在全国处于中等位置，略低于全国平均值，与全国最高水平差距较大。从环境支撑、资源储备、创新支撑和产业支撑这四个方面看，山西省 2014 年公共文化服务环境支撑水平、资源支撑水平、创新支撑水平和产业支撑水平的得分排名依次为第 23、第 5、第 25 和第 19；2015 年公共文化服务发展环境支撑水平、资源支撑水平、创新支撑水平和产业支撑水平的得分排名依次为第24、第 4、第 29 和第 19；2016 年公共文化服务环境支撑水平、资源支撑水平、创新支撑水平和产业支撑水平的得分排名依次为第 24、第 4、第 30和第 17。可见近三年山西公共文化服务外部支撑水平的各指标排名变化不大，其中，资源支撑水平一直位于全国前 5，且从 2014 年到 2016 年排名从第 5 名上升到第 4 名；产业支撑水平居于全国中等偏下位置，这三年排名上升 2 位；而环境支撑水平和创新支撑水平则居于全国靠后位置，且二者近年来呈下降趋势，排名分别下降 1 位和 5 位，尤其是创新支撑水平在2016 年将近排到全国末位。

2014～2016 年全国公共文化服务均等化水平得分平均值分别为 75.15、75.54、75.62，上海连续三年均等化水平为全国最高，得分分别为 89.66、89.34、89.84。山西省公共文化服务均等化水平依次为 77.89、78.29 和

78.69，排名分别为第9、第10和第8。可见，近三年山西省公共文化服务均等化水平均位于全国前10，高于全国平均值，但与全国最高水平差距仍较大。2014～2016年，山西省公共文化服务均等化水平有所上升，相较于2014年，2016年的排名上升1位。从各类别公共文化资源的均等化水平来看，山西省2014年文化服务人才、文化财政投入、文化服务设施和文化服务产品的均等化水平分别为87.32、65.77、79.04、79.92，排名分别为第5、第12、第16和第8；2015年对应的均等化水平分别为84.79、70.53、79.95、78.46，排名分别为第11、第7、第13和第12；2016年对应的均等化水平分别为83.66、71.51、82.94、77.21，排名分别为第11、第7、第8和第14。可以看出山西省公共文化服务均等化水平较高的原因主要是公共文化服务各指标均等化程度均较高，其中近三年文化财政投入均等化水平、文化服务设施均等化水平略有提高，而文化服务人才均等化水平、文化服务产品均等化水平逐年降低。

（二）山西省在中部地区的竞争力分析

2014～2016年中部地区十省份公共文化服务发展指数平均值分别为49.96、50.74和50.61。这三年发展指数最高的省份分别是河南、江西、江西，得分分别为53.88、55.19、54.24；山西省公共文化服务发展指数依次为51.07、53.87、53.71，排名分别为第4、第2、第2。由此可见，2014～2016年山西省均跻身于中部地区公共文化服务发展指数前5位，尤其2015年和2016年更是排到了第2位，其公共文化服务发展水平处于中部地区领先地位，高于中部地区发展指数平均值，但与中部地区最高值省份仍存在一定的差距。

从各维度来看，2014～2016年，山西省公共文化服务资源供给水平在中部地区处于领先地位，这三年都是中部地区最高值省份，显著高于中部地区平均值；山西省公共文化服务成果享有水平在中部地区也具有比较优势，其中2014年排在第4位，2015年山西位居第1名，到2016年排在第2位；在公共文化服务效率水平上，山西省在中部地区近乎排在末位，三年均低于中部地区平均值，且与最高值省份差距较大；在公共文化服务外部支撑水平上，山西省在中部地区处于中等水平，三年排名分别为第5位、第6位和第4位，略高于中部地区平均值；在公共文化服务均等化水平上，山西省在中部地区同样处于中等水平，三年排名分别为第6名、第4名、第5名，略高于中部地区平均值，且与中部地区最高值省份的差距逐渐缩小。

表3 2014～2016年山西省公共文化服务发展指数与中部地区省份的对比

指数	地区	2014 年	2015 年	2016 年
公共文化服务 发展指数	山西（区域排名）	51.07(4)	53.87(2)	53.71(2)
	中部最高值（省份）	53.88（河南）	55.19（江西）	54.24（江西）
	中部平均值	49.96	50.74	50.61
公共文化服务 资源供给水平	山西（区域排名）	50.86(1)	52.32(1)	50.16(1)
	中部最高值（省份）	50.86（山西）	52.32（山西）	50.16（山西）
	中部平均值	44.95	45.79	45.16
公共文化服务 成果享有水平	山西（区域排名）	52.85(4)	59.00(1)	57.24(2)
	中部最高值（省份）	55.29（河南）	59.00（山西）	59.55（黑龙江）
	中部平均值	52.65	55.16	54.90
公共文化服务 效率水平	山西（区域排名）	1.04(10)	1.13(8)	1.14(8)
	中部最高值（省份）	1.30（河南）	1.32（江西）	1.47（黑龙江）
	中部平均值	1.18	1.21	1.22
公共文化服务 外部支撑水平	山西（区域排名）	35.71(5)	35.31(6)	33.17(4)
	中部最高值（省份）	37.93（湖北）	38.69（河南）	38.54（河南）
	中部平均值	33.34	33.63	31.08
公共文化服务 均等化水平	山西（区域排名）	77.89(6)	78.29(4)	78.69(5)
	中部最高值（省份）	80.38（黑龙江）	79.76（江西）	80.18（江西）
	中部平均值	76.31	76.23	76.10

三 提升山西省公共文化服务发展水平的建议

综合上述分析可知，2014～2016年，山西省公共文化服务发展水平在全国处于中等偏上位置，近三年排名有小幅上升，2015年、2016年在全国31个省份中排名位列第10，在中部地区处于领先地位，但与全国最高值省份和一些发达地区相比，仍存在明显差距。从各维度来看，山西省公共文化服务均等化水平较高，文化服务人才和文化服务设施的均等化水平高于文化财政投入和文化服务产品的均等化水平；山西省公共文化服务发展的短板在于公共文化服务成果享有水平，这导致其公共文化服务效率水平较低；近三年山西省公共文化服务外部支撑水平位于全国中等位置，其中资源支撑水平一直位于全国前列，但公共文化服务发展的环境支撑、产业支撑及创新支撑水平不足，制约了山西省公共文化服务外部支撑水平，进而影响山西省公共文化服务发展指数的提升。

针对山西省公共文化服务发展指数及其呈现的结构性特征，山西省应重点提升公共文化服务成果享有水平和公共文化服务外部支撑水平，持续提升公共文化服务资源供给水平、公共文化服务均等化水平，从而提高公共文化服务发展指数，进一步促进山西省公共文化服务发展。

其一，针对山西省公共文化服务资源供给水平与公共文化服务成果享有水平二者不匹配导致的公共文化服务效率水平较低的问题，应建立公共文化服务的第三方评价机制，在加大投入的同时，要以"保障产出"为基础和根本，实现投入和产出"双管齐下"，提高公共文化服务效率。一方面，要继续提升公共文化服务资源供给水平，尤其是加大山西省公共文化服务资源供给中较薄弱的物力投入，适当增加财政资金投入。在目前山西省基本实现公共文化设施网络全覆盖的基础上，继续加强公共文化场馆的配套服务供给，加强数字化公共文化场馆建设。另一方面，要着力于提高群众的公共文化服务成果享有水平，尤其是针对山西省群众文化参与水平低的情况，应当着力于提供高质量的公共文化服务，如通过开展"文化惠民在三晋"活动，推广城市周末戏台、农村大舞台等文艺演出活动，让文化活动惠及更多群众。同时，加强公共文化场馆管理，开展丰富多样的文化活动，如把"晋剧"、"太原剪纸"等非物质文化遗产的展演展示搬进群艺馆、美术馆等公共文化场馆，提高公共文化场馆等设施网络的利用率。

其二，山西省公共文化服务发展的另一薄弱环节在于公共文化服务外部支撑水平综合得分较低。而公共文化服务外部支撑水平较低的重要原因在于

山西省公共文化服务创新支撑水平得分低，且环境支撑及产业支撑不足。因此，山西省应该立足本省实际，加强文化发展的顶层设计及完善政策措施，为文化产业发展创造良好的环境，吸引文化创意人才及文化企业入驻，促进文化产业发展提质增速，推进文化产业与旅游业的融合发展，重点塑造和提升五台山、云冈石窟、平遥古城、长城山西段、晋商大院等知名旅游品牌；同时，通过扩大文化交流，推进山西省文化发展融入国家"一带一路"倡议，推动山西文化"走出去"步伐，更多更好地参与国际文化交流与合作，不断提升山西省的形象与影响力。

B.11

陕西省公共文化服务发展指数报告

黄 凤*

摘　要： 本报告以前文的研究框架和测算数据为基础，深入分析了2014～2016年陕西省公共文化服务综合发展水平。结果显示，陕西省公共文化服务在西部地区拥有较强的区域竞争力，但与发达地区比仍存在一定差距。研究建议：陕西省要加强体制机制创新，提高公共文化服务效率；把握国家"一带一路"倡议的历史发展机遇，加快推进区域文化、科技、旅游的多方位融合，营造创新、宽松、有活力的文化发展环境，进一步提升城市文化竞争力，推动经济、文化、社会全面发展。

关键词： 公共文化服务　"一带一路"倡议　陕西省

陕西既是中华文明的重要发源地之一，也是在中国现代史上具有重要地位的革命老区，因此不但拥有深厚的历史文化底蕴，也具有独一无二的红色文化积淀。习近平总书记高度重视陕西工作，多次在陕西视察工作并做出重要指示："要扎实加强文化建设，注重学习和研究历史文化，繁荣发展文化事业和文化产业，保护好陕西丰厚的历史文化遗产。"近年来，陕西省坚持以习近平总书记系列重要讲话精神为指引，积极对标党中央、国务院各项文化发展战略举措的目标要求，以"文化自信"下的"文化陕西"建设为统

＊ 黄凤，武汉大学国家文化发展研究院研究助理，研究方向为公共文化服务绩效评价。

领，深入发掘文化资源，扎实推进全省文化建设。在认真学习贯彻落实中共中央办公厅、国务院办公厅《关于加快构建现代公共文化服务体系的意见》、《公共文化服务保障法》等系列文件过程中，陕西省文化部门积极推动《陕西省公共文化服务保障条例》立法工作，打通文化服务"最后一公里"。

截至2017年底，全省已按标准建成8851个基层综合性文化服务中心。在创建国家公共文化服务体系示范区（项目）方面，目前陕西省已建成4个国家级示范区（分别是：宝鸡市、渭南市、铜川市、安康市），完成8个示范项目（宝鸡市业余文艺团队建设、铜川市公共图书馆一体化建设、渭南市"一元剧场"、安康市"汉剧兴市"、高陵区公共文化服务"110"、延安过大年等）。在创建文化先进县方面，全省共有56个省级文化先进县，其中24个为全国文化先进县。在文化设施建设方面，目前全省5个市级图书馆（艺术馆）已竣工，县级"两馆一院"和乡镇文化站建设项目已全面完成，并建成文化共享工程省级分中心1个、市级支中心7个、县级支中心101个，实现了数字文化资源省、市、县、乡、村全覆盖。此外，全省建成农家书屋27364个，实现行政村农家书屋全覆盖，并率先建成1070个卫星数字农家书屋，规模居全国第一；全省完成193万户"户户通"工程建设任务，建成全省行政村应急广播网，实现行政村"村村响"，并率先在全国实现了农村和中小学数字电影全覆盖。

文化产业发展方面，陕西省先后制定出台了一系列支持文化产业的政策措施，大力扶持民营文化企业和小微文化企业发展。实施32个重大文化产业项目带动战略，推进丝绸之路经济带、藏羌彝文化产业走廊陕西片区等重点产业项目建设。目前全省建成12个国家级文化产业示范园区基地、7个省级文化产业示范园区、175个省级文化产业示范基地、8个国家动漫认定企业，文化产业发展成效显著。

保护传承弘扬优秀传统文化方面，数据显示，陕西拥有联合国人类非物质文化遗产名录3项、国家级非遗名录74项、省级非遗名录520项。陕西省实施"中华古籍保护计划"，向社会公布"第一批陕西省古籍重点保护单位"及"第一、二批陕西省珍贵古籍名录"。举办首届中国秦腔优秀剧目会演，制定秦腔经典剧目抢救保护计划，开展地方戏曲经典剧目抢救保护，实施地方戏曲老艺人口述历史项目。开办《国风·秦韵》电视节目，让传统文化在保护中发展、在发展中保护。

一 2014~2016年陕西省公共文化服务发展指数变动情况

2014~2016年陕西省公共文化服务发展指数及其排名变化较小，公共文化服务发展指数先增后减，从2014年的54.79提升到2015年的57.73后降到2016年的56.31，排名依次为第7位、第6位、第7位，变动较小。从各维度来看，2014~2016年陕西省五个维度指数的变化各异。陕西省公共文化服务资源供给水平（简称为文化资源供给水平）变化明显且整体呈现上升趋势，其得分由2014年的53.33上升为2016年的58.82，全国排名总体有小幅上升，由2014年的第7名上升至2016年的第6名；陕西省公共文化服务成果享有水平（简称为文化成果享有水平）的变化先升后降，其得分由2014年的59.46上升至2015年的61.93后又降至2016年的57.22，全国排名下降，由2014年的第7名下降至2016年的第14名；陕西省公共文化服务效率水平（简称为文化服务效率水平）有明显波动且整体上呈先升后降态势，其得分由2014年的1.11上升至2015年的1.17后又降至2016年的0.97，在全国的排名明显下降，由2014年和2015年的第20名下降至2016年的第28名；陕西省公共文化服务外部支撑水平（简称为外部支撑水平）整体上呈现下降态势，其得分由2014年的39.73降至2016年的38.66，全国排名先降后升，由2014年的第8名降至2015年的第13名又上升至2016年的第8名；陕西省公共文化服务均等化水平（简称为均等化水平）大致呈现上升趋势，其得分从2014年的76.74上升为80.13，排名上升8位，从2014年的第12位升至2016年的第4位；综上，陕西省各维度得分有升有降，其中，文化资源供给水平、均等化水平有所上升，文化成果享有水平和文化服务效率水平有所下降，外部支撑水平变动不大，在这种综合作用下，陕西公共文化服务发展指数变动不大。

表1 2014~2016年陕西省公共文化服务发展指数及各维度得分变动情况

		2014年	排名	2015年	排名	2016年	排名	指数变化	排名变化
	发展指数	54.79	7	57.73	6	56.31	7	1.52	0
各维度指数	文化服务资源供给水平	53.33	7	52.83	9	58.82	6	5.49	1
	文化服务成果享有水平	59.46	7	61.93	6	57.22	14	-2.23	-7
	文化服务效率水平	1.11	20	1.17	20	0.97	28	-0.14	-8
	文化服务外部支撑水平	39.73	8	37.84	13	38.66	8	-1.07	0
	文化服务均等化水平	76.74	12	80.49	4	80.13	4	3.40	8

二 陕西省公共文化服务发展区域竞争力分析

（一）陕西省在全国的竞争力分析

2014~2016年公共文化服务发展指数的全国平均值分别为51.63、53.22、52.70。这三年发展指数最高的省份分别是上海、浙江，其中浙江在2015年和2016年蝉联全国榜首，此三年发展指数全国最高值分别为71.79、70.71、71.16；陕西省公共文化服务发展指数依次为54.79、57.73、56.31，排名分别为第7、第6和第6。尽管与公共文化服务发展指数全国最高的省份仍存在不小差距，但陕西公共文化服务发展水平整体上在全国处于中等偏上位置，近三年的公共文化服务发展指数均跻身全国前10名。与全国公共文化服务发展指数平均值相比，陕西略高于全国平均水平，近三年发展指数排名基本不变。从各维度来看，文化资源供给水平、文化成果享有水平、外部支撑水平和均等化水平基本高于全国平均值，但文化服务效率水平却低于全国平均值。

本报告中的"文化资源供给水平"包括了人力资源供给、物力资源供给和财政资源供给指标。2014~2016年文化资源供给水平得分的全国平均值分别为50.45、51.06、51.30。西藏在2014～2016年连续三年蝉联全国榜首，此三年最高得分分别为91.74、89.14、87.52；陕西省近三年的文化资源供给水平得分依次为53.33、52.83、58.82，排名分别为第7、第9和第6。可见陕西省的公共文化服务资源供给水平处于全国中等偏上水平，近三年的得分变化幅度较小且均高于全国平均值，总体上呈现上升态势。具体从二级指标来看，陕西省尤其在"财政资源供给"方面具有相对的优势，陕西省的"财政资源供给"得分在近三年的全国排名位次分别为第6、第7和第4，处于全国前列，这在一定程度上得益于国家对西北地区公共文化建设的财政扶持政策；另外，陕西省在"人力资源"和"物力资源"方面的供给水平也相对较高。陕西省近三年的文化资源供给水平得分变化表明陕西省在人力、物力和财政方面的供给投入是逐年增长的，这较充分说明了陕西省对于公共文化服务发展的高度重视。

表2　2014～2016年陕西公共文化服务发展指数及各维度得分与全国情况的对比

指数	地区	2014年	2015年	2016年
发展指数	陕西（全国排名）	54.79（7）	57.73（6）	56.31（7）
	全国最高值（省份）	71.79（上海）	70.71（浙江）	71.16（浙江）
	全国平均值	51.63	53.22	52.70
文化资源供给水平	陕西（全国排名）	53.33（7）	52.83（9）	58.82（6）
	全国最高值（省份）	91.74（西藏）	89.14（西藏）	87.52（西藏）
	全国平均值	50.45	51.06	51.30
文化成果享有水平	陕西（全国排名）	59.46（7）	61.93（6）	57.22（14）
	全国最高值（省份）	69.65（上海）	77.75（浙江）	74.43（浙江）
	全国平均值	55.76	59.17	57.64
文化服务效率水平	陕西（全国排名）	1.11（20）	1.17（20）	0.97（28）
	全国最高值（省份）	1.39（江苏）	1.36（江苏）	1.46（黑龙江）
	全国平均值	1.14	1.19	1.16
外部支撑水平	陕西（全国排名）	39.73（8）	37.84（13）	38.66（8）
	全国最高值（省份）	63.89（江苏）	61.22（江苏）	54.15（江苏）
	全国平均值	36.53	36.94	34.36
均等化水平	陕西（全国排名）	76.74（12）	80.49（4）	80.13（4）
	全国最高值（省份）	89.66（上海）	89.34（上海）	89.84（上海）
	全国平均值	75.15	75.54	75.62

本报告中的"文化成果享有水平"包含了公众的文化参与次数、公众的满意度、广播电视节目的覆盖率等二级指标,这一维度旨在考察公共文化服务和产品的质量水平是否满足了公众的基本公共文化需求。2014~2016年文化成果享有水平得分的全国平均值分别为55.76、59.17和57.64。这三年得分最高的省份分别是上海和浙江,其中浙江在2015年和2016年连续两年居全国榜首,此三年最高得分分别为69.65、77.75、74.43;陕西省近三年的文化成果享有水平得分依次为59.46、61.93、57.22,排名分别为第7、第6和第14。陕西省的文化成果享有水平在2014年和2015年处于全国前列,但在2016年降至全国中等水平,近三年的得分先升后降,变动幅度明显。具体从二级指标分析,陕西省近三年在"文化参与"上的指标排名分别是第4、第3和第3,位于全国前列,这表明陕西省提供的公共文化服务和产品获得了较高的公众参与度;陕西省在"群众满意度"和"优秀作品"指标上的全国排名波动幅度很大,"群众满意度"近三年的全国排名位次分别是第11、第3和第14,"优秀作品"的排名依次为第11、第20和第25,群众满意度和优秀作品方面的排名波动较大,是导致其文化成果享有水平变动较大的原因。因此,为继续保持群众的参与积极性,提高群众的公共文化获得感和满意度,陕西省应加强高质量、高水平的公共文化产品和服务的供给。

本报告中的"文化服务效率水平"用来测算产出与投入之比,其中的投入即"文化资源供给水平",产出即"文化成果享有水平"。2014~2016年文化服务效率水平得分的全国平均值分别为1.14、1.19和1.16。这三年得分最高的省份分别是江苏和黑龙江,其中江苏在2014年和2015年连续两年居全国榜首,此三年最高得分分别为1.39、1.36、1.46;陕西省近三年的文化服务效率水平得分依次为1.11、1.17、0.97,排名分别为第20、第20和第28。陕西省的文化服务效率水平在全国排名处于靠后的位置,且近三年的效率水平均低于全国平均值。陕西省公共文化服务效率水平不高的原因,在于其公共文化服务较高的人均投入水平条件下缺乏与之相匹配的较高的公共文化服务产出水平。

本报告中的"外部支撑水平"包括"环境支撑""资源支撑""创新支

撑""产业支撑"等4个二级指标，主要用来衡量支持公共文化服务发展的外部推动力。2014～2016年外部支撑水平得分的全国平均值分别为36.53、36.94和34.36。江苏省在2014年、2015年和2016年连续三年居全国榜首，此三年最高得分依次为63.89、61.22、54.15；陕西省近三年的文化服务外部支撑水平指数依次为39.73、37.84、38.66，排名分别为第8、第13和第8。具体从二级指标来看，陕西省在"资源支撑"方面具有相对较大的优势，其近三年的资源支撑得分在全国的排位名次分别是第8、第7和第8，这是因为陕西省拥有丰富的历史文化资源和教育旅游文化资源。陕西省在"环境支撑"、"产业支撑"和"创新支撑"方面具有相对较大的优势，2016年，其环境支撑、创新支撑和产业支撑得分在全国的排位名次分别是第12、第13和第9。陕西省拥有西安交通大学、西北工业大学、西安电子科技大学、西北大学等国内知名高校，为其创新发展提供源源不断的动力。并且，随着国家"一带一路"倡议的实施，作为西北经济文化中心的陕西省，经济社会发展水平不断提升，文化旅游等产业将迎来历史发展机遇。

陕西省公共文化服务均等化水平较高。2014～2016年全国平均公共文化服务均等化水平得分分别为75.15、75.54、75.62，上海连续三年均等化水平得分全国最高，分别为89.66、89.34、89.84。陕西省公共文化服务均等化水平得分依次为76.74、80.49和80.13，排名分别为第12、第4和第4。陕西省公共文化服务均等化水平得分有明显的提升过程，2014年陕西省公共文化服务均等化水平在全国处于中等偏上，与全国最高水平存在一定差距，但高于全国平均值；在2015年和2016年均等化水平得分提升之后，公共文化服务均等化水平得分超过80，位于全国第4位，与最高值之间的差距显著缩小，且明显高于全国同期的均等化水平得分的均值。陕西省公共文化服务均等化水平较高的主要原因在于较高的文化服务设施和文化服务产品的均等化水平。

（二）陕西省在西部地区的竞争力分析

陕西省是2014年和2015年西部地区发展指数最高的省份，2016年西部排名第2，这三年西部地区公共文化服务发展指数平均值分别为48.48、50.56、49.95，陕西省公共文化服务发展指数分别比西部地区平均值高出6.31、7.17和6.36。表明陕西省公共文化服务发展进程和建设水平在西部地区处于领先地位。

2014~2016年陕西省公共文化服务发展水平各维度指数表现不一。2014~2016年陕西省文化资源供给水平在西部地区处于上游水平，其波动变化幅度较小，近三年陕西省文化资源供给水平得分分别比西部地区均值高出0.73、1.07、5.74，同时近三年陕西省文化资源供给水平得分低于西部地区最高值依次为38.41、37.38、28.7。无独有偶，由于特殊的省情，位于第1名的西藏的文化资源供给水平得分与位列其后的省份都存在较大差距；2014~2016年陕西省文化成果享有水平在西部地区处于上游水平，但2016年有所下降，2014~2016年陕西省的文化成果享有水平得分分别比西部地区均值高出3.94、3.00和0.35，与西部地区均值间的差距逐步缩小；2014~2016年陕西省的文化服务效率水平在西部地区处于下游水平，2014年有小幅上升，但2016年出现明显下降，文化服务效率水平与西部地区均值的差距出现扩大趋势；2014~2016年陕西省公共文化服务的外部支撑水平在西部地区居于前列，2014年为西部地区第1，各年份间总体变动不大。近三年外部支撑水平得分分别高出西部地区均值9.32、5.97、8.65，这表明在西部地区，陕西省的公共文化服务拥有较为良好的外部环境；2014~2016年陕西省均等化水平为西部地区最高值，显著高于西部地区的平均值。2014~2016年，西部地区均等化得分平均值依次为72.93、73.76和74.13，陕西省均等化得分分别比西部地区的平均值高出3.81、6.73、6。

表3　2014~2016年陕西公共文化服务发展指数及各维度得分与西部地区的对比

		2014年	2015年	2016年
发展指数	陕西（地区排名）	54.79（1）	57.73（1）	56.31（2）
	西部最高值（省份）	54.79（陕西）	57.73（陕西）	56.54（重庆）
	西部平均值	48.48	50.56	49.95

续表

		2014 年	2015 年	2016 年
文化资源 供给水平	陕西（地区排名）	53.33(4)	52.83(5)	58.82(3)
	西部最高值（省份）	91.74（西藏）	89.14（西藏）	87.52（西藏）
	西部平均值	52.60	51.76	53.08
文化成果 享有水平	陕西（地区排名）	59.46(3)	61.93(2)	57.22(6)
	西部最高值（省份）	60.59（宁夏）	65.68（青海）	65.95（内蒙古）
	西部平均值	55.52	58.93	56.87
文化服务 效率水平	陕西（地区排名）	1.11(8)	1.17(8)	0.97(10)
	西部最高值（省份）	1.36（云南）	1.36（重庆）	1.39（重庆）
	西部平均值	1.10	1.18	1.11
外部环境 支撑水平	陕西（地区排名）	39.73(1)	37.84(3)	38.66(2)
	西部最高值（省份）	39.73（陕西）	40.29（重庆）	39.72（重庆）
	西部平均值	30.41	31.87	30.01
均等化水平	陕西（地区排名）	76.74(1)	80.49(1)	80.13(1)
	西部最高值（省份）	76.74（陕西）	80.49（陕西）	80.13（陕西）
	西部平均值	72.93	73.76	74.13

三 提升陕西省公共文化服务发展水平的建议

陕西省公共文化服务整体发展水平相对较高，2014～2016 年在 31 个省份中位列前 10，且排名波动小，在西部地区处于领先的地位，但与全国得分最高的省份和一些发达地区相比，仍存在明显差距。从各维度来看，陕西省公共文化服务资源供给水平相对较高，公共文化建设具有较好的基础条件；公共文化服务成果享有水平在全国的排名也比较靠前，但由于群众满意度和优秀作品方面有所波动，其文化成果享有水平在 2016 年出现大幅下降；陕西省公共文化服务效率水平在全国的排名比较靠后，主要原因是在较高的人均公共文化投入水平条件下未实现更高的人均产出水平，因而公共文化服务效率较低；得益于较丰富的文化资源储备和近年来不断发展壮大的文化产业，陕西公共文化服务外部支撑水平处于全国上游，在西部地区也能起到带头作用，但与东部发达地区比仍存在明显差距；陕西省公共文化服务均等化水平较高，公共文化服务设施和文化服务产品的均等化水平高于人才和资金投入的均等化水平。

作为西部地区公共文化服务发展的"领头羊"，陕西省公共文化服务发展水平有所提升，但与发达地区省份比存在的差距不容忽视。

针对陕西省公共文化服务成果享有水平中群众满意度和优秀作品在2016年出现大幅下降的问题，陕西省文化部门应更加重视公共文化产品（服务）供给的质量、结构和数量，完善高质量公共文化服务和产品的相关生产－供给机制，出台更多政策鼓励优秀文艺作品的创作，进一步加强"国风·秦韵"文化品牌建设，推动"文华奖""群星奖"等获奖剧目走出剧场、走向群众，确保高质量公共文化产品和服务的持续性供给。同时，应根据《公共文化服务保障法》的要求，进一步健全公共文化服务需求征询机制，确保公共文化服务供需有效对接，从而提升公共文化产品（服务）供给的群众满意度。

针对公共文化服务效率水平不高的薄弱环节，陕西省文化部门应进一步完善公共文化服务评价激励机制，引导和促进公共文化服务效率提升。一要转变发展理念，实现公共文化服务由"重投入"的粗放式管理向"重效率"的集约式运营模式转变。通过制度设计，改变公共文化单位以往"重投入"的粗放管理模式，让文化单位重视公共文化服务投入产出的效率、资金使用效率和文化供给活力。二要建立健全公共文化服务多元化评估机制，引入第三方主体开展公共文化服务效率评估，重视社会公众满意度评价在评估实践中的重要作用。三要加强对评估结果的反馈与运用，形成相应的激励机制。发挥评估结果对公共文化单位配置资源、创新服务、提升效率及财政部门对资金优化配置的引导作用。可将公共文化服务效率评估的结果作为文化单位下一阶段文化活动资金安排、文化服务补贴发放、单位评估定级、部门绩效奖励、个人职称评级等的依据。

针对陕西省与发达地区相比公共文化服务外部支撑水平存在较大差距的问题，陕西省相关部门要顺应时代发展潮流，把握国家"一带一路"倡议的历史发展机遇，进一步缩小陕西省公共文化服务在环境支撑、创新支撑、产业支撑方面与发达地区的差距。一要加快推进陕西省区域文化、科技、旅游的多方位融合，营造创新、宽松、有活力的文化发展环境，整合高校和企业资源，推进文化领域产学研一体化建设步伐，充分利用省内多所高校的科研创新能力，以科技创新能力促进文化建设水平和服务潜力提升；二要紧紧抓住陕西省在"一带一路"倡议中打造内陆改革开放新高地和"一带一路"五大中心的机遇，着力构建国际文化旅游中心，推动以陕西省为中心的西北地区"一带一路"文化交流和文化贸易发展，进一步提升城市文化竞争力，推动经济、文化、社会的全面发展。

B.12
四川省公共文化服务发展指数报告

刘娟*

摘　要： 本报告以公共文化服务资源供给水平、成果享有水平、效
率水平、外部支撑水平、均等化水平等五个维度构成公共
文化服务发展指数，对四川省2014～2016年间的公共文化
服务发展指数进行了测算。发现：2014～2016年间，四川
省公共文化服务发展水平在西部地区12个省份中排名较靠
前；四川省在全国31个省份中排名处于中下游，且发展水
平均低于全国平均值；但同时四川省与全国均值的差距逐
年缩小，在全国的排名也呈现稳步上升的态势。

关键词： 四川省　西部省份　公共文化服务发展指数

　　四川省是我国人口大省、文化旅游强省，拥有丰富的文化旅游资源。四
川省的发展建设一直都受到党和国家的重视，自党的十八大以来，习近平总
书记曾三次亲临四川视察指导，五次发表重要讲话，二十多次对四川工作做
出重要批示。2018年，习近平总书记更是提出了"推动治蜀兴川再上新台
阶"的总体要求和"五个着力"的重点任务，进一步推动四川省在经济、
民生、文化等各方面进一步发展。四川省的现代公共文化服务体系建设亦取
得了瞩目的成绩。在"十三五"时期尾声阶段，四川省公共文化服务的发
展将为建设经济强省、四川省决胜全面小康提供强大的文化力量。

---

　　* 刘娟，武汉大学国家文化发展研究院硕士研究生，研究方向为公共文化服务、文化产业。

在现代公共文化服务体系建设方面，近年来四川省加强《公共文化服务保障法》学习宣传工作，出台了《四川省公共图书馆条例》《四川省基本公共文化服务指导标准（2015~2020）》等政策法规为公共文化服务建设提供法律保障。四川省为民众提供了丰富的公共文化产品，如四川省特有的"文化列车·同心艺术团"活动、"文化暖冬·畅享院坝"农民艺术展演系列活动、"传家风、立家规、树新风"文化惠民活动等。同时四川省一直深入实施文化惠民工程，近年来推进天府新区省级文化中心、四川大剧院等省级文化基础设施建设；为全省34个集中连片特困地区和藏区县文化馆配送流动文化车；组织实施了"春雨工程"四川文化志愿者新疆行、兵团行活动及文化志愿者"阳光工程"行动，为公共文化服务输入源源不断的社会人才。四川省也同样重视加强公共文化服务效能建设，积极推进县级图书馆、文化馆总分馆制试点建设，同时深入开展乡镇综合文化站服务效能抽查。

在文化产业方面，四川省充分利用和挖掘自身丰富优质的文化资源，出台众多优惠政策鼓励和支持四川省文化产业发展。截至2017年底，四川省已拥有国家级文化产业示范园区1个，国家级文化和科技融合示范基地2个，国家文化消费试点城市2个，国家级动漫游戏基地1个，国家级文化产业示范基地15个，省级文化产业示范园区11个，省级文化产业试验园区5个，省级文化产业示范基地59个。[1] 文化产业在四川省的经济发展中扮演着愈发重要的角色。2015年四川省文化及相关产业增加值为1141.2亿元，占GDP的3.8%；2016年文化及相关产业增加值1323.8亿元，占GDP的4.02%。[2] 由此可见，文化产业对四川省的经济发展起到了助推作用，为四川省产业结构优化提供了产业支撑，更为四川省建设文化强省打下了坚实基础。

在对外文化交流方面，四川省积极扩大对外交流，推动四川文化"走

---

[1] 《2017年四川省国民经济和社会发展统计公报》［EB/OL］，http：//www.sc.gov.cn/10462/10464/10797/2018/2/28/10445753.shtml。

[2] 《中国文化及相关产业统计年鉴》，中国统计出版社，2018，第35页。

出去"。四川省在文化和旅游部"部省合作"框架下，借助海外中国文化中心平台讲中国故事四川篇章；借助文化和旅游部重点品牌项目"欢乐春节"品牌提升四川文化影响力，配合国家重大外交活动，积极参与第七轮中美人文交流高层磋商成果相关展览，并指导四川博物院、绵阳博物馆等赴纽约大都会艺术博物馆参加"秦汉文明展"。四川省还配合"一带一路"建设，承办文化和旅游部品牌项目——中国 - 中东欧第三届舞蹈夏令营，同时协助承办了成都国际非物质文化遗产节、南充国际木偶艺术周等在川举办的国际文化交流品牌活动。

在文化遗产保护方面，四川省亦是我国文化遗产资源保护传承的先驱者。首先，四川省是全国文化遗产资源大省，文化遗产资源体量大、类型丰富。截至 2017 底，四川省共有博物馆 252 个，文物保护管理机构 175 个，全国重点文物保护单位 230 处，省级文物保护单位 969 处，市、县级文物保护单位 6565 处；世界文化遗产 1 处，世界文化和自然遗产 1 处，列入中国传统村落名录的传统村落 225 个，公布为四川省级传统村落的有 869 个；国家级非物质文化遗产名录 139 项，省级非物质文化遗产名录 522 项。① 其次，四川省积极出台法律条规加强对文化遗产的保护。早在 2002 年，四川省就颁布《四川省世界遗产保护条例》，并于 2014 年结合世界遗产保护新形势和新问题更新出台了《四川省世界遗产保护条例（修订）》。四川省对非物质文化遗产传承的依法保护工作也取得巨大进展。四川省部分地市州率先出台了针对本地区保护非物质文化遗产的条例，如分别于 2008 年、2010 年、2011 年、2013 年出台的《北川羌族自治县非物质文化遗产保护条例》《凉山彝族自治州非物质文化遗产保护条例》《阿坝藏族羌族自治州非物质文化遗产保护条例》《甘孜藏族自治州非物质文化遗产条例》。2017 年四川省正式出台针对非物质文化遗产保护的《四川省非物质文化遗产条例》，为非物质文化遗产的保护和传承提供了法制支撑。再次，四川省非遗保护的经费投

---

① 《2017 年四川省国民经济和社会发展统计公报》［EB/OL］，http：//www. sc. gov. cn/10462/10464/10797/2018/2/28/10445753. shtml。

入也在不断增加。四川省省财政用于非遗保护的专项资金已达到每年 1800 万元，对每个省级传承人每年给予 5000 元传习补助经费。成都、绵阳、泸州、攀枝花等市州还专门设立了传承人专项补助经费。① 最后，四川省已初步建立较完整的文化遗产研究和保护体系。目前，四川省的省、市（州）、县三级文化遗产保护体系已经基本建立，有 11 个市州单独设立了非遗科或文化遗产科，文化遗产保护工作机构和工作队伍正在完善。

一 2014～2016 年四川省公共文化服务发展 指数变动情况

2014～2016 年间四川省公共文化服务发展指数变化较小且总体上呈现增长趋势，公共文化服务发展指数由 2014 年的 48.53 上升为 2016 年的 50.31。其公共文化服务发展指数的全国排名总体呈现波折上升趋势，由 2014 年的第 22 名上升为 2016 年的第 19 名。另外，2014～2016 年间四川省五个维度得分变化各异，四川省公共文化服务资源供给水平变化较小且整体呈现上升趋势，其得分由 2014 年的 44.69 上升为 2016 年的 45.28，全国排名总体呈现小幅上升态势，由 2014 年的第 20 名上升至 2016 年的第 19 名；四川省公共文化服务成果享有水平变化波动较大且整体上呈现上升态势，其得分由 2014 年的 51.08 上升至 2016 年的 54.54，全国排名总体上是上升的，由 2014 年的第 28 名上升至 2016 年的第 23 名；四川省公共文化服务效率水平波动幅度较大且整体呈现增长态势，其得分由 2014 年的 1.14 增长至 2016 年的 1.20，全国排名总体上呈现小幅上升趋势，由 2014 年的第 17 名上升至 2016 年的第 15 名；四川省公共文化服务外部支撑水平整体上呈现较大幅度的增长态势，其得分由 2014 年的 34.62 增长至 2016 年的 37.05，全国排名总体上呈现上升趋势，由 2014 年的第 18 名上升至 2016 年的第 11 名；四川省公共

---

① 专家解读《四川省非物质文化遗产条例》［EB/OL］，http：//myzwgkml.my.gov.cn/detail.aspx? id = 20170911113423 - 387100 - 00 - 000。

文化服务均等化水平呈现逐年稳态下降趋势，其均等化得分由2014年的75.13减少至2016年的73.55，全国排名也逐年下降，由2014年的第16名下降至2016年的第22名。综上，四川省除了均等化水平呈现逐年下降的趋势外，其他四个维度的得分都整体呈现增长趋势，表明除了非均等化水平逐渐上升之外，四川省公共文化服务整体上处于稳定进步趋势中。

表1   2014~2016年四川省公共文化服务发展指数变动情况

		2014年	排名	2015年	排名	2016年	排名	得分变化	排名变化
公共文化服务发展指数		48.53	22	52.45	14	50.31	19	1.78	3
各维度水平	公共文化服务资源供给水平	44.69	20	43.84	21	45.28	19	0.59	1
	公共文化服务成果享有水平	51.08	28	59.33	13	54.54	23	3.46	5
	公共文化服务效率水平	1.14	17	1.35	3	1.20	15	0.06	2
	公共文化服务外部支撑水平	34.62	18	34.75	18	37.05	11	2.43	7
	公共文化服务均等化水平	75.13	16	74.52	20	73.55	22	-1.58	-6

二 四川省公共文化服务发展区域竞争力分析

（一）四川省在全国的竞争力分析

2014~2016年间公共文化服务发展指数的全国平均值分别为51.63、53.22、52.70。这三年发展指数得分最高的省份分别是上海、浙江，其中浙江在2015年和2016年连续两年居全国榜首，此三年全国最高指数得分分别为71.79、70.71、71.16；四川省此三年公共文化服务发展指数得分依次为48.53、52.45和50.31，在全国的排名位次分别为第22、第14和第19。四川省公共文化服务发展指数得分位于全国中下游水平，其发展指数得分与全国最高值之间的差距十分大，近三年的差值高达23.26、18.26、20.85。且此三年间四川省的公共文化服务发展指数得分均低于全国平均值，但差值整体上呈现缩小态势，近三年的全国排名也呈现波动上升的趋势。

表2　2014～2016年四川省公共文化服务发展指数与全国情况的对比

		2014年	2015年	2016年
公共文化服务 发展指数	四川（全国排名）	48.53（22）	52.45（14）	50.31（19）
	全国最高值（省份）	71.79（上海）	70.71（浙江）	71.16（浙江）
	全国平均值	51.63	53.22	52.70
公共文化服务 资源供给水平	四川（全国排名）	44.69（20）	43.84（21）	45.28（19）
	全国最高值（省份）	91.74（西藏）	89.14（西藏）	87.52（西藏）
	全国平均值	50.45	51.06	51.30
公共文化服务 成果享有水平	四川（全国排名）	51.08（28）	59.33（13）	54.54（23）
	全国最高值（省份）	69.65（上海）	77.75（浙江）	74.43（浙江）
	全国平均值	55.76	59.17	57.64
公共文化服务 效率水平	四川（全国排名）	1.14（17）	1.35（3）	1.20（15）
	全国最高值（省份）	1.39（江苏）	1.36（江苏）	1.46（黑龙江）
	全国平均值	1.14	1.19	1.16
公共文化服务 外部支撑水平	四川（全国排名）	34.62（18）	34.75（18）	37.05（11）
	全国最高值（省份）	63.89（江苏）	61.22（江苏）	54.15（江苏）
	全国平均值	36.53	36.94	34.36
公共文化服务 均等化水平	四川（全国排名）	75.13（16）	74.52（20）	73.55（22）
	全国最高值（省份）	89.66（上海）	89.34（上海）	89.84（上海）
	全国平均值	75.15	75.54	75.62

本报告中的"公共文化服务资源供给"包括了人力资源供给、物力资源供给和财政资源供给。2014～2016年公共文化服务资源供给水平的全国平均值分别为50.45、51.06、51.30。西藏在2014～2016年连续三年居全国榜首，此三年最高得分分别为91.74、89.14、87.52；四川省此三年的文化资源供给水平得分依次为44.69、43.84和45.28，排名分别为第20、第21和第19。可见四川省的文化资源供给水平处于全国下游水平，此三年的相关得分变化幅度较小且均远低于全国平均值，但总体上呈现上升态

势。具体从二级指标来看，其中四川省尤其在"财政资源供给"方面具有相对的优势，四川省的"财政资源供给"得分在此三年的全国排名分别为第15、第20和第19，处于全国的中上游水平，这在一定程度上是由国家对西部省份的财政扶持政策所致；另外，四川省在"人力资源供给"和"物力资源供给"方面的投入处于相对弱势，有待加强。上述四川省此三年的文化资源供给水平得分变化表明四川省在人力、物力和财政方面的供给投入是逐年增长的，这充分说明了四川省对于公共文化服务发展高度重视。

本报告中的"公共文化服务成果享有"包含了公众的文化参与次数、公众的文化满意度、广播电视节目的覆盖率等二级指标。2014～2016年公共文化服务成果享有水平的全国平均值分别为55.76、59.17和57.64。这三年得分最高的省份分别是上海和浙江，其中浙江在2015年和2016年连续两年居全国榜首，此三年最高得分分别为69.65、77.75、74.43；四川省此三年的文化成果享有水平得分依次为51.08、59.33、54.54，排名分别为第28、第13和第23。四川省的公共文化服务成果享有水平处于全国的中下游水平且与全国平均值差距较小，同时此三年的得分变化幅度较大，但总体上呈现增长趋势。具体从二级指标分析，四川省此三年在"文化参与"上的指标排名分别是第11、第12和第12，位于全国的上游水平，这表明四川省提供的公共文化服务和产品赢得了公众的积极参与；四川省"群众满意度"全国排名波动幅度较大，此三年的全国排名分别是第28、第4和第17，结合此指标与前述"文化参与"指标分析，可见四川省提供的公共文化服务虽然赢得了公众的积极参与，但是从反馈信息可知公众对于公共文化服务的满意度并不高。综上，四川省的公共文化服务成果享有水平处于全国的中下游水平，且此三年的变化幅度较大，这表明四川省需要反思政府为公众提供的公共文化服务和产品是否真正符合公众的公共文化服务需求。

本报告中的"公共文化服务效率水平"用于测算产出与投入之比，其中投入即"公共文化服务资源供给水平"，产出即是"公共文化服务成果享有水平"。2014～2016年公共文化服务效率水平的全国平均值分别为

1.14、1.19 和 1.16。这三年得分最高的省份分别是江苏和黑龙江，其中江苏在 2014 年和 2015 年连续两年居全国榜首，此三年最高得分分别为 1.39、1.36、1.46；四川省此三年的公共文化服务效率水平得分依次为 1.14、1.35、1.20，排名分别为第 17、第 3 和第 15。四川省的公共文化服务效率水平处于全国的上游水平且与全国平均值间差距较小，同时这三年的得分在总体上呈现增长趋势。四川省较高的公共文化服务效率水平表明四川省提供的公共文化服务和产品在一定程度上满足了公众的基本公共文化服务需求。

本报告中的"公共文化服务外部支撑水平"包括"环境支撑""资源支撑""创新支撑""产业支撑"等二级指标，主要用来衡量支持公共文化服务发展的外部推动力。2014~2016 年公共文化服务外部支撑水平的全国平均值分别为 36.53、36.94 和 34.36。江苏省在 2014 年、2015 年和 2016 年连续三年居全国榜首，此三年最高得分分别为 63.89、61.22、54.15；四川省这三年的文化服务效率水平得分依次为 34.62、34.75、37.05，排名分别为第 18、第 18 和第 11。具体从二级指标来看，四川省在"资源支撑"方面具有相对较大的优势，其此三年的资源支撑得分在全国的排名位次分别是第 9、第 7 和第 7，这是因为四川省拥有丰富的旅游文化资源和教育文化资源。四川省不仅拥有众多的世界遗产、国家非遗、国家文保、国家历史文化名镇等文化资源，而且截至 2017 年四川省已有 109 所普通高等学校；四川省的"环境支撑"也呈现愈发强大的趋势，其"环境支撑"得分在 2016 年的全国排名已至第 10，这是因为近年来四川省出台了众多支持公共文化服务发展的政策法规，同时四川省参与公共文化服务建设的非营利组织也在增多，为四川省公共文化服务发展提供新的动力；但是四川省在"产业支撑"方面的发展水平还有待提升，近三年四川省的"产业支撑"得分在全国的排名分别是第 23、第 23 和第 18，处于全国中下游水平。

2014~2016 年公共文化服务均等化得分全国平均值分别为 75.15、75.54、75.62。这三年均等化得分最高的省份皆是上海，得分分别为

89.66、89.34、89.84；四川省公共文化服务均等化得分依次为75.13、74.52和73.55，排名分别为第16、第20和第22。四川省公共文化服务均等化程度位于全国中下游水平，且均等化得分逐年下降、排名逐年下降，这表明四川省公共文化服务均等化程度较低。观察2014~2016年四川省各类公共文化资源均等化水平，可以发现其中文化服务产品均等化水平此三年的连续低分是导致四川省公共文化服务均等化水平较低的直接因素。

（二）四川省在西部地区的竞争力分析

2014~2016年，四川省跻身于西部地区公共文化服务发展指数得分前六位，表明其公共文化服务建设和发展水平处于西部地区中上游水平。这三年西部地区公共文化服务发展指数得分平均值分别为48.48、50.56、49.95，四川省的公共文化服务发展指数得分分别比西部地区平均值高出0.05、1.84和0.35。但此三年四川省的公共文化服务发展指数得分与西部最高值（陕西与重庆）比有一定差距，四川省分别低于西部最高值6.26、5.33和6.24，表明四川省公共文化服务发展和建设水平仍有待提高。

2014~2016年四川省公共文化服务发展指数的各维度得分表现不一。2014~2016年四川省公共文化服务资源供给水平在西部地区处于下游水平，其波动变化幅度较小，近三年四川省公共文化服务资源供给水平分别比西部地区均值低7.91、7.33、7.86，同时这三年四川省公共文化服务资源供给水平与西部最高值的差值分别高达47.05、44.71、42.3；2014~2016年四川省公共文化服务成果享有水平在西部地区处于下游水平，此三年的波动幅度较大，总体上处于上升趋势，2014年和2016年四川省的公共文化服务成果享有水平分别比西部地区均值低4.44、2.33，但2015年比西部地区均值高出0.4，同时这三年四川省的公共文化服务成果享有水平与西部最高值之间差距逐渐扩大；2014~2016年四川省的公共文化服务效率水平在西部地区处于中上游水平，此三年总体上处于上升趋势，更是在2015年与重庆并列西部地区首位；2014~2016年四川省公共文化服务外部支撑水平在西部地区位列前矛，此三年分别高出西部地区均值4.21、2.88、7.04，同时此三年其与西部地区的最高值的差值也是总体缩小，这表明四川省的公共文化服务在外部支撑水平上是逐年进步的；2014～2016年四川省公共文化服务均等化水平在西部地区处于中游水平，且呈逐年稳态下降趋势，2014年和2015年四川省公共文化服务均等化水平得分分别比西部地区均值高出2.2和0.76，但2016年低于西部地区均值0.58，同时四川省公共文化服务均等化水平得分与西部最高值的差距逐年扩大，这表明四川省的公共文化服务非均等化水平有上升趋势。

表3 2014～2016年四川省公共文化服务发展指数及各维度得分与西部地区的对比

		2014 年	2015 年	2016 年
公共文化服务发展指数	四川（地区排名）	48.53(6)	52.40(4)	50.30(6)
	西部最高值（省份）	54.79（陕西）	57.73（陕西）	56.54（重庆）
	西部平均值	48.48	50.56	49.95
公共文化服务资源供给水平	四川（地区排名）	44.69(8)	44.43(9)	45.22(8)
	西部最高值（省份）	91.74（西藏）	89.14（西藏）	87.52（西藏）
	西部平均值	52.60	51.76	53.08
公共文化服务成果享有水平	四川（地区排名）	51.08(11)	59.33(8)	54.54(9)
	西部最高值（省份）	60.59（宁夏）	65.68（青海）	65.95（内蒙古）
	西部平均值	55.52	58.93	56.87
公共文化服务效率水平	四川（地区排名）	1.14(6)	1.34(1)	1.21(5)
	西部最高值（省份）	1.36（云南）	1.36（重庆）	1.39（重庆）
	西部平均值	1.10	1.18	1.11
公共文化服务外部支撑水平	四川（地区排名）	34.62(3)	34.75(4)	37.05(3)
	西部最高值（省份）	39.73（陕西）	40.29（重庆）	39.72（重庆）
	西部平均值	30.41	31.87	30.01
公共文化服务均等化水平	四川（地区排名）	75.13(3)	74.52(6)	73.55(7)
	西部最高值（省份）	76.74（陕西）	80.49（陕西）	80.13（陕西）
	西部平均值	72.93	73.76	74.13

三 四川省公共文化服务发展水平的评价与建议

（一）评价

四川省公共文化服务发展指数得分较低，其公共文化服务发展水平总体还有待提高。2014~2016年四川省公共文化服务发展水平虽在西部地区12个省份中排名较靠前，但在全国31个省份排名中处于中下游水平，且发展水平大多低于全国平均值。但同时也要注意到四川省与全国均值相差值逐年缩小，全国排名也呈稳态上升。从五个细分维度来看，2014~2016年四川省公共文化服务资源供给水平是逐年增长的，这充分说明了四川省对于公共文化服务发展的高度重视；2014~2016年四川省公共文化服务成果享有水平处于全国的中下游水平，但整体呈现上升态势，这表明四川省在摸清群众真正的基本公共文化服务需求上还需加大工作力度；2014~2016年四川省的公共文化服务效率水平处于全国的上游水平且呈现增长趋势，意味着四川省提供的公共文化服务和产品在一定程度上获得了人民群众的认可；2014~2016年四川省的公共文化服务外部支撑水平较高且整体上保持较大幅的增长态势，其在环境支撑力和文化资源方面的优势使得四川省公共文化服务建设极具发展潜力；2014~2016年四川省公共文化服务建设的均等化程度较低，且非均等化程度上升。四川省自然地理环境复杂、区域内经济发展水平差异大、人口众多，导致了四川省公共文化服务均等化建设有相当难度。

（二）建议

作为一个少数民族众多、自然地理环境复杂的西部人口大省，四川省在国家西部大开发战略中发挥着领头羊的作用，因而也应重视其在公共文化服务建设方面的带领作用。目前，四川省的公共文化服务建设和发展还具有很大的提升空间。第一，四川省政府应当加大对公共文化服务体系建设的重视程度，通过制定科学合理的公共文化服务相关政策及条例法规，为四川省公共文化服务发展提供坚强的政策法规保障。第二，加大对川西北等少数民族边远地区的公共文化服务产品投入，积极推进四川省的"文化定点扶贫"工作，助力乡村文化振兴。目前，四川省公共文化服务非均等化问题依然严重，四川省在公共文化服务产品层面的均等化程度尤其低，因而四川省为缩小地区间的差距，应利用川西北农村地区的特色文化资源提供公共文化产品。第三，积极运用互联网技术建立公众文化需求征询反馈机制，提供人民群众真正需要的公共文化产品。四川省近三年的公共文化服务成果享有水平都处于较低水平，这意味着四川省的公共文化产品供需错位问题愈发明显，应该利用互联网技术建立公众文化需求信息征询反馈平台，通过微博、微信等渠道，结合上门走访、发放调查表、专家咨询以及召开座谈会、论证会、听证会等传统渠道了解公众真正的文化诉求，为公众提供其喜闻乐见的公共文化产品，以满足公众的精神文化需求，如此才是高水平公共文化服务的真正表现。第四，加强对四川省巴蜀文化资源和川西少数民族地区文化资源的合理开发利用，推动具有四川文化特色的优秀作品和研究的创作和产出。相关的文化产品创作是公共文化服务最主要的有形产出，因而加大对四川省富饶文化资源的开发利用以创作出优秀的文化产品对于提升四川省公共文化服务发展效能具有重要意义。第五，积极发挥社会和市场的力量。社会组织和市场对于公共事业的发展有着不可忽视的促进作用。在四川省近三年的较高外部支撑水平中，社会组织力量和市场力量扮演着举足轻重的角色。一方面政府应该制定各种有利政策鼓励各种非营利社会组织在四川省公共文化服务的发展中寻找到自己的定位，另一方面政府应该适度降低市场力量进入公共文化服务领域的门槛，创新以政府购买服务或 PPP 等模式与市场力量合作从而提高公共文化服务供给水平。第六，应总结和借鉴地方实践经验，创新公共文化服务机构的管理模式，提高公共文化服务资源利用率。四川省公共文化服务效率还处于较低水平，因而四川省应科学合理地对现有公共文化服务资源进行整合，并对现有公共文化服务机构管理模式进行创新完善，提高公共文化服务发展水平。譬如四川省阿坝州政府就采取"三个不变""六个统一"方式创新公共文化服务机构的管理模式，完成了对阿坝州文化馆、

美术馆、创作办、非遗中心、产业中心五个直属事业单位的整合工作①，整合了资源，提升了效能，实现机构运转"三趋优"。阿坝州这一举措可为四川省各州市地方政府提供经验借鉴，地方政府应创新公共文化服务机构的管理模式，精简公共文化服务机构和人事，重在发挥公共文化服务机构"以文化人，以文惠民"的作用，提升公共文化服务效能。

---

① 邹旭、王和斌：《阿坝州文化馆（美术馆、非遗中心）机构整合成立大会召开》，《阿坝日报》2017年5月27日第3版。

B.13
黑龙江省公共文化服务发展指数报告

刘婉娜*

摘　要： 本报告基于公共文化服务资源供给水平、成果享有水平、效率水平、外部支撑水平和均等化水平五个维度对黑龙江省公共文化服务发展水平进行实证分析，发现黑龙江省公共文化服务发展水平整体呈现上升态势，略高于全国平均水平，在东北三省中居首位。其公共文化服务成果享有水平、效率水平及均等化水平优势明显，发展短板在于公共文化服务资源供给水平和外部支撑水平，二者与全国均值比存在明显差距。因此，有效促进黑龙江省公共文化服务发展，必须创新文化资源供给机制，加大文化财政投入力度；基于创新驱动，增强公共文化服务外部支撑能力；科学布局，加强城乡公共文化服务设施的统筹管理。

关键词： 公共文化服务　黑龙江省　发展指数

　　黑龙江省地处我国东北地区，是东北老工业基地的重要组成部分。早在2009年，国务院就发布了《国务院关于进一步实施东北地区等老工业基地振兴战略的若干意见》，指出"贯彻落实文化产业调整振兴规划，支持文化创意、出版发行、影视制作、演艺娱乐、文化会展、数字内容和动漫等文化产业加快发展，打造具有东北地方特色的文化品牌。加强公共文化基础设施

---

* 刘婉娜，武汉大学国家文化发展研究院硕士研究生，研究方向为公共文化服务、文化产业。

和文化惠民工程建设，完善公共文化服务体系。加大文化遗产保护力度，扩大对外文化交流。大力发展旅游业，抓紧研究出台东北地区旅游业发展专项规划，加强旅游基础设施建设，发展一批特色鲜明、吸引力强的旅游目的地，提高管理服务水平，建立大东北无障碍旅游区。"在党中央、国务院的总体部署下，黑龙江省近年来相继出台了《黑龙江省关于加快构建现代公共文化服务体系的实施意见》《黑龙江省基本公共文化服务实施标准》《黑龙江省推进基层综合性文化服务中心建设实施方案》《黑龙江省"十三五"时期贫困地区公共文化服务体系建设工作方案》和《政府向社会力量购买公共文化服务的通知》等一系列政策法规，扎实推进现代公共文化服务体系建设，满足人民群众日益增长的精神文化需求。

黑龙江省的文化设施建设稳步推进。2017 年，全省共建成各类博物馆215 个、图书馆 108 个、文化馆（群艺馆）148 个、电影院 218 家、电影荧幕 950 块、农村数字电影院线 4 条、街道文化站 617 个、乡镇文化站 900个、社区文化活动室 1487 个、村级文化活动室 7298 个、农家书屋 10040家、各类体育场地设施 27777 个。文化活动品牌化、全民化。2017 年全省已打造具有黑龙江文化特色、先进文化视野的公共文化活动品牌 500 多个，形成各类群众性文化活动群体 3000 多个，农村文化大院近 1.1 万个。农村电影放映基本达到行政村全覆盖，每年为农民放映公益电影达 11 余万场次，受益观众达 900 万人次。文化服务资源基层化。围绕推进公共文化服务机构免费开放，2017 年黑龙江省实现了全省各级公共博物馆（纪念馆）、科技馆、美术馆、图书馆、文化馆（站）全部免费开放，年均举办各类文化活动近 5 万场，惠及城乡群众 2000 余万人次，群众参与率和满意度逐年提高。公共文化服务保障机制逐步健全。2014～2016 年，中央和省级财政累计投入公共文化服务体系建设专项资金 35.7 亿元，与 2013 年相比，年均增长22.8%，高出同期全省一般公共预算支出近 15 个百分点。①

---

① 《黑龙江省人民政府关于全省构建现代公共文化服务体系情况的报告》［EB/OL］，［2018-12-23］，http://www.hljrd.gov.cn/detail.jsp? urltype=news.NewsContentUrl&wbnewsid=17599&wbtreeid=1672。

一　2014~2016年黑龙江省公共文化服务发展指数变动情况

如表1所示，2014~2016年间黑龙江省公共文化服务发展指数总体上呈现出持续上升的趋势，公共文化服务发展指数由2014年的50.67升至2016年的53.72，指数变化为3.05，其公共文化服务发展指数的全国排名由2014年的第14名，经2015年降至第16名后又上升为2016年的第11名，总体排名上调3名。

表1　2014~2016年黑龙江省公共文化服务发展指数及各维度变动情况

		2014年	排名	2015年	排名	2016年	排名	总体变动	排名变化
	发展指数	50.67	14	51.44	16	53.72	11	3.05	3
各维度得分	公共文化服务资源供给水平	40.72	30	42.69	26	40.67	30	-0.05	0
	公共文化服务成果享有水平	52.29	24	56.77	19	59.55	8	7.26	16
	公共文化服务效率水平	1.28	5	1.33	6	1.46	1	0.18	4
	公共文化服务外部支撑水平	24.30	29	23.46	31	22.01	31	-2.29	-2
	公共文化服务均等化水平	80.38	3	79.26	6	79.77	5	-0.61	-2

从2014~2016年间黑龙江省五个维度得分的变化来分析，黑龙江省公共文化服务资源供给水平变化略有波动，由2014年的40.72升至2015年的42.69后降至2016年的40.67，得分下降0.05。全国排名同样呈现波动趋势，由2014年的第30名上升至2015年的第26名后又跌回2016年的第30名；黑龙江省的公共文化服务成果享有水平呈逐年上升态势，由2014年的52.29上升至2016年的59.55，得分提高7.26，全国排名上升16名，由2014年的第24名上升至2016年的第8名，是变化最显著的维度；黑龙江省

的公共文化服务效率水平同样呈逐年上升态势，但变化幅度较小，由 2014 年的 1.28 升至 2016 年的 1.46，得分变化为 0.18，全国排名上调 4 名；黑龙江省的公共文化服务外部支撑水平得分呈逐年下降态势，由 2014 年的 24.30 减至 2016 年的 22.01，全国排名下调 2 名，由 2014 年的第 29 名跌至 2016 年的第 31 名；黑龙江省的公共文化服务均等化水平得分略微下降，由 2014 年的 80.38 减至 2016 年的 79.77，全国排名变化下调 2 名，由 2014 年的第 3 名降至 2016 年的第 5 名。总体来看，黑龙江省公共文化服务发展指数上升的原因主要在于公共文化服务成果享有水平的上升，其次是公共文化服务效率水平的上升，虽然公共文化服务外部支撑水平、公共文化服务资源供给水平和公共文化服务均等化水平皆略微下降，但上升幅度大于下降幅度，因而其公共文化服务发展指数总体呈现上升趋势，并未出现下降。

二 黑龙江省公共文化服务发展区域竞争力分析

（一）黑龙江省在全国的竞争力分析

2014～2016 年黑龙江省公共文化服务发展指数分别为 50.67、51.44、53.72，排名分别为第 14、第 16 和第 11。对应的三年公共文化服务发展指数的全国平均值分别为 51.63、53.22、52.70，发展指数最高的省份分别是上海、浙江、浙江，指数分别为 71.79、70.71、71.16。发展至 2016 年，黑龙江省公共文化服务发展指数已达到全国平均水平，尽管与公共文化服务发展指数全国最高的省份比仍存在一定差距，但近三年发展指数排名上升 3 位，总体发展水平呈现略微上升态势。

黑龙江省公共文化服务资源供给水平在全国处于下游水平。2014～2016 年黑龙江省的公共文化服务资源供给水平得分依次是 40.72、42.69 和 40.67，排名分别为第 30、第 26 和第 30，呈现波动变化趋势。与全国均值

表2　2014～2016年黑龙江省公共文化服务发展指数及各维度
得分与全国对比情况

		2014 年	2015 年	2016 年
发展指数	黑龙江(全国排名)	50.67(14)	51.44(16)	53.72(11)
	全国最高值(省份)	71.79(上海)	70.71(浙江)	71.16(浙江)
	全国平均值	51.63	53.22	52.70
公共文化服务资源供给水平	黑龙江(全国排名)	40.72(30)	42.69(26)	40.67(30)
	全国最高值(省份)	91.74(西藏)	89.14(西藏)	87.52(西藏)
	全国平均值	50.45	51.06	51.30
公共文化服务成果享有水平	黑龙江(全国排名)	52.29(24)	56.77(19)	59.55(8)
	全国最高值(省份)	69.65(上海)	77.75(浙江)	74.43(浙江)
	全国平均值	55.76	59.17	57.64
公共文化服务效率水平	黑龙江(全国排名)	1.28(5)	1.33(6)	1.46(1)
	全国最高值(省份)	1.39(江苏)	1.36(江苏)	1.46(黑龙江)
	全国平均值	1.14	1.19	1.16
公共文化服务外部支撑水平	黑龙江(全国排名)	24.30(29)	23.46(31)	22.01(31)
	全国最高值(省份)	63.89(江苏)	61.22(江苏)	54.15(江苏)
	全国平均值	36.53	36.94	34.36
公共文化服务均等化水平	黑龙江(全国排名)	80.38(3)	79.26(6)	79.77(5)
	全国最高值(省份)	89.66(上海)	89.34(上海)	89.84(上海)
	全国平均值	75.15	75.54	75.62

比分别低 9.73、8.37、10.63，与最高值省份比分别低 51.02、46.45、46.85。具体从人力资源、物力资源、财政资金三个维度分析，2014～2016年人力资源得分降低 6.51，物力资源增加 3.49，财政资金增加 2.12，因而黑龙江省在公共文化服务资源供给方面应注重人力资源的供给，鼓励培养优秀人才、引进优秀人才。

黑龙江省公共文化服务成果享有水平进步明显，跻身全国上游。2014～2016年黑龙江省的公共文化服务成果享有水平得分依次是 52.29、56.77 和 59.55，排名分别为第 24、第 19 和第 8，呈现逐年上升的态势。与全国均值相比，2014 年和 2015 年分别低 3.47、2.4，2016 年比全国均值水平得分高 1.91，与最高值省份比分别低 17.36、20.98、14.88。对比 2014 年和 2016 年数据，黑龙江省公共文化服务成果享有水平得分增加 7.26，其中文化参与、广播电视服务、体育服务、优秀作品、群众满意度指标得分依次增加0.35、0.35、5.12、21.05、11.18，可见优秀作品和群众满意度是黑龙江省公共文化服务成果享有水平提升的主要原因，影响最大。

黑龙江省的公共文化服务效率水平居全国前列。2014～2016年黑龙江省公共文化服务效率水平得分分别为1.28、1.33和1.46，在全国的排名依次为第5位、第6位和第1位。这三年公共文化服务效率水平的全国平均值分别为1.14、1.19、1.16，黑龙江省三年的公共文化服务效率水平皆高于全国均值；2014～2016年公共文化服务效率水平的最高值分别为1.39、1.36、1.46，2014年和2015年公共文化服务效率水平得分最高的省份为江苏，2016年黑龙江省公共文化服务效率水平跃至第1名，以上数据表明黑龙江省公共文化服务的投入－产出是有较高效率的。

黑龙江省公共文化服务外部支撑水平在全国处于下游水平，与全国平均值、最高值省份间的差距较大。2014～2016年黑龙江省公共文化服务外部支撑水平得分依次为24.30、23.46和22.01，排名分别为第29、第31和第31。与全国均值比分别低12.23、13.48、12.35，与最高值省份比分别低39.59、37.76、32.14。从环境支撑、资源储备、创新驱动和产业牵引这四个指标具体得分来看，黑龙江省2014～2016年环境支撑、资源储备、创新驱动和产业牵引四个指标得分皆呈逐年下降的态势，依次降低了1.14、1.4、1.14、5.55。整体而言，黑龙江省公共文化服务外部支撑水平四个指标处于全国下游水平，因而黑龙江省应注重整合资源，以创新驱动公共文化服务及相关产业的发展。

黑龙江省公共文化服务均等化水平较高。2014～2016年黑龙江省公共文化服务均等化水平得分分别为80.38、79.26和79.77，在全国的排名依次为第3位、第6位和第5位。这三年公共文化服务均等化水平的全国平均值分别为75.15、75.54、75.62，黑龙江省三年的公共文化服务均等化水平皆高于全国均值，分别高约5.23、3.72和4.15；这三年公共文化服务均等化水平得分最高的省份皆为上海，得分分别为89.66、89.34、89.84，黑龙江省公共文化服务均等化水平得分分别比最高值低了9.28、10.08和10.07。可见，黑龙江省公共文化服务均等化水平整体高于全国平均水平，但与全国最高的省份相比仍存在不小差距。从四类公共文化资源均等化水平来看，黑龙江省2016年文化服务人才、文化财政投入、文化服务设施和文化服务产品得分分别为87.86、69.43、79.47和82.56，与全国平均值相比，分别高6.8、2.5、0.92、6.39，可见，黑龙江省公共文化服务均等化水平较高的主要动力在文化服务人才和文化服务产品两个方面。

（二）黑龙江省在东北地区的竞争力分析

2014～2016年，东北三省公共文化服务发展指数平均值分别为49.93、51.21和49.97；黑龙江省公共文化服务发展指数分别为50.67、51.44和53.72，比东北地区发展指数均值分别高0.74、0.23和3.75，黑龙江省在东北三省中三年皆居首位。

表3　2014～2016年东北三省公共文化服务发展指数情况

地区	2014年	排名	2015年	排名	2016年	排名
辽宁	48.68	3	51.39	2	48.16	2
吉林	50.44	2	50.79	3	48.03	3
黑龙江	50.67	1	51.44	1	53.72	1
东北三省均值	49.93	—	51.21	—	49.97	—

2014～2016年东北三省公共文化服务资源供给水平得分分别为45.93、47.60和45.67。从三省公共文化服务资源供给水平来看，黑龙江连续三年都居末位，公共文化服务资源供给水平得分分别为40.72、42.69和40.67，明显低于平均值，分别低5.21、4.91、5，与辽宁省和吉林省的差距颇大，黑龙江省公共文化服务资源供给水平位于下游水平，在东北三省中处于劣势地位。

表4　2014～2016年东北三省公共文化服务资源供给水平情况

地区	2014年	排名	2015年	排名	2016年	排名
辽宁	47.15	2	49.50	2	46.68	2
吉林	49.92	1	50.61	1	49.65	1
黑龙江	40.72	3	42.69	3	40.67	3
东北三省均值	45.93	—	47.60	—	45.67	—

在东北三省中，黑龙江省公共文化服务成果享有水平 2014 年排名为第 2，2015 年和 2016 年跃居首位。2014～2016 年，东北三省公共文化服务成果享有水平得分分别为 51.78、56.44、55.30，黑龙江省公共文化服务成果享有水平三年皆高于东北三省平均值，差值分别为 0.51、0.33、4.25，2016 年与均值的差距拉大。而辽宁省 2014 年和 2016 年位居最后，吉林省 2015 年位居最后。可见黑龙江省公共文化服务成果享有水平在东北三省优势明显。

表5　2014～2016 年东北三省公共文化服务成果享有水平情况

地区	2014 年	排名	2015 年	排名	2016 年	排名
辽宁	48.44	3	56.66	2	52.22	3
吉林	54.60	1	55.91	3	54.13	2
黑龙江	52.29	2	56.77	1	59.55	1
东北三省均值	51.78	—	56.44	—	55.30	—

2014～2016 年东北三省公共文化服务效率水平得分分别为 1.14、1.19 和 1.22，效率水平逐步提升。从三省的公共文化服务效率水平排名来看，黑龙江省连续三年都位居第一，辽宁省 2014 年居末位，吉林省 2015 年和 2016 年居末位。黑龙江省公共文化服务效率水平优势明显，其三年的公共文化服务效率水平得分分别高于平均值 0.14、0.14、0.24。

表6　2014～2016 年东北三省公共文化服务效率水平情况

地区	2014 年	排名	2015 年	排名	2016 年	排名
辽宁	1.03	3	1.14	2	1.12	2
吉林	1.09	2	1.10	3	1.09	3
黑龙江	1.28	1	1.33	1	1.46	1
东北三省均值	1.14	—	1.19	—	1.22	—

2014～2016 年东北三省公共文化服务外部支撑水平得分分别为 30.39、28.71 和 24.48。从三省的公共文化服务外部支撑水平来看，辽宁省连续三

年都位居第一，黑龙江则连续三年都居末位，公共文化服务外部支撑水平明显低于平均值，分别低于平均值 6.09、5.25、2.47，但其差距呈现逐年缩小的趋势。

表7　2014～2016 年东北三省公共文化服务外部支撑水平情况

地区	2014 年	排名	2015 年	排名	2016 年	排名
辽宁	38.55	1	33.75	1	26.06	1
吉林	28.31	2	28.91	2	25.35	2
黑龙江	24.30	3	23.46	3	22.01	3
东北三省均值	30.39	—	28.71	—	24.48	—

黑龙江省公共文化服务均等化水平在东北三省居首位。2014～2016 年，东北三省公共文化服务均等化水平得分分别为 78.39、78.11、77.68，黑龙江省三年皆高于东北三省平均值，分别高 1.99、1.15、2.09。而辽宁省 2014 年和 2015 年位居最后，吉林省 2016 年位居最后。可见，黑龙江省公共文化服务均等化水平在东北三省优势明显，2016 年与均值的差距略微拉大，但黑龙江省得分从 2014 年的 80.38 降到 2016 年的 79.77。

表8　2014～2016 年东北三省公共文化服务均等化水平情况

地区	2014 年	排名	2015 年	排名	2016 年	排名
辽宁	76.59	3	76.64	3	77.25	2
吉林	78.21	2	78.42	2	76.02	3
黑龙江	80.38	1	79.26	1	79.77	1
东北三省均值	78.39	—	78.11	—	77.68	—

三　黑龙江省公共文化服务发展水平的评价与建议

（一）评价

整体来看，2014～2016 年，黑龙江省公共文化服务发展水平呈现上升

态势，有所进步。2016 年黑龙江省公共文化服务发展指数全国排名位列第
11，略高于全国平均值；在东北三省中，2014～2016 年皆居首位。2014～
2016 年黑龙江省公共文化服务资源供给水平略有下降，远低于全国均值水
平，主要原因在于公共文化服务的人力资源供给严重下降，制约了黑龙江省
公共文化服务资源供给水平的提升，另外，物力资源供给和财政资金供给仅
略微上升；黑龙江省公共文化服务成果享有水平提升明显，2016 年排名位
列第 8，高于全国均值。2014～2016 年文化参与、广播电视服务、体育服
务、优秀作品、群众满意度指标得分皆有所增加，其中发挥主要作用的是优
秀作品和群众满意度；黑龙江省的公共文化服务效率水平整体高于全国平均
水平，主要原因在于黑龙江省公共文化服务成果享有水平高，加之公共文化
服务资源供给水平低，综合下来公共文化服务效率高，2016 年其效率得分
更是居全国首位；黑龙江省的外部支撑受限严重，2015～2016 年其公共文
化服务外部支撑水平均位居最后，环境支撑、资源储备、创新驱动和产业牵
引四个指标得分皆呈逐年下降的态势，严重制约了黑龙江省公共文化服务外
部支撑水平的提升；黑龙江省公共文化服务均等化水平在这三年虽有所下
降，但仍高于全国平均值。

（二）建议

第一，创新文化资源供给机制，加大文化财政投入力度。黑龙江省
2014～2016 年公共文化服务资源供给水平在全国 31 个省份中的排名分别为
第 30、第 26 和第 30，位于全国下游水平。在薄弱的人力资源供给方面，黑
龙江省应针对自身实际情况重点提升人力资源竞争力，引导人力资源合理分
布，优化人力资源结构。针对整体文化资源投入，黑龙江省一方面应完善当
前政府的公共文化财政体制，调整优化文化财政支出结构，将公共文化服务
体系建设的相关支出费用列入财政预算中。另一方面应确保对公共文化服务
的经费投入力度，建立公共文化服务体系建设的资金保障制度。除依靠政府
文化财政投入外，也应注重民间资本市场的引入与运用，注重引入社会和市
场要素，整合资金资源，拓宽公共文化服务的资金渠道。可成立黑龙江省文

化发展的相关基金会，将社会资源及资金纳入公共文化服务体系建设当中，以保障更好地提供物力资源和人力资源，保障基本公共文化服务的可持续性发展。

第二，创新驱动，增强公共文化服务外部支撑。黑龙江省公共文化服务外部支撑水平在全国处于下游，与全国平均值、最高值省份间的差距较大，可见增强公共文化服务外部支撑是黑龙江省公共文化服务发展的重点任务。首先，在环境支撑方面应注重发展贴近民众、基层化的公共文化大环境，唤醒和强化社会公众的公共文化意识。黑龙江省可以"结对子、种文化"、"书香哈尔滨"等标志性文化品牌为引领，探索符合黑龙江省民族特点、地域特征，切合群众需求的新的文化服务方式，组织多样化的文化惠民活动，提升群众文化活动参与水平，营造积极活跃的公共文化环境。其次，资源支撑方面应注重提高公共文化资源的社会化程度，均衡化配置黑龙江省现有文化设施及资源，注重探索和创新黑龙江省整体及其下属各市县等地的区域特色，可依托黑龙江省历史悠久、独具特色的"鲜卑文化""渤海文化""金源文化"等，以及省内各类丰富的非物质文化遗产来规划打造文化艺术精品及品牌，发挥公共文化服务效益。在创新支撑方面，应积极借助科学技术，突破传统的约束和制约，准确把握人民群众文化需求，利用新媒体、新渠道、新方式来促进公共文化服务发展，提高公共文化服务水平。但科技成果也不能盲目引入使用，应切实结合黑龙江省文化背景、经济发展、当地风俗习惯以及政府财政预算等，将科技成果合理地运用到公共文化服务体系建设中来。最后，在产业支撑方面，顺应当前中国的社会主义市场经济体制，构建市场化产业化的"公共文化服务体系"，大力发展黑龙江文化产业以支撑带动公共文化服务水平的提高。让市场在公共文化服务体系的建设中发挥基础性作用，让文化市场和文化产品主导公共文化服务体系的供需关系，使发展文化产业成为开展公共文化服务的重要途径。[1]

第三，科学布局，加强城乡公共文化服务设施的统筹管理。黑龙江省

---

[1] 王悦：《构建黑龙江省农村公共文化服务体系策略研究》，《经济师》2014 年第 8 期。

2016 年文化服务人才、文化财政投入、文化服务设施和文化服务产品的均等化水平得分与全国平均值相比，分别高 6.8、2.5、0.92、6.39，在四个维度的优势对比中，文化服务设施的均等化优势较弱（仅高于均值 0.92）。为提升文化设施均等化水平，黑龙江省应着重统筹考虑城乡的公共文化设施建设，及时转变以建设标志性设施为主要目的的公共文化设施建设观念，将重点落于基层文化设施建设。根据黑龙江省各市（地）、各区县的布局情况、地区特色和优势、发展战略来调整并优化文化设施布局。图书馆、群众艺术馆、博物馆、文化馆等公共文化设施应按照服务人口密度、服务半径和交通配套的标准来统筹考虑。[①] 对于现有的部分老化、闲置的文化设施应积极进行修缮或重建，有效利用现有公共文化资源，可根据当地人们的文化需求进行改造升级，最大限度发挥其功用，让群众能充分享受公共文化设施带来的文化服务体验。

---

① 梁爽：《黑龙江公共文化服务体系建设研究》，哈尔滨工程大学硕士学位论文，2015，第 37 页。

Abstract

This report was compiled by the "Performance evaluation of public cultural services" research group of National Institute of Cultural Development of Wuhan University. Focusing on the major issue of "the development of public cultural services" in China, "The Development Index of Public Cultural Services" is constructed to synthetically, comprehensively and objectively reflect the overall situation of the development of public cultural services in China from 2014 to 2016, and analyze and summarize the important aspects of public cultural services. In addition, it also makes a detailed analysis and theoretical exploration on the development level of public cultural services in some provinces represented by Beijing, and puts forward corresponding countermeasures and suggestions. It is one of the most cutting-edge, authoritative and academically valuable research achievements in the field of public culture in China.

The report is logically constituted by general study, special study and case study, and structurally formed by general report, special reports and provincial reports. The general report systematically explains the necessity and theoretical basis of the construction of "The Development Index of Public Cultural Services" from a macro perspective. A "Diamond Model" of public cultural services development is constructed from five dimensions of the level of supply of public cultural services resources, achievement, efficiency, external support and equalization, and is employed in comprehensively analyzing the development index of public cultural services in 31 provinces from 2014 to 2016. The results show that the overall level of China's public cultural services has been steadily improved, but the "efficiency bottleneck" appears, and there are regional and provincial development imbalance, and other problems. Conclusively, it gives relevant countermeasures and suggestions. The thematic reports systematically elaborate on the five dimensions of the level of supply of public cultural services resources, achievement, efficiency, external support and equalization, not only build a targeted evaluation index system, but also makes an in-depth analysis based on the evaluation results. The provincial reports involve the development level and differentiation of public cultural services in different provinces, and study the development index of public cultural services in representative provinces such as Beijing, Jiangsu, Hubei, Shanxi, Shaanxi, Sichuan and Heilongjiang. These reports evaluate the change of public cultural services index in different provinces, analyze the regional competitiveness of different provinces in the field of public cultural services, and puts forward specific suggestions on the development level of public cultural services in different provinces.

Contents

I General Report

Abstract: After more than ten years of exploration and practice, China's public cultural services system has entered a new stage, the implementation of the country's cultural development strategy, the "quality improvement and efficiency improvement" of public cultural services development, and new requirements for public cultural services in the development of citizens urgently require comprehensive quantitative measurement of the development level of public cultural services in China. Based on the research of public cultural services and

287

related evaluation index systems at home and abroad, this report refines design principles and evaluation methods. At the same time, it combines with the evaluation practice of public cultural services in the present, and comprehensively considers multiple objective impact factors such as science and technology, talents, innovation, external environment, and economic development stage, as well as subjective influence factors such as public demand and satisfaction. And According to the combination of dynamic and static, the combination of theory and practice, and the principles of efficiency and fairness, a five-dimensional "*Diamond Model*" for assessing the development level of public cultural services, namely, *the Index System of Public Cultural Service Development*, is constructed. Five dimensions refers to the five dimensions that constitute this indicator system, namely, the supply level of public cultural services resources, the achievement level of cultural benefits, the level of efficiency, the level of external support, and the level of equalization. The level of equalization is used as the adjustment factor and the difficulty coefficient to ensure the accuracy of the measurement results. In the practical application of indicators, the official authoritative data and the "Cultural Frontline" survey data organized annually by the National Cultural Development Research Institute of Wuhan University are used in 31 provinces (municipalities or autonomous regions) across the country. Using comprehensive evaluation methods, expert scoring methods and Gini coefficient method, the public cultural services development index of the autonomous region is measured. The calculation results show that the overall development of public cultural services in China has steadily improved, and the levels of eastern, central and western regions are basically the same as those of economic and social development. However, the situation of "central collapse" has appeared, and regional and provincial internal development is uneven and short-term; The problem of "efficiency bottleneck" in public cultural services appears, and there is a low level and low quality equalization. This report presents the problems of the public cultural services development index of 31 provinces (municipalities and autonomous regions). It is believed that from the perspective of the internal motivation of the public cultural services system, the development of non-equilibrium and non-formatted public cultural services should be implemented on a macro level, a modern public cultural services system oriented to the needs of public culture should be built on a middle level, and the performance evaluation mechanism of public cultural services should be improved on the micro level. For the perspective of external support, we should create a good external environment, promote a deep integration of culture-technology and culture-tourism.

Keywords: Public Cultural Services; Development Index; Index System; Diamond Model

Ⅱ Special Reports

Abstract: Improving the supply level of public cultural resources is of great significance for improving the public cultural services system, meeting people's expectations for a better life and improving the level of public cultural services. It is necessary to adopt the resource supply mode that combine the government and society, stimulating the supply energy of the whole society, achieving the balance between supply and demand, and vigorously promote the supply-side reform. This report constructed the supply level of public cultural services index system, involving human, material and financial resources, and it calculated the national 31 provinces of public cultural services resources supply level from 2014 − 2016, it may be relatively comprehensive and reasonable. in this, some suggestions to enhance the level of public cultural services resources supply have been offered to optimize the supply pattern and perfect the supply mechanism.

Keywords: Public Cultural services; Resource Supply Level; Index System

B. 3　The Achievement Level of Public Cultural Services Report

Chen Yifang, Liu Wanna / 077

Abstract: The essence of Public cultural services achievement, as the basic index of Public cultural services system evaluation, refers to the cultural achievements brought to the masses by the construction of the public cultural services system, is the embodiment of the most intuitive output level of public cultural services. On the basis of clarifying the connotation of the achievements of public cultural services, this report establishes an index system to measure the level of public cultural services achievements by drawing on the construction of relevant indicators at home and abroad, including cultural participation, radio and television services, sports services, excellent works, mass satisfaction, etc. , for the 2014 − 2016 measurement and evaluation of the level of achievement of public cultural services in the nation, region and provinces. On the whole, there is a gap in the level of public cultural services achievement between regional and provincial regions in China, and the influence of excellent works in the index is the most significant, and finally some suggestions are put forward to improve the enjoyment of the achievements of public cultural services in China.

Keywords: Public Cultural Services; The Achievement Level; Index System

B. 4　The Report on the Efficiency Level of Public Cultural Services

Huang Feng / 106

Abstract: Since the 21st century, the role of soft power of cultural has become increasingly prominent in the competition of comprehensive national power, and cultural construction plays an important role in the country's "five-in-one" strategic layout in China. This report, based on objective data of public cultural services in China, supplemented by micro-survey data, conducts a comprehensive evaluation and research on input-output efficiency of public cultural services from 2014 to 2016. The evaluation results show that the input-output efficiency level of public cultural services is not high, and the growth is not obvious. The traditional management model of "business development guided by increasing public input" is losing efficiency, and the development of public cultural services has entered a new stage of improving the overall services efficiency through institutional innovation.

Keywords: Public Cultural services; Efficiency Evaluation; Indicators System

B. 5　Report on External Support Level of Public Cultural Services

Kou Yin, Wei Yucai / 137

Abstract: In order to understand the practical basis and problems of public cultural services, we need position the goals and the shortcomings of public cultural services accurately, which can help us avoid the mismatch between supply and demand of public cultural services caused by the "formatted" development model. This report tries to introduce the concept of "the indicator of external support level of public cultural services" to measure the comprehensive influence of external factors to the development of public cultural services. The indicator is composed of four secondary indicators, i. e. environmental support, resource support, innovation support and industrial support. This report will evaluate the external support level of public cultural services from horizontal and longitudinal comparison with province-level data from 2014 - 2016, and finally put forward suitable countermeasures and suggestions.

Keywords: Public Cultural Services; External Support Level; Indicators System

B. 6   The Report of the Equalization Level of Basic

Public Cultural Services   *Zhang Weifeng* / 168

Abstract: Based on the perspective of regional equality and outcome equality and according to the level of equalization of public cultural resources, this report constructs the index system of equal evaluation of basic public cultural services, and puts forward a kind of evaluation method which involves expert scoring method, comprehensive index method and Gini Coefficient method to conduct an empirical study on the equalization level of basic public cultural services in China from 2011 to 2016 and in each province from 2014 to 2016. The results show that: public cultural resources are unevenly distributed among regions, provinces and cities, and "collapse of central region" has emerged; the imbalance of public cultural financial input is the main reason that restricts the process of equalization of public cultural services; the gap among provinces has slowly increased and the gap among cities has decreased to some extent. To promote the equalization of basic public cultural services, we should increase investment in cultural finance, and establish a balanced and oriented financial input mechanism; strengthen the digital construction of public cultural services, to promote the sharing and sharing of public cultural resources; establish a basic public cultural services performance evaluation system that takes into account both "equal" and "efficiency", and incorporate the evaluation results into government performance appraisal.

Keywords: Public Cultural Services; Equalization Level; Resource Allocation; Gini Coefficient

Ⅲ   Provincial Reports

B. 7   The Report of Development Index of Public Cultural

Services in Beijing   *Liu Ziyan* / 200

Abstract: The report calculates five indices of Beijing's public cultural services, includes resources supply level, achievement enjoyment level, efficiency level, external support level and equalization level. And analyses the changing trend of Beijing's public cultural services development level between 2014 and 2016, as well as the regional competitiveness in the whole country and Eastern region, and further puts forward development problems and suggestions.

Keywords: Beijing; Public Cultural Services; Development Index

B. 8 The Report of Development Index of Public Cultural

Services in Jiangsu Province   *Kou Yin, Wei Yucai* / 213

Abstract: This report analyzes the development situation of public cultural services of Jiangsu from five aspects, i. e. the supply level of public cultural services resources, the level of achievement enjoyment, the level of efficiency, the level of external support and the level of equalization. After comparison with other provinces of eastern China and the whole national level, it analyzes the development competitiveness of public cultural services of Jiangsu. Finally, it put forward corresponding countermeasures and suggestions according to the characteristics and problems of the development of provincial public culture of Jiangsu.

Keywords: Jiangsu; Public Cultural Services; Development Index

B. 9 The Report of Development Index of Public Cultural

Services in Hubei Province   *Zhang Weifeng* / 228

Abstract: This report empirically analyzes the development level of public cultural services in Hubei Province based on the five dimensions of public cultural services resource supply level, result enjoyment level, efficiency level, external support level and equalization level. The results show that the development level of

public cultural services in Hubei Province is low overall, and it is in the middle and lower position both in the whole country and in the central part. The shortcoming of its development lies in the lack of supply of public cultural services resources and the low degree of equalization. Not only is there a problem of insufficient investment, but the imbalance of inputs is also serious. To effectively promote the development of public cultural services in Hubei Province, it is necessary to increase investment in cultural finance, and improve the supply level of public cultural services resources; optimize the structure of financial inputs, and promote the balanced development of public cultural services; establish a performance evaluation system, and improve the effective outputs of public cultural services.

Keywords: Hubei Province; Public Cultural Services; Development Level

B. 10   The Report of Development Index of Public Cultural
Services in Shanxi Province   *Chen Yifang* / 239

Abstract: This report analyzes the development situation of public cultural services of Shanxi from five aspects, i. e. the supply level of public cultural services resources, the level of achievement enjoyment, the level of efficiency, the level of external support and the level of equalization. After comparison with other provinces of central China and the whole national level, it analyzes the development competitiveness of public cultural services of Shanxi. Finally, it put forward corresponding countermeasures and suggestions according to the characteristics and problems of the development of provincial public culture of Shanxi.

Keywords: Shanxi; Public Cultural Services; Development Index

Contents ↰↱

Abstract: Shaanxi province is not only a larger-scale economic and cultural province in the western region of China, but also an important province implementing "The Belt and Road" strategy. Based on the previous research framework and measurement data, this report makes an in-depth analysis of the comprehensive development level of public cultural services in Shaanxi province from 2014 to 2016. The results show that the public cultural services in Shaanxi province have strong regional competitiveness in the western region, but there is still a certain gap with the developed regions. The study suggests that Shaanxi province should strengthen institutional innovation and improve the efficiency of public cultural services. Meanwhile, the local government should grasp the historical development opportunity of the national "The Belt and Road" strategy, accelerate the integration of regional culture, science and technology and tourism, then create an innovative, relaxed and dynamic cultural development environment, enhance the city's cultural competitiveness, and promote the all-round development of economy, culture and society.

Keywords: Public Cultural services; Shaanxi Province; "The Belt and Road" Initiative

Abstract: As the leader of economic and social construction in the 12 provinces in the west, Sichuan Province's successful experience and problems in the construction and development of public cultural services are worthy of reference and attention from other provinces in China. Using the public cultural services

295

development index based on five levels of public cultural services resource supply level, public cultural services achievement level, public cultural services efficiency level, external cultural services external support level and public cultural services equalization level, we measured the public cultural services development of Sichuan Province during 2014 −2016. The results show that during the period of 2014 − 2016, the development level of public cultural services in Sichuan ranks higher in the 12 provinces in the western region; Sichuan Province is at the middle and lower reaches of the 31 provinces, and the development level is lower than the national average; but at the same time, the difference between the average value of Sichuan and the national average has been shrinking year by year, and the national ranking has also shown an upward trend.

Keywords: Sichuan Province; Western Provinces; the Public Cultural services Development Index

B. 13   The Report of Development Index of Public Cultural

Services in Heilongjiang Province   *Liu Wanna* / 273

Abstract: This report makes an empirical analysis of the development level of public cultural services in Heilongjiang Province based on five dimensions: the level of public cultural services resources supply, the level of achievement enjoyment, the level of efficiency, the level of external support and the level of equalization. It is found that the development level of public cultural services in Heilongjiang Province is on the rise, slightly higher than the national average, and ranks first among the three northeastern provinces. The advantages of the level of achievement enjoyment, the level of efficiency and the level of equalization are obvious, while the development of short board lies in the level of public cultural services resources supply and external support, and there is a clear gap with the national average. In order to effectively promote the development of public cultural services in Heilongjiang Province, we must innovate the supply mechanism of cultural resources, increase the input of cultural finance, strengthen the external support of public cultural services through the drive of innovate, and strengthen the overall management of urban and rural public cultural services facilities through scientific layout.

Keywords: Public Cultural Services; Heilongjiang Province; Development Index

❖ 皮书起源 ❖

"皮书"起源于十七、十八世纪的英国，主要指官方或社会组织正式发表的重要文件或报告，多以"白皮书"命名。在中国，"皮书"这一概念被社会广泛接受，并被成功运作、发展成为一种全新的出版形态，则源于中国社会科学院社会科学文献出版社。

❖ 皮书定义 ❖

皮书是对中国与世界发展状况和热点问题进行年度监测，以专业的角度、专家的视野和实证研究方法，针对某一领域或区域现状与发展态势展开分析和预测，具备原创性、实证性、专业性、连续性、前沿性、时效性等特点的公开出版物，由一系列权威研究报告组成。

❖ 皮书作者 ❖

皮书系列的作者以中国社会科学院、著名高校、地方社会科学院的研究人员为主，多为国内一流研究机构的权威专家学者，他们的看法和观点代表了学界对中国与世界的现实和未来最高水平的解读与分析。

❖ 皮书荣誉 ❖

皮书系列已成为社会科学文献出版社的著名图书品牌和中国社会科学院的知名学术品牌。2016年，皮书系列正式列入"十三五"国家重点出版规划项目；2013~2019年，重点皮书列入中国社会科学院承担的国家哲学社会科学创新工程项目；2019年，64种院外皮书使用"中国社会科学院创新工程学术出版项目"标识。

中国皮书网

（网址：www.pishu.cn）

发布皮书研创资讯，传播皮书精彩内容
引领皮书出版潮流，打造皮书服务平台

栏目设置

关于皮书：何谓皮书、皮书分类、皮书大事记、皮书荣誉、

皮书出版第一人、皮书编辑部

最新资讯：通知公告、新闻动态、媒体聚焦、网站专题、视频直播、下载专区

皮书研创：皮书规范、皮书选题、皮书出版、皮书研究、研创团队

皮书评奖评价：指标体系、皮书评价、皮书评奖

互动专区：皮书说、社科数托邦、皮书微博、留言板

所获荣誉

2008 年、2011 年，中国皮书网均在全
国新闻出版业网站荣誉评选中获得"最具
商业价值网站"称号；

2012 年，获得"出版业网站百强"称号。

网库合一

2014 年，中国皮书网与皮书数据库端
口合一，实现资源共享。

权威报告·一手数据·特色资源

皮书数据库
ANNUAL REPORT(YEARBOOK)
DATABASE

当代中国经济与社会发展高端智库平台

所获荣誉

● 2016年，入选"'十三五'国家重点电子出版物出版规划骨干工程"

● 2015年，荣获"搜索中国正能量 点赞2015""创新中国科技创新奖"

● 2013年，荣获"中国出版政府奖·网络出版物奖"提名奖

● 连续多年荣获中国数字出版博览会"数字出版·优秀品牌"奖

成为会员

通过网址www.pishu.com.cn访问皮书数据库网站或下载皮书数据库APP，进行手机号码验证或邮箱验证即可成为皮书数据库会员。

会员福利

● 已注册用户购书后可免费获赠100元皮书数据库充值卡。刮开充值卡涂层获取充值密码，登录并进入"会员中心"—"在线充值"—"充值卡充值"，充值成功即可购买和查看数据库内容。

● 会员福利最终解释权归社会科学文献出版社所有。

社会科学文献出版社 皮书系列
SOCIAL SCIENCES ACADEMIC PRESS (CHINA)

卡号：456334797679

密码：

数据库服务热线：400-008-6695

数据库服务QQ：2475522410

数据库服务邮箱：database@ssap.cn

图书销售热线：010-59367070/7028

图书服务QQ：1265056568

图书服务邮箱：duzhe@ssap.cn

基本子库
SUB DATABASE

中国社会发展数据库（下设 12 个子库）

全面整合国内外中国社会发展研究成果，汇聚独家统计数据、深度分析报告，涉及社会、人口、政治、教育、法律等 12 个领域，为了解中国社会发展动态、跟踪社会核心热点、分析社会发展趋势提供一站式资源搜索和数据分析与挖掘服务。

中国经济发展数据库（下设 12 个子库）

基于"皮书系列"中涉及中国经济发展的研究资料构建，内容涵盖宏观经济、农业经济、工业经济、产业经济等 12 个重点经济领域，为实时掌控经济运行态势、把握经济发展规律、洞察经济形势、进行经济决策提供参考和依据。

中国行业发展数据库（下设 17 个子库）

以中国国民经济行业分类为依据，覆盖金融业、旅游、医疗卫生、交通运输、能源矿产等 100 多个行业，跟踪分析国民经济相关行业市场运行状况和政策导向，汇集行业发展前沿资讯，为投资、从业及各种经济决策提供理论基础和实践指导。

中国区域发展数据库（下设 6 个子库）

对中国特定区域内的经济、社会、文化等领域现状与发展情况进行深度分析和预测，研究层级至县及县以下行政区，涉及地区、区域经济体、城市、农村等不同维度。为地方经济社会宏观态势研究、发展经验研究、案例分析提供数据服务。

中国文化传媒数据库（下设 18 个子库）

汇聚文化传媒领域专家观点、热点资讯，梳理国内外中国文化发展相关学术研究成果、一手统计数据，涵盖文化产业、新闻传播、电影娱乐、文学艺术、群众文化等 18 个重点研究领域。为文化传媒研究提供相关数据、研究报告和综合分析服务。

世界经济与国际关系数据库（下设 6 个子库）

立足"皮书系列"世界经济、国际关系相关学术资源，整合世界经济、国际政治、世界文化与科技、全球性问题、国际组织与国际法、区域研究 6 大领域研究成果，为世界经济与国际关系研究提供全方位数据分析，为决策和形势研判提供参考。

法律声明